坚持以新发展理念
引领高质量发展

——北京大学后勤理论研究课题报告选编(一)

张念梅　张胜群　编

北京大学出版社
PEKING UNIVERSITY PRESS

图书在版编目（CIP）数据

坚持以新发展理念引领高质量发展：北京大学后勤理论研究课题报告选编. 一/张念梅，张胜群编. —北京：北京大学出版社，2024.4

ISBN 978-7-301-34845-1

Ⅰ. ①坚…　Ⅱ. ①张…②张…　Ⅲ. ①北京大学–后勤工作–文集　Ⅳ. ①G649.281–53

中国国家版本馆CIP数据核字（2024）第045493号

书　　名	坚持以新发展理念引领高质量发展 ——北京大学后勤理论研究课题报告选编（一） JIANCHI YI XINFAZHAN LINIAN YINLING GAOZHILIANG FAZHAN ——BEIJINGDAXUE HOUQIN LILUN YANJIU KETI BAOGAO XUANBIAN(一)
著作责任者	张念梅　张胜群　编
责任编辑	王斯宇
标准书号	ISBN 978-7-301-34845-1
出版发行	北京大学出版社
地　　址	北京市海淀区成府路205 号　100871
网　　址	http://www.pup.cn　新浪微博：@ 北京大学出版社
电子邮箱	编辑部lk2@pup.cn　总编室zpup@pup.cn
电　　话	邮购部010-62752015　发行部010-62750672　编辑部010-62764976
印 刷 者	北京九天鸿程印刷有限责任公司
经 销 者	新华书店
	720毫米×1020毫米　16开本　19.25印张　插页5　312千字
	2024年4月第1版　2024年4月第1次印刷
定　　价	128.00元（精装）

编 委 会

序　言

教育兴则国家兴，教育强则国家强。当前，我们比历史上任何时期都更加接近实现中华民族伟大复兴的宏伟目标，党和国家事业发展对高等教育的需要，也比以往任何时候都更为迫切。2022年8月，中国共产党北京大学第十四次党员代表大会召开，为加快中国特色世界一流大学建设步伐提出八个方面重点工作，其中包括持续推进中国特色大学治理体系和治理能力现代化，推动学校治理更加科学高效等。2022年10月，党的二十大报告强调，“教育是国之大计、党之大计。……育人的根本在于立德。全面贯彻党的教育方针，落实立德树人根本任务，培养德智体美劳全面发展的社会主义建设者和接班人。……深化教育领域综合改革，……完善学校管理和教育评价体系”。这一系列要求为推进高质量高等教育体系建设指明了方向。

作为学校运行体系的重要组成，后勤系统承担着重要使命、发挥了重要作用。优质的服务保障可以为师生消除后顾之忧，让师生感受校园生活的美好，感受到来自学校大家庭的关心和温暖，更加舒心、放心地投入知识学习、创新研究、组织管理中。后勤是“无声的课堂”，通过将劳动育人融入生活日常，在潜移默化中教育和引导学生加强了对于劳动光荣的体会，深化了对于劳动价值的理解。可以说，一流高校的建设离不开教学科研的强大，也离不开后勤服务保障能力水平的不断提升，只有不同系统相互适应、彼此协调，学校才有可能实现整体且持续的进步。

高校改革发展正面临诸多新挑战，新形势对高校后勤也提出了大量理论和实践的新课题。为了满足师生对美好生活的向往，需要更加及时、有效地解决师生生活中遇到的困难和问题。更为重要的是，在大量实践的基础上系统总结，自我完善、自我革新、自我提升，从硬件和软件两个维度入手，加快构建和谐美丽校园环境的长效工作机制，从根本上回答好中国特色世界一流大学需要什么样的后勤、如何建设后勤的重要问题。

时代是思想之母，实践是理论之源。北京大学后勤党委、总务部坚持理论与实践相统一，成规模组织开展课题研究，将工作链条延伸至主动发现问题、深入思考规律、系统规划对策，为推进后勤系统治理体系和治理能力现代化搭建了宝贵的交流互动平台。作为一次创举，这项工作实现了后勤员工从服务者到研究者的角色转换，有利于工作追求从经验事务型向科学规范型的范式转向，代表北京大学后勤整体发展进入新阶段。作为研究报告汇编，这本书辑录了阶段成果，具有一定的针对性和启发性，对于廓清认识、拓宽思路将产生积极作用。作为一次有益探索，相信将激励更多实践者和研究者共同参与其中，通过进一步观察、梳理和总结，为推动高校欣欣向荣向前发展提供更有力支撑和更坚实保障。

希望学校后勤系统以本书出版为契机，进一步认真学习贯彻党的二十大精神以及习近平总书记关于教育的重要论述和考察北京大学工作的重要讲话精神，落实北京大学第十四次党代会的工作部署，凝聚广大员工的智慧和力量，扛起新使命、奋进新征程，奋力谱写建设中国特色世界一流大学的后勤新篇章！

北京大学党委常委、副校长、总务长　董志勇

2023年10月

前　言

2021年，北京大学后勤党委发布《关于进一步推进后勤系统理论研究工作的通知》，联合后勤系统各相关单位，首次开展立足北京大学后勤实践的课题研究工作。本书选录了本次课题研究工作中数十位老师的二十余项课题成果。

本书内容包括关于如何加强内部管理、提高治理效能、如何提高后勤系统、服务保障质量。涵盖了基层党组织建设、媒体宣传、服务育人、后勤人力资源管理、设备设施信息化管理等内容，从党建引领、宣传思想文化建设、制度建设、信息化建设等方面，结合北京大学后勤实际情况开展内部治理体系的研究探讨。另外，新校区能源应用、设备设施管理、人才住房保障、会议服务新挑战、餐饮服务保障、服务质量监督体系建设等内容，从资源整合、业务保障、质量评估等方面对高校后勤服务保障进行探讨。

感谢北京大学、中国人民大学、中国农业大学、山东济宁干部政德教育学院等院校相关专家在论文立项、撰写、结题等环节的指导和支持，感谢后勤课题研究组的全体工作人员的无私奉献和付出，感谢北京大学出版社对本书顺利出版提供的支持!

目　录

北京大学新燕园校区综合能源应用探究

王苏颖，殷雪松，张西峰，白利明，张剑岷，王云鹏，
王霜，汪一波，张海峰，王佳曦，崔国庆①

一、引　　言

（一）项目背景概况

北京大学办学空间紧张，这不仅与学校的教育领域地位和发展愿景不符，还是制约学校创建“人民满意、世界一流”大学和争当国家“双一流”建设排头兵的最大瓶颈。办学空间不足造成学校过分拥挤，严重制约了学校的人才培养、科学研究和人才引进工作。近年来，国家之间、高校之间的科技竞争、人才竞争日趋激烈，对我国高校的发展建设提出了更高、更紧迫的要求。

自中共中央提出疏解北京非首都功能、推进京津冀协同发展重大战略以来，结合“双一流”建设的需要，北京大学一直在积极谋划、努力协调，希望

① 王苏颖，北京大学基建工程部
殷雪松，昌平实验室
张西峰，北京大学继续教育部
白利明，北京大学肖家河项目建设办公室
张剑岷，北京大学新燕园校区管理委员会办公室
王云鹏，北京大学基建工程部
王霜，北京大学总务部
汪一波，北京大学房地产管理部
张海峰，北京大学动力中心
王佳曦，北京大学基建工程部
崔国庆，北京大学基建工程部

能够响应党中央号召，主动疏解主校园功能，助力北京疏解非首都功能。经多方努力，在国家和北京市、四川省的大力支持下，北京吉利学院整体搬迁至成都市获得教育部批准后，吉利集团将北京吉利学院校区资产整体转让给北大，原北京吉利学院校园腾退空间用于北大建设北京大学新燕园校区，将燕园校区部分办学功能疏解到北京大学新燕园校区，缓解制约学校发展的办学空间瓶颈问题，共同为首都功能疏解作贡献。

北京大学新燕园校区的建设将大大改善北大现有学科的科研环境，为项目实施、设备引进、实验室增设提供充足的办学空间保证，有助于形成完整的科研综合配套措施，推动研发创新，加快布局和抢占科学发展制高点进程。此外，增量空间也将提供腾挪空间，对北大空间进行整体布局，形成“一校多区”新发展格局，从根本上疏解燕园校区功能。

（二）新校区建设的目标

建设北京大学新燕园校区，是北京大学自1952年从沙滩搬迁至燕园校区之后的重大校园空间拓展，对北京大学未来的发展具有极为重要的意义。根据学校整体发展规划，北京大学新燕园校区（选址原北京吉利学院）作为北大海淀校区的延伸，将成为北大新工科建设的主要阵地，在此布局面向未来和先进技术的应用型学科，计算机学院、电子学院、集成电路学院、人工智能研究院、材料学院、能源研究院等将陆续入驻新校区。以新工科科研为主，促进交叉学科研究，着力于产出高端科研成果，推进高科技人才的培养，同时配合北京市“四个中心”建设，将新校区建设成为适应“双一流”建设的科技创新校区。

在新校区建设的过程中，学校群策群力，师生共同参与，对于新校区规划建设提出了四大愿景：绿色低碳、协同创新、活力共享、人文校园。在新校区后续规划和建设中，各部门都秉承四大愿景开展各项工作。

（三）高校研究探索综合能源应用的意义

2020年9月，习近平总书记在联合国大会上提出“双碳”目标，中国将努力在2030年实现碳达峰、2060年实现碳中和。同年12月，中央经济工作会议将碳达峰、碳中和工作列为2021年八项重点任务之一，要求各方抓紧制定2030年前碳达峰行动方案。

2021年2月，国务院印发《关于加快建立健全绿色低碳循环发展经济体系的指导意见》，指出坚持节能优先，完善能源消费总量和强度双控制度。提升可再生能源利用比例，大力推动风电、光伏发电发展，因地制宜发展水能、地热能、海洋能、氢能、生物质能、光热发电。

新校区是在原北京吉利学院的校园上重新规划建设的，在碳达峰、碳中和的大背景下，如何做好新校区绿色校园建设、如何做好能源规划，是摆在大学建设者面前的重要课题。绿色低碳校园建设是高校新校区规划建设的一项重要内容，绿色低碳校园建设不能是简单的技术堆砌组合，也不能仅是单体建筑的绿色建筑标识，而应是一个完整的、涵盖内容广泛的系统。所以，绿色校园建设体系和管理模式需要深入调研并可落地。在新校区建设中，紧扣国家发展脉搏，充分利用当地的可再生能源，做好绿色校园的能源体系研究、综合能源研究是绿色校园能源系统的重要环节，是建设绿色低碳校园的重要抓手，也是贯彻落实习近平生态文明思想和党的二十大精神的重要举措。从宏观规划上，落实好国家碳达峰、碳中和部署；从微观层面上，在保证正常教学科研活动的前提下，以可持续发展为指导思想，研究综合能源，建设好终端一体化多能互补综合能源系统，从校园建筑外空间、校园景观融合等多层次多角度，全方位诠释以人为本、绿色节能，传达新校区绿色低碳的规划建设理念。

二、校园总体规划情况

（一）北京大学新燕园校区基本情况

北京大学新燕园校区位于北京西山山麓东北，背靠燕山面向主城，地处西山尖山咀西麓延线，山水环抱。新校区位于昌平区马池口镇、昌平新城西南侧规划边界上，地块呈不规则形状，北侧和东侧边界与道路齐平，北至昌流路，东至神牛路；西侧和南侧边界从西北向东南方向不规则延伸，西北至亭阳路，西南至顺沙路。

北京大学新燕园校区校园现状总用地共分为3块，总建设用地规模约66.17

公顷，容积率为0.8，目前已建成建筑单体68栋，总建筑面积43.81万平方米（地上建筑42.43万平方米）。

（二）现状建筑功能分析

北京大学新燕园校区包括图书馆、教学楼、阶梯教室、实验大楼、食堂、学生公寓、体育馆及标准塑胶田径场等。由于学校内的建筑大多建于2000年左右，距现在已有二十多年，较为陈旧。部分建筑内外墙表皮局部脱落，围护结构外墙保温隔热性能差，门窗封闭不严。存在基础设施配置不足，给排水、供暖、电力、通信、燃气管道及设备老化，输配能力不足等问题，办公、教学、居住舒适性差且存在一定的安全隐患。

其他问题有：现状建筑存在功能单一、结构荷载不足与电梯缺失等问题，无法满足新工科发展需求。建筑风貌不匹配北京大学新燕园校区建设百年校园的目标。校园功能布局集中，功能融合不足。现有建筑单体中学生宿舍比例较高（共24.43万平方米），教学科研用房比例较低。校园教学区、生活区、运动区各自独立且分散，缺乏共享交流空间。校园功能分区不合理，现有交通组织混行混停。安全、活力、创新的校园空间缺乏。

（三）新校区总体规划愿景

新工科教育理念和空间诉求与传统校园不同，要求以学生为中心，多学科交叉。根据《普通高等学校建筑面积指标（建标 191—2018）》中理工类为主的综合大学相关指标，作为新校区建筑功能分配的指标依据。结合学科设置特点对标国内高标准理工院校各类建筑生均指标。目标实现一个共享开放的教育生态系统，拥有能够适应新工科发展需求的教学科研空间、促进创新交流的共享配套空间和生活舒适的生活服务空间。

通过将国家标准、北京大学燕园本部校区与吉利学院已建校舍情况的生均指标对比，发现学生宿舍、教师宿舍、食堂远超国家标准与同类型校区，实验实习用房、图书馆、体育馆、师生活动用房面积不足。结合新工科院校创新实践需求特点，未来重点增加实验室用房、图书馆、体育场馆、学生创新实践活动用房等生均指标，实现高配。结合校园现有功能，对缺失功能进行补充。根据上位规划，未来可利用新建的存量建筑面积约为10.34万平方米。

校园规划的四大愿景：绿色低碳、协同创新、活力共享、人文校园。依据现状校园用地性质及实际情况可划分为生活服务区、文化交流区、创新科研区、行政办公区、运动休闲区和中心湖区六大功能分区，在空间上应围绕中心湖区呈多中心交叉融合式分布，实现教研、生活与共享配套功能交融，打造开放共享的教育生态系统。六个功能区的建筑根据各自功能不同，结合现状条件，将分期分批进行提升改造。

校园规划的过程中，除了功能分区规划外，还做了海绵城市暨雨水排放系统规划、道路系统交通规划、绿地系统规划、种植规划、建筑物新建与改造规划、照明系统规划及市政工程等专项规划。校园规划中，对于能源系统规划内容研究较少，这也是本课题研究的重要内容。

三、校园用能情况现状

北京大学新燕园校区现处于交接改造阶段，现状用能特点和能源消耗量基本和原北京吉利学院相当，主要有以下几个特点：一是能源种类单一，主要使用传统能源电力和天然气；二是用能设施设备较为简单；三是用能设备比较老旧。

（一）总体用能情况综述

根据原北京吉利学院近三年综合能源消耗量平均值计算，综合能源消耗量当量值为 5442.56吨标煤，其中电力年消耗量2212.57万千瓦时，折合成2719.249吨标煤（当量值），占整体能源消耗的49.96%；天然气消耗224.27万立方米，折合成2723.311吨标煤，占整体能源消耗的50.04%。单位建筑面积能耗为12.42千克标煤/平方米。

和燕园校区比较，能源消耗有以下几个特点：一是天然气用能占比明显较低。主要原因是吉利学院天然气只用于供暖，餐饮食堂均使用电炊具；吉利学院从节约办学成本考虑，适当降低了冬季供暖的舒适性。二是单位建筑面积能耗低于燕园校区，主要原因一方面是吉利学院办学理念是以职业岗位需求为标准的专业课程体系，大型实验室、实验设备少，因此能源消耗量少；另一方面，因学院搬迁影响，吉利学院近几年缩减了招生规模，校内学生人数大幅下降，人口密度远低于燕园校区。

北京大学对北京大学新燕园校区的定位为发展新工科，可以预见未来几年，大型实验设备、高能耗实验室会陆续建设，校区能耗较现有水平会有较明显增长。根据上述情况分析，后期新校区节能压力较大，综合能源利用势在必行。

（二）供电现状

项目区域内变电站为马池口站（2路10 kV进线），包括5座10 kV配电室，1台315 kVA杆式变压器，总装机容量10810 kVA。另外，临时变压器8台，装机容量3200 kVA。经过估算，近期新校区容量会达到30000 kVA，远期将达到50000 kVA。因此，面临较大增容压力。同时原有供电设施老旧，需要进行更换。

（三）供热现状

校区以河为界分东区和西区，东西区各自设有燃气热水锅炉房，负担各自分区的供暖负荷；东区锅炉房设有2台10 t和1台6 t的热水锅炉（两用一备），西区锅炉房设有2台6 t的热水锅炉（一用一备）；校区热力管道直埋支状供至各单体的热力入口。

（四）供气现状

目前校区周边有市政天然气管网，由校区东侧引入，仅供给东西区的锅炉房用气。

（五）现状主要用能设备

1. 照明设施：校区现状主路路灯光源为钠灯，庭院灯光源为节能灯，钠灯显色性差，发光效率偏低。室内照明主要光源为普通荧光灯及节能灯。

2. 空调系统：宿舍为分体式空调，部分教室为VRV多联机系统，另有部分教室为普通电扇。

3. 各类风机水泵：污水泵、供热系统循环泵，轴流风机、排烟风机等。

4. 电热水器：现状学生宿舍洗澡用电热水器。

5. 厨具及饮水机：现状食堂采用电炊具，教室及宿舍使用电热饮水机。

6. 弱电设备：网络机房、服务器、计算机等。

7. 锅炉：供热用燃气锅炉。

现状用能设施设备经过多年使用，大部分有不同程度的老化，同时存在能效偏低的问题。在后期改造过程中，要充分利用新技术、新规范进行系统优化。

四、校园能源规划方案

北京大学新燕园校区的能源规划，是校园规划的重要组成部分，是实现绿色低碳校园的重要环节。能源规划要在碳达峰、碳中和的大背景下，以新校区教学科研活动的实际用能需求为基础，综合考虑大学的弹性发展，结合基础设施提升，一次规划，分期实施。从土地利用、总体布局、建筑能效、可再生能源利用等多层面，探索可复制、可推广的绿色低碳校园的应用模式，为高校校园建设提供可借鉴的案例。

高校校园的能源、资源消耗，主要分为以下几类：

1. 建筑环境能源系统

建筑环境能源系统主要是为保障建筑室内声、光、热和空气环境要求而消耗的能源（如空调、通风、供暖、照明等）。北京大学新燕园校区主要包括供暖系统、空调通风系统、照明系统等。主要消耗的能源和资源有电力、热力和水。

2. 广义生产（服务）能源系统

广义生产（服务）能源系统是指为了保证广义服务产品正常生产而消耗的能源（如实验设备、信息机房、化验仪器、消毒、焚烧、产品冷冻冷藏、车辆等）。北京大学新燕园校区主要包括信息机房、教学实验设备、食堂冷冻冷藏。

3. 特殊区域（综合服务）能源系统

特殊区域（综合服务）能源系统是指为了保障建筑物内人员生活、工作的基本需求所消耗的能源（如电梯、通信、办公设备、炊事、热水、给排水等）。北京大学新燕园校区主要包括办公设备、餐厨系统、生活热水系统、给排水系统、饮用开水系统、电梯系统等。

北京大学新燕园校区的特殊性在于它是一个基于现状的城市更新项目，不是一个从无到有的新校区建设。这个项目的特殊性就要求我们在能源规划的过程中，充分考虑既有建筑情况、既有市政条件以及周边市政规划的情况。根据以上能源、资源消耗的情况，课题组从七个方面提出了新校区能源、资源的规划方案。

（一）建筑单体综合节能提升

建筑节能是绿色校园建设的重要组成部分，直接影响着校园总体能耗与使用舒适度。新校区既有建筑面积43.81万平方米，节能潜力巨大。

结合新的使用功能，按照现行国家及行业技术规范，对既有建筑进行综合节能改造。在改造过程中，要综合建筑外围护结构（包括外墙保温、内保温、本体自保温、门窗、屋面形式及保温隔热层），通风空调系统，给排水系统，照明系统，动力系统等多方面考虑节能措施。

（二）新校区供能系统优化

北京大学新燕园校区的改造是在原吉利学院建筑基础上进行，工程性质介于新建校区和在运校区之间，一方面是建筑规划等基本不变，且改造与使用并存，大规模能源站新建受规划和外部条件限制较多，大规模供能系统调整也存在改造时序、改造期间运行保障等诸多限制；另一方面建筑功能有较大变化，现有建筑均需进行改造，同时有较明确的用能负荷需求，可以把握负荷的分布规律，存在优化能源供应策略并进行一定程度调整的可能性。另外，大学综合能源系统负荷种类多、需求大、校园可利用面积大、夜间供能需求明显，并且具有明显的环境控制需求，学校能源系统还有电动车使用和充电、能源监控及精细化利用等需求。

根据以上几个特点，新校区供冷供热系统优化方面要把握几个原则：一是要保证供能的可靠性，按照新校区以发展新工科为主的定位，保证教学科研的平稳是底线，市电供电是可靠性最高、质量最好的供能方式，因此要建立满足使用要求的供电网络；二是在此基础上，采用供冷供热供电多能服务（热泵技术+蓄冷式等技术），分布式清洁能源服务（分布式光伏发电等综合能源技术），降低校区碳排放量，减少化石能源和市电的消耗。

（三）电力规划

北京大学新燕园校区实验室进驻后，电力需求增加，根据前期院系需求调研及燕园校区电力运行经验，从两个维度测算新校区未来电力需求。

根据《工业与民用供配电设计手册（第四版）》需要系数法计算负荷：P = 用电负荷指标 × 建筑平方米 × Kd

预计最大计算负荷 = P × K1

P = 44818.41kW，预计最大计算负荷 = 26909 kW；

S=（预计最大负荷cosΦ）/K2；

S=（26909 ÷ 0.95） ÷ 0.6=47209 kVA；

其中，P：总计算功率，单位kW；

S：变压器总容量确定参考值，单位kVA；

cosΦ：功率因数，按照本标准“无功补偿配置标准”部分中有关规定执行，功率因数取0.95；

Kd：面积需用系数；

K1：同时系数，按60%计算；

K2：为所带变压器的负载率，双路供电高压无联络时，应按60%计算。

根据《工业与民用供配电设计手册（第四版）》单位指标法计算高校建筑变压器配置容量（120 VA/m^2参照上海高校标准）

S=总建筑面积 × 120 VA/m^2=（438134.94 × 120）VA=52576.2 kVA。

根据上述分析得出北京大学北京大学新燕园校区总变压器容量约为50000 kVA。校园现有容量为10810 kVA，预计分布增容到50000 kVA才能满足未来学校整体用电需求。

经与北京市供电公司沟通，并根据北京大学新燕园校区楼宇改造进度，计划分两期进行增容改造，校区为10 kV进线双路供电，上级电源来自吉利220 kV电站，一期建设分界小室一座，东区改扩建配电室4座，总计增容至30900 kVA；二期增容至48500 kVA。

（四）节水与中水利用

给水：低区由市政给水管网直接供给，给水系统无超压出流现象，采用支管超压减压措施，用水点供水压力不大于0.20 MPa，且不小于用水器具要求的最低工作压力；给水管道均采用管内壁光滑、阻力小的管材，设计时适当放大管径以减少管道的水头损失。管道敷设采用严密的防漏措施，以杜绝和减少漏水量；卫生器具及配件均采用节水型合格产品。

中水：低区由市政中水管网直接供给，利用中水进行景观绿地及道路的浇洒，大大减少了自来水用量，节约用水；中水管道均采用管内壁光滑、阻力小的管材，设计时适当放大管径以减少管道的水头损失。管道敷设采用严密的防漏措施，以杜绝或减少漏水量。设有自闭式冲洗阀的配水支管采用减压限流措施，能较好地防止超标供水情况发生，设置减压阀的最小供水压力为0.25 MPa，减压后，冲洗阀前供水压力不小于0.15 MPa；中水管道有专门标识，防止人误接、误用、误饮；设置微孔灌溉系统，以减少室外绿地道路浇洒用水。为减少灌溉次数，节约用水，植被尽可能选择耐旱草种及灌木。将中水引入校园核心水系景观范围内，在枯水期，利用中水补充水系水源。

（五）海绵校园建设

北京大学新燕园校区位于北京市山前地区，属暖温带，半湿润大陆性季风气候。平均年降水量550.3 mm，年内降雨时空分配不均，6—9月瞬时降雨强度大，现状校园下垫面多为不透水材质，绿地缺少调蓄设施，易发生洪涝灾害。

根据上位规划对年径流总量控制率的目标要求，北京市海绵城市径流总量控制目标 50%～85%，其中新开发区域不低于85%；同时借鉴发达国家实践经验，年径流总量控制率最佳为80%～85%；考虑到北京大学新燕园校区在“海绵校园”建设上的示范和带动作用，最终确定规划后的新校区年径流总量控制率应达到85%以上。根据校园路网及水系规划对初步排水分区的边界进行调校形成最终的六大排水分区，有组织汇流，分散解决雨水问题。构建源头→过程→末端完整的校园海绵系统，采用全过程、多途径的雨水管理措施，就地解决水问题。

（六）灶具节气技术

食堂是校园建筑中的能源、资源消耗大户。不仅要在食堂装修改造过程中进行建筑单体的综合节能提升，在食堂灶具的选择中，也要充分贯彻节能理念。吉利学院原食堂主要用液化石油及电器具，本次校区食堂改造的过程中，建议引入天然气。新校区的三个食堂，将根据日后师生入驻情况，改为两个学生食堂与一个招待餐厅。根据食堂和餐厅不同的运行模式，在厨房工艺设计时，强调节能理念，在厨房器具的选择中，可选择部分节气型灶具，并选择部分节能型电磁器具。灶具选择要注意以下几个方面：① 选用电子打火方式和采用熄火自动保护功能的灶具；② 选用优化炉膛，风气联动，提高气体燃烧效率的灶具；③ 选用余热回收型炉灶炊事，提高气体燃料的利用率。在同等炊事条件下，每眼800大炒炉（余热回收型）可节约1.7 m^3/h，每眼400炒炉（余热回收型）可节约1.5 m^3/h。

（七）设置有效计量系统

1. 完善用电、用水计量设施，达到分级计量

水电暖计量表计均要配备远传功能，具备实时上传数据的能力。

特殊用能系统如信息机房、教学实验设备、冷冻冷藏等重点用能点实施重点计量监测。

同一栋楼宇存在多用户的区域，用电点集中，用户多而集中，如家属楼宇、学生宿舍，可以进行集抄系统改造，实现用电远程抄表、恶性负载控制、分路负荷控制，方便特殊区域的用电管理，提升了安全用电水平。

2. 搭建用电能耗监测平台

将建筑用能统计、建筑用能概况、复费率报表等进行同比分析，对各个建筑的用能情况进行详细统计；对能源进行细致化管理，可将电力分为空调、插座、动力、特殊用电等多种分项计量，详细地记录各建筑的用能情况；用电能耗监测平台可以根据不同的部门用能模块（同比分析、用能统计、费用报表等多种功能），对不同部门用能情况进行详细记录；统计数据可以便捷地对用电策略进行调整，促进用户对节能加强管理，采用降低能耗措施。

五、既有建筑改造节能方案导则

新校区既有建筑在改造过程中，要遵循城市发展规律，广泛应用先进节能技术、标准、材料、工艺、管理理念，构建绿色低碳人文校园。

建筑碳排放主要有三方面来源：① 隐含碳排放，包括建筑建造过程中的建材生产、运输、建筑施工；② 直接碳排放，包括建筑使用过程中的直接燃烧化石燃料，用于供暖、供热水、炊事等；③ 间接碳排放，主要包括消耗的电能，以及产生的污水和各种垃圾。在制定校园更新改造的方案时，为最大限度降低碳排放，行之有效的方案是对其进行改造，避免大拆大改，减少拆除产生的碳排放，尽量多地使用可循环材料，尽可能地减小建筑材料对资源和环境的影响，达到节能、绿色、健康、智慧的目的。本校区计划在3—5年内陆续改造完成。

高等学校校园内建筑类型较多，不同类型的建筑，由于建筑功能、建筑技术不同，耗能水平也不尽相同。对于不同功能的建筑（学生宿舍、教学楼、实验楼、食堂等），结合高校校园建筑的能耗（主要包括照明能耗、空调能耗、电梯能耗、实验能耗、热水能耗等），应制定不同的能源方案导则。基于上述情况，针对新校区既有建筑需要大面积改造的情况，本课题组提出以下既有建筑改造过程中节能方案的技术导则。

（一）绿色建筑

2022年，住房和城乡建设部印发《“十四五”建筑节能与绿色建筑发展规划》，明确到2025年，城镇新建建筑全面建成绿色建筑，建筑能源利用效率稳步提升，建筑用能结构逐步优化，建筑能耗和碳排放增长趋势得到有效控制，基本形成绿色、低碳、循环的建设发展方式，为城乡建设领域2030年前碳达峰奠定坚实基础。

目前我国既有建筑改造的评价标准是2015年颁布实施的《既有建筑绿色改造评价标准（GB/T 51141—2015）》，目前住建部正在对其修订。既有建筑绿色改造评价结果应划分为基本级、一星级、二星级、三星级4个等级。近几年，《近零能耗建筑技术标准（GB/T 51350—2019）》《建筑节能与可再生能源利用通用规范（GB 55015—2021）》相继出台，为既有建筑绿色低碳改造提供了规范标准。

新校区目前阶段的建设主要是既有建筑改造，从安全耐久、健康舒适、生活便利、资源节约、环境宜居的角度，结合项目自身特点，在可持续发展的基础上，建议90%的项目设计达到实现绿色建筑二星级以上标准，15%的项目设计达到实现绿色建筑三星级标准。

（二）建筑节能措施

教学科研楼、食堂、图书馆等公共建筑根据《公共建筑节能设计标准（DB11/687—2015）》中3.2.1之规定，学生宿舍、教师公寓等节能设计参照《居住建筑节能设计标准（DB11/891—2012）》进行设计。

主要节能措施为：

1. 外墙增加外保温措施，提升建筑围护结构的保温性能。

2. 屋顶增加保温措施，提升屋面的保温性能。

3. 全面提升外窗的保温隔热性能。

4. 合理的布局及规划，改造方案中尽可能在每个空间都做到有自然采光，不仅地上，即使是在地下的公共走廊，也通过窗井等措施尽可能保证最大化的自然采光和通风，可以减少能源的消耗。

（三）暖通空调节能措施

1. 所有机电产品全部选用高效节能型产品。加强设备及管道的保温，以减少能量的损失。

2. 计量：设置总供冷、热量计量装置。冷、热量表应进行检定，作为结算点的冷、热量表应设置数据采集和远传系统。

3. 设计风机选用符合《通风机能效限定值及能效等级（GB 19761—2020）》中节能评价值的要求。

4. 平时通风用风机，单位风量耗功率不低于《公共建筑节能设计标准（GB 50189—2015）》中表4.3.22的要求。

5. 采暖按照内外区布置散热器，内外区独立设置采暖分支，便于调节。

6. 教学科研楼等公共建筑，设置多联机系统。多联机系统室内机采用风机就地手动控制及多联机系统自动控制，并配置风速开关。部分会议、公共区室内机可采用分组群控，从而降低使用能耗。

7. 风冷式多联空调机组的IPLV，满足且优于规范《公共建筑节能设计标准（DB11/687—2015）》第4.2.10要求。

8. 凡有可开启外窗的房间均不设置集中新风系统，所需新风采用开窗通风方式加以解决。新风换气机采用热回收空调机组，以减少能耗，冬、夏季的焓效率均达到60%以上。

（四）给水及排水节能措施

1. 采用节水型坐便器、小便器和感应式水龙头。控制冲洗阀和感应龙头的水压在0.20 MPa以内，控制一次冲水量。

2. 学生宿舍和教师公寓生活给水采用能量计量系统，并且水表实现远传采集，可以做到分户单独计量。

3. 给水管采用内壁光滑的衬塑钢管，减少沿程损失，降低输送能耗。

4. 优化给水管网上控制阀门设置，并做好防渗漏工作，避免渗漏造成的水资源浪费，达到节水的目的。

5. 学生宿舍淋浴热水、食堂厨房的集中热水供应系统可采用太阳能热水系统，空气源热泵作为辅助热源。

6. 给排水系统采用雨、污分流制，避免场内建筑雨、污管道混接，造成污水处理设施来水不稳定，处理水量增大等影响，增加能耗及对环境造成污染。

（五）电气节能措施

1. 各房间或场所的照明功率密度值应符合《建筑照明设计标准（GB 50034—2013）》规定。对于照明灯具，开敞式直管型荧光灯尽量选用效率不低于75%的高效节能光源；对于气体放电灯具选配电子镇流器，要求功率因数大于0.9。发光二极管灯具效能不低于《建筑照明设计标准》中表3.3.2的要求，即发光二极管灯具效能不低于70 lm/W。

2. 选用的照明光源、镇流器的能效应符合相关能效标准的节能评价值。根据建筑物使用功能及设计标准等具体情况，合理选择照明控制方式，充分利用自然采光，对照明系统进行分散、集中、手动、自动、经济实用、合理有效的控制。有条件的情况下可采用智能照明控制系统。

3. 公共建筑的电能计量，应具备实施复费率电能管理的条件，并应满足

《用能单位能源计量器具配备和管理通则（GB 17167—2006）》的规定。采用能量计量系统。

4. 学生宿舍、教师公寓分户计量，可实现远传采集。

5. 建筑室内主要功能房间统一眩光值（UGR）最大允许值应符合《建筑照明设计标准》第5章的规定。

6. 本工程照明光源的显色指数不应小于80。室内照明光源的色温，应满足《建筑照明设计标准》中表4.4.1的规定。

7. 景观照明设计需满足《城市夜景照明设计规范（JGJ/T 163—2008）》第7节要求。

8. 低压交流电动机应选用高效能电动机，其能效应符合现行国家标准《中小型三相异步电动机能效限定值及能效等级（GB 18613—2012）》对节能评价值的规定。

9. 适当选取配电电缆、导线的截面，考虑电缆、导线初投资和长期运行的节能效果，尽量减少线路上的能量损耗。

10. 部分建筑照明用电采用光伏发电系统，可以在屋顶及建筑外立面设置光伏板。

（六）促进绿色建材推广应用

在改造工程中鼓励使用高强钢筋、高性能混凝土、高性能砌体材料、结构保温一体化墙板等，优化选材，提升建筑健康性能，采用新型功能环保建材产品与配套应用技术。

参考文献

[1] 龙惟定，潘毅群，张改景，等. 碳中和城区的建筑综合能源规划 [J]. 建筑节能（中英文），2021，49（08）：25-36.

[2] 国务院关于加快建立健全绿色低碳循环发展经济体系的指导意见（国发 [2021] 4号）[J]. 中华人民共和国国务院公报，2021（07）：39-43.

[3]. “十四五”建筑节能与绿色建筑发展规划 [J]. 安装，2022（05）：1-6.

创建世界一流大学，人才住房保障机制的中长期优化对策

陈变珍，陈杰，尹双石，赵悦，张荷，唐晓雪，焦梦菲①

一、引　　言

自党的十八大以来，习近平总书记高度重视人才工作，将人才的重要性提高到国家战略的高度，强调要“聚天下英才而用之”。高校更是要着力集聚德才兼备的优秀人才，把人才工作做扎实，才能实现科教兴国。而在人才“择木而栖”的过程中，事业发展、薪资待遇、住房安置、配偶就业、子女上学、文化感情是最为重要的吸引要素[1-2]。一所高校的住房安置能力和水平，是其引进人才待遇的重要体现，也直接影响着人才的感受与感情。但是，随着住房资源本身的低流动性与学校新进人才住房需求不断增长所产生的矛盾日益突出，人才住房供需不平衡的问题是各高校普遍面临的困境。各高校在实际引进人才住房的政策制定、教师住宅配售、周转房管理等工作中，也往往各行其是，没有统一的政策体系。要破解“僧多粥少”局面，就要立足现有的住房资源，进行科学、精细化的用途管理，不断优化完善住房资源的分配机制，健全高校保

① 陈变珍，北京大学房地产管理部
陈杰，北京大学房地产管理部
尹双石，北京大学餐饮中心
赵悦，北京大学房地产管理部
张荷，北京大学房地产管理部
唐晓雪，北京大学公寓服务中心
焦梦菲，北京大学房地产管理部

障性住房的可持续供给机制，以弥补这一系统性的供需矛盾。

人才保障性住房不同于传统意义上为低收入人群提供的住房保障，而是以解决社会发展效率问题、促进社会发展为目标的一种对人才的特殊激励机制[3-4]。2020年底，教育部等部门印发《关于加强新时代高校教师队伍建设改革的指导意见》，提出要着力解决高校青年人才的住房问题。文件提到，“地方和高校要加强统筹协调，对符合公租房保障条件的，按政策规定予以保障，同时，通过发展租赁住房、盘活挖掘校内存量资源、发放补助等多种方式，切实解决青年教师的住房困难。”

北大在长期的保障住房建设中积累了一定住房存量，并且有着较为完善、精准的历史大数据。国家和各级政府部门提供了住房公积金制度、住房补贴政策以及各类保障性住房政策，不断构建更加完备的多层次、广覆盖的住房保障体系，也有力地支持和满足了我校人才引进中的部分住房需求。但是，在肖家河住房配售工作完成后，我校的人才住房问题必然会日益尖锐，亟待探索适应新时代发展特征、适合北大特色、面向中长期的住房资源优化的配置方案。

本次研究通过总结并借鉴国内外一流大学先进的住房管理经验，并结合国情和我校实际，探索在现有政策框架内如何进一步优化住房保障机制的一系列核心问题，为学校“筑巢引凤”可持续吸引优秀人才提供中长期且系统化的住房保障政策建议，提供有力保障。

二、住房保障制度的发展历程

着眼未来，需追溯过往、立足当下，我国高校人才住房制度发展的每一步都与国家住房制度改革的发展历程相呼应。国家的住房保障制度和改革趋势，是高校建立健全人才住房保障机制的重要依据和政策抓手。

自中华人民共和国成立至1978年，在计划经济的体制下，我国几乎没有房地产市场与房地产业，建好的房屋通过分配的方式，以极低的租金租赁给个人居住。这一阶段我国的住房制度通常被概括为“国家统包住房投资建设，以实物形式向职工分配并近乎无偿使用的福利性住房制度”（福利分房）[5]。1978

年9月，我国改革开放的总设计师邓小平同志提出，解决住房问题，能不能路子宽些，住房商品化、社会化的构想出现，我国相对空白的房地产业，开始萌芽。随着经济社会的不断进步，我国住房保障制度逐步发展完善，经历了从无到有、从计划到市场、从试点到推广、从住房实物分配到货币化补贴的一系列改变，保障住房日益多元，制度的覆盖人群也从最初的极少数公职人员，逐步扩展为城市最低收入人群，再到更加广义的城市住房困难人群。具体可归纳划分为起步、探索、成型和完善四个阶段（图1）。

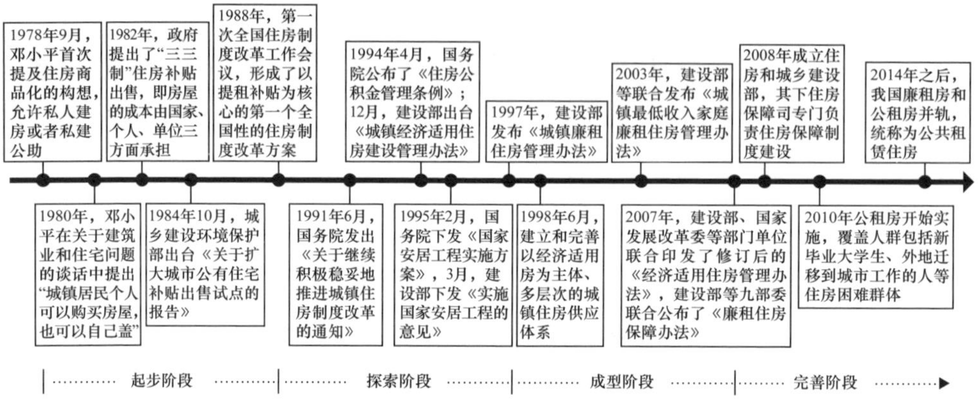

图1　我国住房保障制度发展历程（来源：自绘）

起步阶段自1978年至1988年，这一阶段我国从无到有，从试点到推广，以实物分配作为基本，开始进行住房制度改革，提出了成本价出售公有住房、“三三制”“提租补贴”等住房保障制度[6]，打破了传统的住房完全公有制、福利制观点。1988年，第一次全国住房制度改革工作会议召开，以提租补贴为核心的第一个全国性的住房制度改革方案形成[7]。

探索阶段自1988年至1998年，这一阶段我国继续推进和深化城镇住房制度改革，提出了经济适用房、住房公积金、安居工程等住房保障政策和制度。1991年，国务院发布《关于继续积极稳妥地推进城镇住房制度改革的通知》，提出了分步提租、出售公有住房、实行新房新制度、积极组织集资合作建房等多种形式推进住房制度改革的思路。1994年4月，国务院颁布了《住房公积金管理条例》，在全国范围内推广住房公积金制度，实行政府、单位、个人三方共同负担的个人住房资金积累机制。1994年12月至1997年，《国家安居工程实施方案》《实施国家安居工程的意见》《城镇廉租住房管理办法》《城镇经济适用住房建设管理办法》等政策办法相继出台，以经济适用房为主体的多元保障房体系初见雏形。

成型阶段自1998年至2007年，这一阶段实物分配的福利住房制度基本结束，安居工程与经济适用房建设并轨[8]。1998年，全国城镇住房制度改革和住宅建设工作会议明确提出建立和完善以经济适用房为主体、多层次的城镇住房供应体系。2003年，民政部、财政部等多部门联合发布《城镇最低收入家庭廉租住房管理办法》，规范廉租房管理办理，进一步支持解决城镇低收入居民住房问题。较上一阶段的探索尝试，这一阶段我国保障房改革思路更为明晰，基本形成了以经济适用房为主、廉租房为辅的多层次保障性住房供应体系。

完善阶段自2007年至今，我国多层次住房保障制度基本建立，持续蓬勃发展。2007年，建设部、国家发展和改革委员会等部门单位联合印发了修订后的《经济适用住房管理办法》，建设部等九部委联合公布了《廉租住房保障办法》，进一步规范和保障了经济适用房、廉租房的管理建设问题。2010年《关于加快发展公共租赁住房的指导意见》出台，2012年公布了《公共租赁住房管理办法》，相比针对低收入人群的廉租房，公租房覆盖的人群更加宽泛，包括新毕业大学生、外地迁移到城市工作的群体等。陆续出现的共有产权房、两限房、自住型商品房、新型共有产权房等各地市积极探索的政策性保障性住房类型也都发挥了一定的积极作用。

高校住房保障体系依托于国家住房保障体系，理清国家房屋保障体系的发展有助于理解当下和未来的住房改革相关政策。在不断变化的住房政策下，也不可避免地在高校内部群体之间产生住房差异和矛盾。对下一步分析当下的住房改革政策和高校房产实际情况，来搭建符合当下高校人才发展趋势的住房保障体系是十分必要的。

三、高校住房管理现状问题

高校现有的住房政策主要为货币补贴加实物安置的“双重体制”，具体举措包括按月发放住房补贴、引进人才享有购买价格优惠的各类保障性住房或福利住房的权利、配置周转住房用于人才引进租用等。在房屋资源总量有限的情况下，除货币补贴外，周转房制度是高校解决教职工住房问题的重要抓手，尤其是面对中青年教工群体的刚性需求。但是，在房价逐年攀升、高校新建自建住房项目数量锐减的现实情况下，货币补贴与实物补贴并存的高校住房保障政策仍无法满足新进人才的住房需求。

一是高校教职工住房缺口较大。随着引进人才规模的不断扩大，供需矛盾日趋突出。在公房限制交易的大背景下，高校缺乏补充房源的有效机制及途径，难以腾出足够的房源提供给引进人才选购。就北京大学而言，2015年底配售的肖家河教师住宅项目，为2500余名本部与医学部教职工解决了住房困难，并在当时专门预留人才房300套，筑巢引凤，以期为后续3—5年的引进人才留足空间。发展至今，肖家河预留房源已日益紧张，在没有新建高端人才用房的背景下，北大未来的人才住房如何安置亟需新的解决思路。

二是以实物补贴为代表的隐性补贴的存在，往往会使得高校实际住房补贴力度很大的优势变成住房面积很小的劣势。尤其是在北京等城市，学校可供引进人才选择的住房数量少、面积小，且通常较为老旧，尤其是周转住房，难以与其他企事业单位的住房解决能力相比较[9]，高校住房福利的吸引力不足。许多高校甚至已经没有实物住房可以提供给人才租用或购买。北大除肖家河项目外，目前可利用的空置房源也多集中于学校周边的中关园、清华园、蔚秀园、承泽园等老旧小区，房龄自20世纪50、60年代至80年代不等，房屋总体质量较差。

三是部分高校负责人才引进的工作人员对学校住房存量情况不明，无法及时、准确地告诉引进人才可享受的住房待遇。这使得将引进人才预期过高，造成人才引进工作的效率不高，也存在人才引进后因住房问题未妥善解决而发生人才再次流失的现象。

四是各高校在实际引进人才住房政策制定、教师住宅配售、周转房管理、教师公寓配置等工作中，仅仅依托国家政策与自身条件支撑，没有能够充分调动、利用社会资源。在开拓房源与创新工作方式上的社会支持寻求不足。同时，由于周转住房租金设置远低于市场水平，缺少动态调整机制，房租多年不变，与市场租金脱钩，已入住教职工在不符合公寓入住标准后，仍不肯退出原有住房，相关部门也没有足够的、稳定的资金保障周转房长期稳定的运营。多年以来，周转住房始终没有真正周转起来。

五是住房管理和运营过分依赖高校自身，模式落后，没有引入市场机制与社会物业管理。部分已购公房已经上市交易多年仍找原产权单位维护，房屋违规转租的行为难以有效监管，亟须建立现代化的业主大会制度、物业制度、房屋出租报备制度等，有效管理出售、出租行为，改善和提升老旧小区整体环境。

之前虽然有一些关于高校住房制度改革的相关研究，但是我国近年来发展迅速，很多现实情况都发生了显著改变，高校对人才的聘任机制有所改变，因此原来的高校住房制度在贯彻落实层面和理论更新上都略有滞后。我们需要在新形势下探索出更加符合中国国情的高校人才住房保障方案，同时提升高校的后勤管理服务水平，为解决高校人才住房问题提供我们的智慧和方案。

四、国内外高校经验借鉴

（一）国内高校

1. 清华大学

清华大学设资产管理处，挂靠机构房屋管理服务中心，下设房屋配置办公室、物业与运营办公室、房屋维护办公室等开展相关工作。清华大学的新建职工住宅主要考虑在编在岗人员，可配售的房源约占房源总数的八成。来校未满5年的正高级引进人才，可以先租借周转房，待人才来校工作满6年后，可购买所租借的周转房，周转房租金不退。清华大学最新建造的一批职工住宅配售，房屋的建筑面积均为120平方米左右，此类房源专门针对副高级及以上教职工选购；其他教职工有特殊需要提出申请的，需要提交学校专门讨论，所占房源比例很低。

2. 北京林业大学

北京林业大学设国有资产管理处，下设住房管理科，具体负责学校周转住房与教职工住房的管理工作。对于位于林业大学校园范围外的已购公房，按照有关规定可以上市交易，校内人员有优先购买权；对于位于林业大学校园范围内的已购公房，买受人为本校无房教职工及本校其他正式教职工，房屋过户后，出让人今后不可再参与学校任何形式面向教职工的售房，也不得以任何理由要求学校解决和住房（包括住房补贴）有关的事宜。

周转住房租赁方面，林业大学将周转住房可租赁房源分为A、B两类，其中A类为单身教工集体宿舍，B类为改造房及未出售的成套住宅，申请租赁B类周转住房须为已婚教职工。申请同类住房租赁期限一般不超过五年。租金方面，对于首次租赁周转住房的承租者，第一年房租按照当年学校公布的租金标准收取，以后年度的房租在前一年租金标准的基础上每年递增10%；五年租赁期届满后，从第六年开始租金在上一年房租的基础上每年递增50%。通过五年后周转房租金将超过市场租金这一举措，来确保周转房较好的流动性。

3. 中央民族大学

中央民族大学设资产管理处，下设土地与房产管理科。民族大学的制度特色在于新建住房按照公租房性质租赁，建设工作用房，产权归学校。建筑面积均为90平方米的小户型，以24%的比例预留未来人才用房。选房顺序方面，无房家庭及能腾退学校原房的教职工优先选房。按照长期租赁签订租赁合同，一个承租期为5年，到期需要续租赁合同。并且，承租权可以继承，房屋使用有效期与规划设计年限相同。按照建设成本确定住房费用标准（1.2万元），按照50年折旧。首次交纳总住房费用的70%，建筑封顶时交纳住房费用的30%。承租人调离学校时，租赁合同终止。

4. 同济大学

同济大学设资产与实验室管理处，下设住房管理科开展相关工作。其教师公寓使用确定了“高租金、高补贴、有期限、契约化”的基本原则，公寓租金保持与市场租金相平衡。本校引进的各类人员、博士后出站后进本校工作以及本校在职中青年教学骨干，如果其家庭在本市无住房，或者其现住房在上海市外环线以外且住房为父母所有、与父母同住，满足上述条件的事业编制在岗人员，可申请借住教师公寓；其他因工作特殊需要的需特殊申请。自住寓起算时间开始一般最长为5年，起算时间以人事处认定的进校工作时间为准，确有特殊住宿困难的教职工可适当延长住寓时间，延期最长不超过3年，延长住寓期间住宿安排在四平路校区以外校区。同时，同济大学设立了明确的提前退寓住寓奖励补贴，自住寓起算时间开始一年到五年内退寓的，分五个档次分别给予住寓补贴。

5. 浙江大学

为解决教职工住房困难，浙江大学在2011年提出实施“1250安居工程”，即在“十二五”期间建设可出售的人才房和不出售的教师公寓合计约50万平方米。2015年、2016年，浙江大学分别印发了《浙江大学西湖区块人才专项房申购和销售管理办法（第一批）》《浙江大学西湖区块人才专项房申购和销售管理办法（第二批）》，为“具有正高或副高专业技术职务，或入选学校‘百人计划’，或聘任为特聘研究员、副研究员，或博士后出站进校工作满1年，或在校连续工作满3年且为八级职员或中级职称或副科级职务以上，或在学校连续工作满6年”且满足其他基本申购条件的教职工，配售人才房。这一举措是浙江大学“1250安居工程”的重要组成部分。人才房享受面积内价格按周边普通商品房市场价格的50%确定，超过标准部分面积的价格按商品房市场价格的80%确定。除此之外，浙江大学还与地方政府合作建设了余杭区块的限价商品房项目，进一步保障人才住房供给。

（二）国外高校

1. 加州大学欧文分校（UCI）

UCI在1983年与欧文校区房屋管理局（Irvine Campus Housing Authority，ICHA）签署了土地租赁协议，由ICHA作为校园房产管理机构，负责开发学校的出售和出租住房，有公寓、联排别墅、独栋住宅等多种类型的房屋。

出租住房以公寓为主体，分为未配置家具和配置家具两种。未配置家具的出租公寓，户型从一居室到三居室，政策规定，新入职的教职工与同级教师相比具有优先权，且教职员工租住公寓的时间不能超过5年。配置了家具的公寓主要提供给来UCI做短期学术访问的学者，可申请一周至一年不等的居住期，优先租赁至少一个季度的周期。同时，UCI还与相关企业公司合作，为教职工提供校外租房服务和优惠政策，以及短期休假租赁住房服务。

出售住房方面，UCI出售的房源包括新建住房和旧有住房（转售住房）两类，每年出售的二手房约25～35套，教职工可以在网上找到所有出售住房的信息。只有学校新聘请的学术委员会和高级管理小组成员有资格购买新房；旧有住房则是按照教师的职务/职称、所属系列等来排队，同级中新入职教师优先。在教务长办公室批准的前提下，处于同一级别的有房教师之间还可以进行房屋的交换。

2. 加州大学洛杉矶分校（UCLA）

UCLA期望通过为顶尖教师候选人提供生活方便、价格有竞争力的短期住房来提升学校对人才的吸引力。其教师公寓主要分布于韦斯特伍德及其附近，基本不配置家具，所有公寓使用便捷的月租协议，入住费用仅收取保证金和第一个月的租金，以期通过此政策满足教职工，尤其是新入职教职工的短期住房需求。居住在教师公寓中的教师需要每年接受资格审查，每年7月份集中办理教师公寓的租赁与续租工作，房租也会根据实际情况每年进行调整。另外，学校还有专门为1—4个月短期居住的教职工准备了配备家具的社区；对于那些对居住条件要求较高的教职工，可申请学校数量不多的独立公寓，租约需要按半年或一年的周期签署。

在批准教师公寓申请时，会考虑校园各部门、学校与学院教师招聘和留用的需求程度；考虑到与高级教师相比，初级教师的住房需求更加刚性，因此新聘任的教师最优先选房；同时还要综合评判教师个人的情况。

3. 斯坦福大学

斯坦福大学由斯坦福教工住房办公室（Stanford Faculty Staff Housing，FSH）负责学校住房管理工作，住房保障分为购房和租赁两种类型。

购房方面，斯坦福大学为教职员工和行政人员购房制订了各项福利计划。例如，抵押贷款援助计划（Mortgage Assistance Program，MAP），提供纯利息贷款，其可贷款金额为房屋市价的60%，最高可达70万美元，在贷款期限内，仅支付3%的低利率；住房津贴计划（Housing Allowance Program，HAP），通过每月现金补贴，帮助购房者支付抵押贷款和其他住房费用，为期9年，第一年的补贴金额是3万美元，后每年下降第一年补贴金额的1/9，9年共计补贴15万美元。

租赁计划旨在为教职工提供价格合宜的高质量过渡性住房，最多可租赁2年。斯坦福大学提供超过1100间校内和校外的出租房屋，包括从公寓到独栋住宅、从一居室到五居室的各类户型。出租房屋由斯坦福大学委托专业的物业管理公司管理。除大学自有租赁社区的房源外，教师自有住房也可进行转租。

4. 哈佛大学

哈佛大学由房地产管理服务部门（Harvard Real Estate）全面负责学校住房的出租和出售工作。其出售房源以产权归校内教职工所有的旧有住房为主，价格低于市场价格的21%，房地产部门主要起协助作用，偶尔也会出售学校产权的房产。租房方面，哈佛大学有着可满足研究生、教师和工作人员住房需求的大量公寓可供选择，解决无房教师的住房问题。并且，学校制定了“休假租赁项目”（Sabbatical Rental Program），为想租房子的访问教师和正在休假、希望出租房子的哈佛教师提供服务，帮助他们实现休假期间的房屋转租。

5. 哥伦比亚大学

哥伦比亚大学通过出租教师公寓满足教职员工的住房需求，对住房申请人的资格认定和居住管理也最为细致。其政策中规定，申请的教师公寓之后必须成为承租人的主要住所；承租人只能与家庭成员、其他重要人员以及其他重要人员的家属合租；公寓只能在承租人因官方批准的休假或公休假离开纽约市时转租，且转租必须得到哥伦比亚大学资产管理部的许可。

在教师公寓的分配问题上，哥伦比亚大学以家庭规模作为公寓分配的重要因素之一，会尽可能地为有孩子的教师提供面积更大的公寓；会优先考虑为从纽约大都会区外招聘的教授级教师提供住房；优先考虑新通过评估的终身教职员工的住房需求。同时，哥伦比亚大学制定了明确的退出机制，保障了教师公寓的周转性和流动性。

五、人才住房需求调研及分析

本次研究在研究国家住房保障政策和国内外高校管理经验的基础上，通过问卷调查，探究普遍性的结论。以样本推测总体特征，来分析目前世界一流大学建设中高校人才住房存在的问题及人才对住房的期望。

（一）统计结果

本研究以191位中青年北大教职员工为主要研究对象，其中80后教职工占总人数七成左右，90后教职工约占二成。研究重点关注共同居住的家庭结构、住房特征以及研究对象的社会经济属性三大类因素对受访者住房舒适度的影响并进行探索性研究。

统计结果显示，依托租房和单位分配住房解决家庭住房的受访者占绝大多数，购房居住人员仅占约9%。家庭住房面积集中于30～60平方米以及60～90平方米，分别占总数的二分之一和四分之一。仅有不足四成的受访者认为目前居住条件比较舒适或舒适，从统计结果看，受访群体改善家庭居住的需求强烈，住房问题相对突出。

调研受访者的住房期望，对受访者对住房补贴与政策性住房的选择和偏好进行研究。在住房补贴形式的选择方面，选择了纯实物补贴的受访者占总人数的45%，选择货币补贴与实物补贴相结合的占32%，仅有23%选择了纯货币补贴形式。可见，在高居不下的房价之下，实物补贴的形式更具吸引力。在住房偏好方面，调研设计了A、B两种要素禀赋不同的房屋观察受访者的选择。A房特征为位于学校周边，但房屋面积小，仅能租赁，无产权证；B房距离学校较远，房屋面积大，可购买，有产权证。问卷结果显示，选择A房的受访者仅占总人数的25%左右，而选择B房的占总人数的66%，差异显著。

研究还调研了受访者对目前高校普遍存在的职工住宅等类型的有限产权住房的租购模式偏好。在租购选择上结果相对均衡，选择购买的人占总人数的48%。在租赁模式下进一步对比受访者长租与短租模式偏好，在长租模式一次性缴纳20年的租金可在20年使用期满后可获得住房的长期使用权（该使用权可继承、析产）的前提下，有54%的人倾向选择长租模式，31%的人选择按月缴纳房租。

（二）模型分析结果

进一步对问卷结果进行数据模型分析显示，年龄与职称、公有住房或保障房拥有等因素具有显著的正相关关系。住房舒适度与住房性质（学校住房、保障房、商品房）相关显著，但与保障房和商品房为正相关，与学校住房则为负相关。有老人和青少年同住，会降低受访者住房舒适度。贷款压力也负面显著影响着受访者的住房舒适度评价。这与研究前期提出的假设基本一致。值得注意的是，通勤压力在模型结果中并没有显著性，这一结果可能和受访者目前居住地的空间分布有关，值得引入空间变量进一步研究。

综合来看，人才的住房体验受到多方因素的影响，除了许多住房研究关注的通勤、面积以及贷款因素外，住房性质、家庭结构等因素也深刻影响着住房体验。未来的住房政策需要基于人才家庭情况而非单一的人才本人的资质进行精细化、人性化的住房匹配。

六、人才保障住房机制发展建议与策略选择

国内外高校的人才住房的相关政策为本次研究的人才住房保障机制创新提供了可借鉴思路。哥伦比亚大学将学龄子女纳入分房考虑因素，哈佛大学的校、企合作售房模式，同济大学设立周转房提前退出奖励机制，以及哈佛、斯坦福、北京林业大学的住房校内转租、转售模式等，都是解决高校人才住房的积极经验。基于以上，本文提出以下发展建议。

高校要建立适合人才自身情况的住房保障模式，有效地利用存量住房，抓住地方城市更新计划与老旧小区综合治理政策的契机，完善住房园区相关设施配套，建立高品质人才公寓，并进一步拓宽人才保障住房房源渠道与资金来源，引导人才的置业观念，完善当前的保障性住房制度。

（一）建立健全高校住房保障机制

积极推动高校住房货币化改革。当前高校教职工的住房主要有国家房改房（已购公房）、周转房、集资房、商品房、校外租赁房等几种不同形式。随着

我国城市住房供应模式由单一的政府供给模式向以市场为主导的供给模式的转变，高校教职工的住房形式也需要发生变化。解决引进人才的住房问题，需要采取更加市场化的手段，在管理好存量住房的基础上，开发多渠道房源筹措机制，构建多样化资金筹措机制，创新租赁管理机制，完善退出机制，更好地实现系统化、标准化住房供应、分配与管理。

创新住房保障模式，应注重优化新模式的可操作性，避免出现政策设想很好但无法落地实施的尴尬局面。建议采用以货币补贴为主、住房实物补贴和周转房为辅助的住房保障模式，住房保障途径可以是货币补贴（房租补贴、购房补贴）以及其他的优惠措施（如贷款优惠、购房支持计划），尤其是特殊人才房补贴的形式；也可以是以租房或优惠售房形式直接提供住房。租售并举，不同的人才层次适用不同的租购模式，匹配不同的房源。

（二）提高存量住房的利用效率

完善空置房与预留房的有效利用机制，提高高校对现有住房资源的利用效率，保证存量的人才住房物尽所用。建议放开校内人员的内部交易，允许已购房教职工校内交换、转售住房，盘活二级市场，通过物业交割的约定等方式，限制三次交易，以保证校园周边住房的产权人通过市场交易的方式，依然是本校人员。从学校角度，有目的、有选择地进行住房回购，注重回购住房的位置选取，以便回购房屋能够发挥其新的价值。

同时，要完善房屋退出机制，提高执行力。可借鉴哥伦比亚大学等高校的政策，对工龄不同、职称不同、入住时间不同、家庭资产状况不同的教职工采用人性化、差异化的腾退策略，教师退休后须遵从学校安排搬入面积更小、相对偏远的公寓，保障学校周边人才公寓的周转性和流动性。奖励主动退出者，实际操作中可考虑与单位指标挂钩。

（三）建立高品质人才公寓

国内外各高校的实践经验显示了周转房在房源数量、标准化管理、需求适配、入住便捷、灵活性强、使用率高等方面的突出优势。在高校难以提供新的可出售房屋的客观现实下，以现有高访公寓为基础，建立高水平的人才公寓是未来解决引进人才住房需求的主要途径。分配模式与排队顺序方面，建议从目前单一考虑个人资历（职称等）向综合考虑教职工家庭实际情况的方向转变，将考虑家庭人口数量纳入住房租赁房源的考虑范围中，在践行鼓励生育的政策方针的同时，也切实提高住房的舒适度。

进一步提高周转公寓的质量和水平，打造满足新引进人才的住房需求的新公寓。目前我校的高访公寓虽可实现拎包入住，但周边园区的整体居住环境相对老旧，无法满足部分教师的住房期望；教师公寓则一般需要入住教师进行简单的装修布置才可入住。欧美等国家微缩公寓的建设发展，我国北京、上海等大城市“自如寓”“新派公寓”“魔方公寓”等长租公寓的运营模式，都为未来人才公寓的建设提供了可参考模板。在满足日常起居的基础上，高校人才公寓建设应在科技居住体验、社交文化氛围营造与归属感构建方面更加着力。

（四）拓宽房源渠道，挖掘可用房源

引导和树立教职工住房梯度消费的观念，尤其是对于中青年人才。工作初期由于其受到自身年龄和家庭收入的限制，建议以租赁学校周转房或普通商品房为主；随着收入的增长和工作年限的积累，引导和鼓励年轻教师逐步从租赁转变为自住购买再到投资，梯度提高其家庭的住房消费层次。将解决自身住房需求的途径，从通过学校的保障体系过渡到市场供给体系中[10]。

多渠道增加房源，在高校周边区域深挖住房潜力。要寻求市场机会，适度增强人才保障住房的开放强度，增加住房增量。高校在政府的领导之下积极寻求与企业的合作，鼓励学校教职工与企业进行科研合作，通过企事业单位向高校人才提供的横向课题，来成立优秀职工的人才住房基金。对于位于商业核心区周边的高校，如若周边区域商办闲置较多，可考虑在不改变土地使用性质的前提下，与社会企业合作将闲置商办改造为人才公寓。在高校自身资金和土地资源有限的情况下，尽可能充分利用市场资源和政府资源，有效地增加高校可使用的人才住房增量。

参考文献

[1] 莫秀华. 南昌高校中青年人才住房问题分析及对策研究 [D]. 江西农业大学，2016.

[2] 王林春. 上海市高校海归青年教师引进政策供给与个体需求的匹配研究 [D]. 上海交通大学，2019.

[3] 李国栋. 青年人才住房租购选择影响因素研究 [D]. 江西财经大学，2018.

[4] 阎芳. 人才保障性住房的实施现状和经验与优化措施 [J]. 重庆科技学院学报（社会科学版），2012（05）：99-101.

[5] 万斌. 中国经济发展和体制改革报告No.1：中国改革开放30年（1978～2008）[M]. 北京：社会科学文献出版社，2008.

[6] 谷俊青. 中国城镇住房保障政策体系变革中的缺陷及其完善构想 [J]. 现代财经-天津财经大学学报，2009，29（02）：47-52.

[7] 回顾中国住房制度改革 纪念小平同志关于住宅问题谈话30周年（上）[J]. 城市住宅，2010（04）：16-18.

[8] 李晨. 我国城镇中低收入家庭住房保障制度研究 [D]. 天津商业大学，2017.

[9] 马银亮，张海戈，吴小红. 浅析高校引进人才住房安置对策的思考 [J]. 清华大学教育研究，2006（S1）：128-131.

[10] 冯长春，王思竹. 中国城市住房市场发展的长效机制研究 [J]. 改革与战略，2017，33（11）：132-136.

高校后勤育人资源开发与利用研究
——以北京大学为例

王太芹，陈刚，陈贵兵①

奥地利著名音乐指挥家卡拉扬曾说过：“没有音乐是粗俗的，除非演奏者的演奏方式使它听起来粗俗。”借用这句话潜含的逻辑，对应到后勤育人领域，一缕阳光、一丝清风、一粒米、一滴水、一个笑脸、一句问候，几乎没有什么不能作为育人资源，只是看我们如何开发和利用。

早在1937年11月，烽火连烟中，北京大学、清华大学和南开大学南迁至长沙，在共同组建的长沙临时大学中弦歌不辍，但学习环境和居住条件都极度落后。有一次，原北大校长蒋梦麟、清华校长梅贻琦、南开校长张伯苓，一起巡查学生宿舍，眼前是破败不堪、风雨飘摇的景象。目睹这种状况，蒋梦麟心中十分酸楚，认为这会影响学生的学业，不适宜居住，他说：“倘若是我的孩子，我就不要他住在这个宿舍里！”而张伯苓却针锋相对地说：“倘若是我的孩子，我一定要他住在这里！”此时，梅贻琦不得不打圆场，他说的那句“大学，非大楼之谓也，大师之谓也”至今已成经典。可以说，蒋、张当时爱护学生心意相同，但表达方式不一，而梅的表达又看似折中。这个故事如果换到本文的语境，则可以说蒋看到了良好的物质资源对育人的重要性，张则看到苦难作为一种精神资源对人的培养也很重要，而梅在诸多育人资源中看到大师（人）的重要性。从育人资源分类角度看，他们三人所关注的没有高低之分，但有缓急

① 王太芹，北京大学公寓服务中心
陈刚，北京大学公寓服务中心
陈贵兵，北京大学餐饮中心

之别。

那么，我们该如何界定后勤育人资源？后勤育人资源包含哪些因素？有哪些特征？如何做好开发和利用？本文以这些问题为线索，着重从北京大学后勤领域实体运行机构的实际工作领域展开梳理，兼顾进行理论探讨。

一、对资源、后勤育人资源等概念的厘清

对资源一词的理解，有个随着社会逐步发展而深化的过程：开始，它仅被从经济学意义上理解为“生产资料和生活资料的天然来源”，即自然资源；后来，它也被从社会学或教育学角度理解，包含了社会资源的意义。

教育资源是一种社会资源，确切地说，是一种社会公共资源。对教育资源概念的理解也存在一个伴随着教育实践，不断积累、扩展、深化从而丰富其内涵的过程：起初，它产生于教育经济学领域，亦称“教育经济条件”，意指教育过程中所占用、使用和消耗的人力、物力和财力等物质性资源的总和；后来，它还包含时空、信息、文化、制度、政策、关系等非物质性资源。这些资源统一构成了一个完整的教育资源系统。

育人资源，有广义和狭义之分。广义的育人资源，等同于教育资源，即包括教学科研、管理服务、社会实践等在内的完整的教育资源体系。而狭义的育人资源，指的是立德树人资源。立德树人是新时期党对教育目标和途径的新论述、新判断和新指引。中共十七大报告首次提出教育必须以“德育为先”；十八大报告首次提出把“立德树人”作为教育的根本任务，即全面发展虽是育人的主要目标，但立德树人则是首要目标。所以，狭义的育人资源也可以理解为德育资源，即思想政治教育资源，指一切有利于大学生思想政治教育活动目的实现的各种要素的总和。

后勤育人作为一个正式的命题和名称于1985年提出，后勤育人的核心内涵“服务育人”作为与教师的“教书育人”相对应的命题也随之引起高层认可，并于1987年写入《中共中央关于改进和加强高等学校思想政治工作的决定》。随着时代的变迁，服务理念的升华，高等教育与高校后勤的改革，高校后勤的育人理念和服务内容均经历了一个从狭义的“服务育人”到广义的“服务育

人”的转变，践行服务育人的主体不再局限于一线人员，管理干部同样可以以身作则，成为“不上讲台的讲师”；服务育人的内容也从最初一线员工对学生无微不至的关心服务以感化和教育学生，到后来吸纳学生参与后勤管理服务，对学生进行后勤知识技术的教育引导，甚至后勤人员成为劳动课的专任教师或者社团指导老师，等等。

由此观之，后勤服务育人的实质，是深度开发后勤教育资源，利用有利条件和服务时机，为学生成长提供适当教育管理和服务，与后勤人员的知识结构、育人意识、教育能力有非常大的关系。因此，本文所指的后勤育人资源是指分布于高校后勤系统，以后勤管理与服务部门为责任主体，以学生为培育对象，包含着一定物质生产、精神生成、制度形式和行为模式，能够为高校教育工作者开发和利用的，以相对稳定的物质形态和精神形态为载体的资源总和。

二、后勤育人资源的分类

后勤是一个既微观又宏观的系统，涉及业务面广、流程长、人员多，依据不同的标准对后勤育人资源进行分类和梳理，其方法论的意义非常明显。

根据育人资源呈现的状态，我们可以把后勤育人资源分为自然资源和社会资源。高校后勤育人的自然资源是指存在于高校后勤工作所辖范围内，不含人为干预的以自然形态存在的各种资源的总和，如校园里的一草一木、一鱼一鸟，校园角落的一块空地或者天空。存在于高校后勤系统的自然资源往往不单纯以一种“物”的形式存在，而是营造了一种旨趣和氛围，使人浸染其中而不自觉。“燕园其实并不大，未名不过一勺水。水边一塔，并不可登；水中一岛，绕岛仅可百步余；另有楼台百十座，仅此而已。但这小小校园却让所有在这里住过的人终生梦绕魂牵。”与自然资源对应，高校后勤育人的社会资源是指在后勤服务社会活动中，以社会关系为核心，可被利用的并能发挥育人作用的各种要素的总和。后勤工作面广量大，内容和方式多样，贴近生活、贴近实际、贴近育人对象，这使其能够用于育人的社会资源具有分布散、多样性、实践性的鲜明特点。具体如活跃在学生生活社区的各类社团、楼长保洁厨师维修师傅甚至同学们自己、各类的显示屏橱窗海报、后勤种种高科技设备设施及管理系统、树洞BBS以及朋友圈内可以提供参考的点赞以及评论发言等等。人们常用的社会资源可以大致分为主体资源、文化资源、科技资源和信息资源四类。这也意味着必须把它们视为有机整体加以开发与利用，才能够发挥出1+1大于2，知信行相统一的作用。

根据发挥的作用不同，后勤育人资源可分为显性资源和隐性资源。显性育人资源是指由后勤教育工作者专门组织的，能够被广大育人对象直接利用的各种资源的总称。在校园日常生活中，以校园安全制度、公寓管理制度等为代表的各种制度资源是我们常常见到的显性育人资源，它们往往起着强制规范、教育引导的作用。隐性育人资源是指后勤工作中通常以一种无声、间接、不易察觉的方式发挥着潜移默化的持久影响的资源的总和。隐性资源的存在正是后勤第三课堂以其突出的隐性育人特征区别于第一课堂的重要资源，但也因其“随风潜入夜，润物细无声”式积沉性、“桃李不言，下自成蹊”式隐渗性，蕴含着不确定性。港大的“三嫂”院士对学生健康人格与人生道路的无形指引，相较满腹诗书的“鸿儒”在知识灌输、教化引导上的作用，也可说是 “殊途同归”。

根据属性的划分，后勤育人资源可分为物质性资源与精神性资源。所谓物质性资源，是指以实物的形式表现的资源，是后勤部门基于人财物等生产性和生活性资料而生成的让育人对象通过感官就可以感受的一切物质性对象的总和，如财物资源、媒体资源、时间资源等。这种具有直感性特点的物质性资源是身临其中的人感受、思考、认同后勤育人实效的基础。所谓精神性资源，是指高校后勤在发展过程中形成的以一种内隐的意识形态形式出现，并逐渐趋于稳定的精神成果和意识观念。物质性资源在表层影响着后勤育人的参与主体，提供支撑作用；精神性资源在深层发挥着最长久、厚重和深远的影响，提供核心作用。物质资源不仅具备教育资源公共性、理想性的一般特点，也因其物质属性具有非常鲜明的经济性特征，表现出比较明显的消耗性和不可再生性。这也是实际工作中人们更重视物质资源而忽视可再生的精神资源开发利用的一个重要考量，殊不知这种资源开发上的误区不仅会导致精神的贫困，而且会制约对物质资源的进一步开发。

三、后勤育人资源开发利用的必要性分析

当前，后勤服务育人已经内化为高校后勤系统的主流价值观，并成为先进后勤文化的核心内容。当我们探究服务育人的理论与实践，就能发现后勤育人的过程就是研究如何研究和实践后勤育人资源开发和利用的过程，开展后勤育人资源的开发与利用对于后勤实现立德树人、长远发展具有重要的作用和深远的意义。

（一）后勤育人资源特征的内在要求

后勤工作面广量大，内容和方式多样，高校后勤育人资源广泛存在于后勤的各个部门，涉及空间环境、人员队伍、各类服务等，各成体系又密切关联，呈现出分布散、载体广、种类杂、持续久的鲜明特点。随着高等教育分层分类发展，对应后勤育人资源管理体制和供给方式存在差异。后勤育人资源作为教育资源的一种，除具备教育资源公共性、理想性等一般性特点外，还具有经济性特征。这是指为了实现一定的教育目标，后勤育人资源作为一种成本性投入，尤其是作为一种物质属性的投入，应该有产出性回报的要求。这就要求我们必须通过开发利用后勤的育人资源，将其中所涉思想政治教育的信息、功效、能量等发挥、释放、引导出来，把它们的各种价值加以充分挖掘、配置和优化，从而将后勤育人资源整合成为一个由多种要素构成的有机整体，并促使各要素之间发挥的作用相互联系，相互影响，从而发挥出1+1大于2的作用。

（二）后勤育人隐性教育特点的必然逻辑

育人是一个复杂的系统工程，相对于高校教学、科研及行政系统，校园里的一砖一瓦、一餐一饭，包括广大后勤职工的一言一行、一举一动都是高校后勤优质的育人资源。在后勤育人资源的价值发挥方式上，往往是由点到面、由此及彼，由感性至理性，由具体行为或事例升华至精神或意识，表现出典型的隐性思政课程的特点。

这种隐性是指后勤育人比第一课堂的育人，表现出无声、间接、不宣扬的明显特性。而这种隐性的特性也蕴含着不确定性。因为后勤系统中的育人资源如果没有经过选择和加工（开发与利用），对学生的影响可能是积极的正面的，也可能是消极的负面的。这就要求我们必须对资源进行选择和加工，以发挥积极正面的育人功能。当然，具体到某一个高校后勤资源育人价值的发挥，初始状态可能是自发而模糊的，处于一种无意识的黑箱状态。在办学过程中，因历史事件的催化或资源拥有者概括和引导，逐渐从模糊到明确，由自发到自觉，走向可意图、可设计状态，这样一种从自发孕育到自觉转化的过程，要求我们必须对之进行开发与利用研究。

（三）强化后勤育人实效的恰当选择

后勤系统是学校育人的“第三课堂”，工作人员是“不上讲台的教师”。后勤服务育人已经内化为高校后勤领域主流价值观，并成为先进后勤文化的核心内容。当我们探究服务育人的理论与实践，能发现后勤育人有自己的规律，而后勤育人的实质就是将后勤育人资源的开发利用变无意识为有意识，变被动为主动，变无序为有序；创造形式多样、丰富多彩的隐性课程教学体系，各方配合形成合力，提升学校育人的整体功能，建立后勤育人的长效机制的过程。

一般来讲，育人的途径主要有两种：一是基于具体理论知识要点的“理论悟性”的掌握，二是基于具体实践活动积累的“实践体验”的增强。这也是我们常说的知行合一。后勤育人工作贴近生活、贴近实际，这就要求后勤部门在开展育人工作时，要有意识有目标地面向不同层次的大学生组织开展具有针对性的活动，要注意将带有方法论意义和指导性价值的宏观抽象内容与涉及学生学习、生活及思想等各类微观具体内容相结合，开展内容更鲜活、形式更多样的教育活动。诸如饮食浪费问题、消费观问题、爱护公物问题、男女生交往问题等所谓的“小事”，恰恰是增强育人效果的重要切入点和着力点。而此类资源的开发与利用，需要给大学生所需、补大学生所缺、想大学生所想、急大学生所急，需要坚持积极向上的内容与活泼新颖的形式相结合、学校教育与学生自我教育相结合、后勤管理与服务工作队伍的主导性与学生的主体性相结合，不断融入新的时代元素并采取学生乐于参与的新形式。

（四）开展双向教育、提高后勤效益的有效途径

当下的后勤管理与服务参与育人的模式，正从传统的单向、不可逆性向现代的双向、可逆性转变。对后勤育人资源的开发与利用则在客观上加强了后勤员工与广大同学间的双向互动，后勤员工不仅会在日常工作中发挥育人功能，自己也会在思想、行为、心理等方面开展自我教育，同时也会与学生产生相互间的影响和教育。这个过程的主要特点是双向、互动、互补、互效，后勤员工则在其中实现“育人与育己”统一。人是生产力中最革命的因素，后勤员工队伍建设取得的成效将从各个方面推动整个教育后勤系统的提质增效。

另外，后勤育人资源的开发与利用将有效指导后勤育人工作的协调运行，系统地梳理和制定后勤育人的目标、任务和内容等；获得学生的情感理解、知识智力支持，能够降低沟通成本，有更大的容错空间，有利于解决长期困扰的管理服务难题；方便达成共识，形成合力，敢于开展管理服务方面的改革创新。这样的状态将直接降低投资和服务成本，对于提高后勤的效益，形成更好的良性循环大有益处。

四、不同类型后勤育人资源开发利用的实证研究

本文所指的后勤育人资源开发，“开发”一词采用“发现、利用新的资源或新的领域”的本义，是指要把潜在的或尚不能利用的育人资源变为现实资源或者挖掘已有资源的未知功能，以提高后勤育人资源的数量、质量和效益，实现后勤育人的可持续利用。本文所指后勤育人资源的利用是指将后勤育人资源投入育人活动中，以恰当的方式、适当的成本，发挥作用的条件和规律，实现其应有的价值与作用，提高后勤育人实效。以下选取日常工作中常见常用的几种后勤育人资源，着重阐述其开发利用的方式方法，以便我们小中见大，举一反三。

（一）物质资源的开发利用

1.装饰美化，展览展示

公寓服务中心的北大宿舍楼长们常年精心绘制黑板报，还会和同学们一起装扮宿舍楼的公共空间，和大家一起构筑燕园的小家。黑板报的主题紧扣建党百年、迎国庆庆中秋、“爱国卫生运动”等时代主题，黑板报成为“传情达意”的小天地，也成为思想政治教育的大舞台。

2.优化布局，增加功能

在学校的大力支持下，在元培学院改变35楼布局，将楼内地下室调整为多功能活动空间，配设图书馆、讨论室、学生电影院、健身房、琴房、舞蹈厅、心理咨询中心和公共休息区等一系列方便学生交流与生活的功能区。便捷优质的环境为选修不同方向的元培人提供了更多交流的机会，学生可以感受一流大学书院制模式下优质生活环境与自由学术交流氛围，更有利于思想的碰撞与融合。

3.精神赋能，凝聚升华

北大著名校园景点“一塔湖图”已成为数代北大人的精神依托，是数代北大人的精神家园。北大红楼早已突破建筑的使用功能，成为开展爱国主义教育基地。北大档案中的《北大女生》杂志、北大女生影像等见证了北大冲破“男女不同校”的历史，为女生展示形象和表达思想开辟了一方新天地，激发了北大女生积极参与各类校园活动，为日常校园生活注入了新的生机与活力。北大女生热切响应社会需求，投身教学科研与社会实践，书写自己的青春华章。

（二）精神资源的开发利用

马克思主义认为，人的本质是一切社会关系的总和。一般来说，人的需要有物质需要和精神需要两个方面，而人的精神需要是随着物质需要而不断增长的，因而也要不断加以满足。精神资源开发的实质是调动人的主观能动性，充分发挥其精神力量对社会实践的反作用。

1.文明创建，熏陶灌输

人的思想品德的形成过程实际上是一个实践的过程，只有受教育者把获得的思想道德认知付诸实践，形成良好的行为习惯，才能形成良好的思想政治品德。会议中心在中心内部开展“党史我来讲、责任我担当”主题系列党课活动，通过讲述历史、朗读家书、优秀事迹报告、用舞台剧重现历史场景等沉浸式的学习方式，将多种汇报展现形式与红色教育资源相结合。利用大讲堂平台优势，与校内外协同探索育人机制。聚集学校相关单位主办的各类观影、交流、讲座活动和全国优秀院团红色题材演出展演，如“世界马克思主义大会”“纪念五四运动100周年师生座谈会”等，实现并强化红色文化教育的入脑入心。每年各项活动覆盖学生人次近五万。同时充分利用微信公众号等新媒体宣传方式，进行相关红色宣传，目前中心三个主要微信公众号的关注人数达到70800余人。长期以来，会议中心高度重视和持续推动红色资源育人体系建设，通过演出、讲座、活动等多种形式为参与在会议中心举办的各类活动的学生和在会议中心入住的学生，提供了多种红色教育和实践体验。广大同学在活动中体会后勤育人精神资源的魅力，体验后勤育人精神资源的巨大力量。

2. 培育转化，传承创新

在北大历史上孕育了五四精神、一二·九精神、西南联大精神和“两弹一星”精神，一代代的新北大人无不在蔡元培、李大钊、马寅初、王选、孟二冬等前辈大家的精神感召和鼓舞下成长。这些精神资源以显性或者隐性的状态呈现在北大校园。开发利用好北大的精神资源，北大后勤职工有着得天独厚的优势和潜力。学校房产部组织燕南园历史挖掘、红色文物寻访等活动，使有形的显性精神资源在新一代北大人身上得以继承发扬。而新落成的餐饮综合楼以“郑格如”命名，又名“家园”食堂，则将新时期的公益精神通过物化的形式进一步培固。冬奥精神、抗疫精神等以横幅、海报、音频视频等不同的方式存在，为知行合一、以知促行、以行求知营造良好的氛围。

3. 健全机制，推动实践

在精神资源的开发利用上，我们通过建立健全调查研究机制、参观学习机制、传承创新机制、理论研究机制等途径更好地巩固开发利用效果。近年来，公寓服务中心联合学工部等部门制定了“文明卫生宿舍评选”机制、餐饮中心的“十佳菜肴”评选机制、后勤党委的“骏马奖”“蜗牛奖”评选。此类活动可以帮助同学们把具体的价值判断渗透到实际行动的各个环节，学生的心灵在实践中得以净化，思想也在实践中得到熏陶，他们的觉悟、道德判断力得到加强，在社会实践中提高了道德免疫力。只有在特定的道德角色和道德情境中，身临其境，亲身体验，才可能培养出真正适应现代社会的道德和能力，才能真正把现代思想政治教育资源内化于心，外化于行。

（三）制度性资源的开发利用方式

1. 约束教化、规范管理

北大后勤系统对于事务性的工作一般都有非常明确的规定。以公寓服务中心为例，中心牵头制定的《北京大学学生公寓管理办法》明确规定了公寓入住、调宿与退宿的相应程序，入住期间应遵守的会客规定、安全规定、卫生规定、查房规定等，详细地约定了在学生公寓住宿期间的各类约束，有效地促进了学生生活教育和学生的自我教育。《学生宿舍用电管理办法》《电子门禁系统使用管理规定》《学生宿舍家具设备管理办法》等也详尽地为学生公寓的管理提供了明确的指南。以制度建设开展学生教育，早在西南联大时期就有先例。我们在一些文献上也常常能看到记载。比如，学生住宿管理相关规则，不论大小均由当时西南联大的常委会会议议决。具体的例子有：1937年常委会第十四次会议记录中就详细记载了决议通过《女生宿舍规则十一条》，对于外住管理、宿舍分配、宿舍管理、门禁制度都有详细规定，并专门派驻教师管理宿舍事务；常委会第十五次会议议决中要求“本校男生一律住男生宿舍，凡在十一月一日以前已报到缴费而未搬入宿舍者，其注册手续即认为未经完成。开课后即作为缺课论。其宿舍空位经分配借读生后，并不得复行要求搬入”。

2. 合理赋能、教育引导

万柳学区管理服务团队制定师生参与式管理制度，将师生纳入后勤管理体系，激发和促进大家参与公寓创建的积极性和创造性，提升“自我教育、自我管理、自我服务、自我发展”的能力。通过保障师生的参与权、知情权和监督权，让大家感受到主人翁的自豪感和使命感；通过相关事务公开，降低师生参与门槛，邀请师生代表参与调研决策，最大限度满足大家的需求；通过完善诉求表达和反馈机制，第一时间解决大家反馈的问题。万柳学区通过参与式管理机制的建立，引导学区师生一切从实际出发，积极承担作为学区主体的责任义务，在关注国家大事的同时，也能重视身边小事，化被动为主动，从被服务者转化为学区的共建者、共治者，以及学区发展成果的共享者。

3. 关注民生，以人为本

学校食堂为同学们提供一日三餐，同学们与食堂的联系千丝万缕，餐饮问题也就成为长久以来同学们反映意见比较集中的领域。为了维护广大同学的权益、更好地改善校园餐饮服务质量，校学生会与餐饮中心协商于2004年正式启动“食堂监督员制度”。至2022年，制度运行已有18年，有关餐饮服务的信息得到广泛有效的掌握和协调、收集与传递，广大监督员同学也在每天的信息收集、反馈，问题的协商和及时解决过程中得到了成长和锻炼。中关新园2019年常住留学生1730人左右，来自全世界115个国家。中关新园建立留学生公寓管理参事会（Resident Assistant）制度，成立由不同国籍的留学生代表组成的北京大学中关新园留学生公寓管理参事会，以“自主生活管理”的理念与实践，使留学生参与到公寓的日常运行、管理和服务工作中，协助中关新园共同做好多元文化居住管理与服务工作，提升来自不同国籍、不同文化习俗的青年学子文化交融与住宿美好体验，帮助他们的成长。

（四）人力资源的开发利用

人民群众是历史的创造者。人民群众不仅是物质财富的创造者，而且是精神财富的创造者，是一切精神财富的源泉。这就要求我们必须注重开发利用高校后勤领域师生员工中蕴藏的丰富后勤教育资源。一方面，后勤人力资源扮演着育人主体的角色，居于主导地位，发挥主导作用；另一方面，在后勤师生员工队伍中也蕴藏着丰富而实际的育人资源。后勤育人目标能否实现、效果的好坏，与人力资源的开发利用方式方法、广度深度均密切相关。

1. 选树典型示范，推动后勤育人

优质服务是后勤育人的前提条件，优秀员工是后勤育人的必要条件。马克思曾说过，如果你想感化别人，那你就必须是一个实际上能鼓舞和推动别人前进的人。[1]同学们只有把亲身体验与社会服务以及课堂理论相比对之后，才能够体会到后勤所提供的优质高效温馨的服务，才能从内心产生尊重和感恩，后勤服务育人的隐性作用才能够切实发挥。

在北大就有许多这样“不上讲台的”佼佼者，他们中有获得全国五一劳动奖章，扎根荒山三十八载的姚清明；有北大安全的守护者保安员王桂明；有被誉为“北大学子二十四小时的守望者”的30楼楼长吴宝炬；餐饮中心的“阳光大厨”李建华；还有学一食堂的“包子大叔”等等，他们恪尽职守、一丝不苟，以教育工作者的心态，倾心尽力地为学生服务，这群平凡、可敬的后勤劳动者正是开展后勤育人的宝贵资源。事实证明，正处于心理迅速发展阶段的青年学生，渴望关怀和理解，需要工作人员与他们进行耐心的交流。后勤员工大概率是同学们踏入校园见到的第一位工作人员，也是在校学习生活期间最经常遇见和相处的人员。他们既是后勤工作部门的主体，又是为学生服务的实施者和组织者。后勤员工的工作作风、责任感、服务态度，以及非学术性学识都能感染学生，也会在无形中把后勤各部门的优良品德、高尚情操、正确的世界观、人生观和价值观传递给学生，可以取得课堂上和日常教育中意想不到的效果。

2. 开展朋辈教育，发扬榜样作用

在大学校园，同龄人成长背景、兴趣爱好相似，开展朋辈教育能产生“蓬生麻中不扶而直”的育人效果，使同学们在不知不觉中接受教育。一是搭建能够促进朋辈教育的平台，充分发挥大学生自我教育、自我管理、自我服务的作用。北京大学成立的学生楼委会组织“北大燕窝”、万柳学生联合会、百年讲堂成立志愿者服务队以及爱心社等均是由学生参与学校后勤管理服务的组织。二是开展培训，建设高素质朋辈教育者队伍。举办心理咨询、消防安全、健康生活等相应类别的业务培训班，明确朋辈教育者的工作任务，增强角色意识，提高综合素质。三是建立激励体系。万柳学区为热心宿舍建设的同学授予“荣誉居民”“宿舍榜样”荣誉称号，并适当给予物质奖励，很好地调动了同学们的积极性。

3. 组织技能大赛，弘扬工匠精神

工匠精神是每一位后勤员工的理想要求和理想境界，能为后勤服务质与量的提升提供源源不断的动力与支持。在后勤服务中，通过有效的方式为员工搭建技能比武的舞台，一方面能够促进员工更加重视严谨和精益求精的生产与服务，将求实创新、追求卓越的精神品质融入后勤服务；另一方面，邀请同学观摩、参与或者体验技能大赛的过程与成果，可以使同学们得到后勤员工精益求精、追求极致，持之以恒、专注投入以及持续的创新精神等新时代工匠精神的濡养与熏陶。北大餐饮中心每年组织“十佳菜肴”评选，万柳学区已经举办三届以“弘扬工匠精神，争当育人模范”为主题的职工技能大赛，均取得了良好反响。

五、后勤育人资源开发与利用面对的困难与挑战

（一）育人资源开发利用意识不强

马克思主义认识论认为，人的认识是客观现实的反映，这种反映要不断地随着客观现实的变化而变化。人们对后勤育人资源在范围、种类、功能等方面的认识也一定会跟随现实情况发生变化。而人们对待资源的特定认识和基本态度，直接影响着对资源的开发方式和利用程序。如果人们对后勤育人资源的认识跟不上形势的变化，就会落后实践的发展，势必影响育人资源功能的发挥。在追求经济利益背景下，后勤系统资源意识不强会造成育人资源质量提升不足、数量零散杂乱、结构失衡等情况。

20世纪80年代国家提出高校后勤要以“三服务两育人”为宗旨，明确了高校后勤的育人属性，彼时高校后勤育人资源的利用以清华大学为代表，引起了教育界的广泛重视。但在后勤社会化的进程中，很多高校将校园后勤服务保障推向社会，或者引进社会企业进驻校园。市场竞争加上对教育系统后勤定位的模糊认识，使许多后勤单位满足于提供服务创造经济效益，忽视了后勤育人工作，对于后勤育人资源开发利用的认识不到位、定位不准确，理论上也普遍缺乏具有一定深度和广度的研究。这种理论与实践的停滞与脱节也势必进一步造成实际工作中的盲动与被动。尤其是近些年来，人们物质生活水平大幅提高，不少高校以一流的硬件设施标榜学校的育人能力，广大家长学生也更关注硬件

方面资源和条件，而与学校后勤相关的其他如人力资源、制度资源等关注甚少。甚至后勤系统的很多管理人员看待食堂的餐食时根本想不到这些食物除了营养饱腹外，还能有什么教育作用。或者以对待反面典型的态度，采取“鸵鸟政策”或者干脆弃之不用，很难看到其中可以利用的价值等。

（二）育人资源开发与利用投入不足

后勤育人的要求尽管很早就被提起，但后勤的基础工作仍然建立在提供良好的保障和服务功能上。在实际工作中，限于市场、经费、人员等多方面的要求，部分高校领导和后勤管理人员更重视解决后勤资源的“瓶颈”问题，在政策制定、经费投入和人员配备上，对后勤开展学生思想引导、养成教育等方面的投入较少，对于如何监督考核也缺少标准和规范。高校后勤育人呈现边缘化倾向，学校后勤工作很少能够真正融入育人的功能，后勤领域里的育人资源如时间资源、空间资源、组织资源、情感资源等因为长期缺少研究关注和系统的开发利用，经常出现严重的闲置浪费以及配置不合理情况。

在实际工作中，由于体制机制以及整体队伍素质的原因，管理服务人员的实际参与度也严重不足。理论上，高校对学生的教育不仅是专业学科教师以及班级辅导员的教育任务，学生的综合素质教育还应该渗透进校园学习生活的方方面面，成为学校后勤部门以及行政管理等部门的必然任务。但在实际工作中，育人工作往往沦为一种装饰和摆设，对其在人、财、物等方面的投入仅限于维持短期的“包装”，而没有形成有约束力的机制。这种投入不足的情况具体到某个单位，也必然会出现高校后勤育人资源总量有限，分布不均，高校后勤育人资源开发利用视野受限，资源过度开发利用与资源有效供给不足等方面的弊端。

（三）育人资源开发与利用能力有限

后勤育人资源是一个开放动态的发展变化体系，其构成要素诸多，并随时代变化和发展呈现出多层次、多方面、系统性的特点。又由于各地政治、经济、文化发展水平的不同，在特定时期出现了明显的后勤育人资源分布空间、时间上的严重不均衡。部分学校后勤育人资源的开发利用整体缺少规划，维度单一且缺少针对性。部分学校对于育人资源的开发利用还处于无意识的直觉状态，对育人资源的内容与组成、特征与作用、开发利用的规律原则等知识普遍缺乏理性的认识和分析，更谈不上按照普遍规律的指导，通过多种手段方式开发利用育人资源，有意识地提高后勤育人资源的效率与效益。另外，甚至在同一所学校，也会因主管领导的变更，出现后勤育人资源被搁置废弃或严重浪费的情况。

以人力资源的开发利用为例，我们说后勤的隐性教育更多的是指后勤员工在服务过程中，对学生进行素质品质方面的影响。虽然后勤员工的科学文化素质可能不如讲台的老师，但这并不意味着后勤隐性教育施教者的知识水平就一定与其教育效果成正比例。如果我们对普通的后勤员工进行针对性的培训，或者针对某些特定时期、特殊事件中的表现给予有选择的宣传介绍，就可以更好地向同学们传递后勤员工特有的勤劳、质朴、善良等良好品质。而在实际的走访调研中，恰恰是这些简单的培训，很多后勤单位并没有做到，或者做了但实际培训缺少相应的规范和适当的教材。这也提醒我们有必要进一步加强实践探索，进一步做好对资源的挖掘开发、优化组合、高效配置、灵活使用以及创造性转化发展，从而实现开发与利用的良性循环。

（四）育人资源综合开发与系统利用欠缺

高校后勤育人资源广泛存在于后勤的各个部门，涉及空间环境、人员队伍、各类服务等，各成体系又密切关联。但从学校整体和后勤系统内部来看，育人资源综合开发与系统利用存在欠缺。在高校之间以及高校内部，还没有形成统筹全局的后勤育人资源开发利用机制。单位之间各自为政，后勤部门之间，与学工、团委、院系之间有时还会存在无形的壁垒。后勤各单位有各自业务，平时忙于事务性工作，联系少，重视育人工作少，协同开展后勤育人工作少。后勤管理服务人员、辅导员、思政教师、党政干部条块分割，缺乏协同配合，日常思想政治教育工作缺乏共享联动。开发与利用的各自为政状态，导致资源开发成本过高，利用效益过低。后勤系统内部对于育人资源开发利用的激励约束机制也不完善，对于不同部门、不同岗位、不同事项、不同时空的育人资源和育人职责、目标还缺乏梳理和规划。这种状况下，很难实现资源的综合开发与系统利用，常常出现资源的闲置浪费现象。

六、高校后勤育人资源开发利用的经验与启示

（一）“集体舞”：多部门共建合力机制

高校后勤育人资源开发利用，绝不能因为其中含有“后勤”一词就认为该项工作仅是后勤部门的工作，这样的建设性工作不是孤立的单方行为，不是某一个部门唱“独角戏”。高校应当着力建立健全融入贯通机制，最大限度挖掘学生在后勤领域餐饮、住宿、休闲、体育等生活时空中的育人资源，将此类资源与课程、心理、资助、实践、党建等领域的育人资源融会贯通，形成高校整体有机的工作思政体系。

着力健全多部门的协同联动机制，围绕育人需求，有针对性地开发利用后勤服务各个场地、各个环节、各支队伍中的育人资源，形成全方位、多角度的资源开发利用合力，建构全员、全过程、全方位的全部门大思政工作格局，使校园真正成为能够实现潜移默化、润物无声的全新育人场域。

在后勤系统内部，要根据高校后勤工作者的类别，明确育人职责。作为组织领导者，如后勤党委、总务部或后勤管理处，应在制定后勤政策和规章制度时充分考虑后勤育人工作，将后勤育人资源的开发利用纳入管理和监督；运行管理者，如具体的一线职能部门物业中心、公寓中心等部门及其管理人员，应具体保障后勤育人政策和规章制度的贯彻落实；一线服务人员如食堂大厨、教室管理员、宿舍楼长、保洁员等，其主要职责是通过履行好本职岗位工作，保证发挥后勤育人资源的育人作用。

（二）“衔接性”：主渠道与主阵地统一

2004年，中共中央、国务院发布《关于进一步加强和改进大学生思想政治教育的意见》。《意见》指出：“高等学校思想政治理论课是大学生思想政治教育的主渠道。”2006 年全国高校辅导员队伍建设工作会议报告将日常思想政治教育定位为高校大学生思想政治教育主阵地，并强调大学生思想政治教育的主渠道和主阵地要相互依存、互为补充。

高校思想政治理论课是大学生思想政治教育的主渠道，包括后勤育人资源

开发与利用在内的校园文化和社会实践是面向大学生开展德育工作的主阵地。主渠道侧重为教育对象提供科学的理论知识和分析方法，理论性、方向性强；主阵地表现为实践性、操作性强，立足于大学生的现实需要，通过营造“健、雅、怡、彩”的“高品位”后勤文化，发挥其育人功能，使主渠道和主阵地在后勤育人新领域实现衔接，使理论在实践中内化为大学生的观念、转化为行为，实现“内化于心，外化于行”的育人效果。

杜威曾说过，教育即生活，他的学生陶行知先生也曾说过，生活即教育。二者的衔接，也就是后勤育人资源能够得到有效的开发和利用，必须实现主渠道与主阵地统一与协同。在资源开发利用的方向上，后勤育人资源的开发利用要和思政主渠道一样坚持立德树人目标导向；在队伍建设上，可以建设后勤育人的协同团队，选拔具有思政专业背景的优秀辅导员和优秀后勤管理人员兼任或指导后勤领域的育人工作，搭建不同育人队伍沟通交流的工作平台；在内容上，既能丰富大学生思想政治教育的生活话语表达，也能增强大学生思想政治教育解读生活的能力，使后勤工作成为大学生德育的实践家园。

（三）“参与式”：发挥大学生主体性作用

员工参与式管理最初在企业改革过程中被采用。当下的企业员工参与式管理主要有3种方式：一种是直接参与企业改革活动，通过民主的制度实现员工参与；一种是全面参与企业各个环节的工作，包括管理以及监督；另一种则是所有制参与。不管是哪一种形式的参与式管理，员工都能够在不同程度上参与决策、运行和各级管理工作的过程。通过同管理者一起研究和讨论企业的重大问题，员工们能够产生强烈的主人翁责任感，体验到个人利益与组织发展的同频共振。

近年来，参与式管理也成为优化高校内部治理一个非常有效的方式。学生主体性的发挥，是做好参与式管理的前提。主体在主客体相互作用的实践中表现出来的自主性、能动性、创造性、目的性等主体的规定性，即主体的根本属性，被称为主体性。[2]而所谓“主体”，是指实践者、认识者，或任何对象性活动的行为者本身。对后勤育人资源的开发与利用，要想得到实效，就需要以学生为主体，让学生参与到学校后勤日常管理与服务中，让学生化“被动”为“主动”，使“共建、共享、共赢”“自我管理、自我服务、自我教育、自我提高”等理念在教育过程中得到践行。

在具体的参与管理过程中，作为高校后勤管理人员，也应注重建立系统完善的机制，保障参与管理过程中学生主体作用的发挥。如建设合理有效的沟通机制，加强信息公开；完善后勤生活合理化建议制度，高效吸收采纳合理化意见建议；完善参与管理的奖励与授权机制，提高学生参与后勤工作的积极性，从而更好地完成育人资源的开发与利用。

（四）“沉浸式”：德性培育渗于周遭环境

沉浸式，是指当人们在某一环境中，完全投入其中预设情境，注意力专注，并且过滤掉所有不相关的知觉，甚至即使反复体验也不厌倦。这种积极心理的获得，既需要教育对象在主观上的努力，也需要教育者在选择或设计客观环境时必须注重科学性和能动性，将后勤资源中有利于学生德性培育的元素渗透到校园环境中，从而对学生产生一种积极暗示。

环境影响行为的一种重要途径就是暗示（cues）。暗示是环境中传达重要信息或引起情感反应的元素。[3]环境中的暗示能够对人们记住及遵守规范产生重大影响。环境既有内在的，也有外在的。内在的诚然是主因，外部的也不容忽视。为了找到一个理想的外部教育环境，古人有“蓬生麻中，不扶而直”之语，也有“孟母三迁”之说。校园外部环境首要的问题是校址的选择，这要充分考虑一所学校的位置和区域环境。[4]比如，清华大学当初“近市而不喧，林深又宽敞”的前瞻性选址，奠定了环境育人美名基础。良好的教育空间即环境获得，除了办学选址，校园建筑也是美育的一种。因为建筑是“凝固的音乐”，是“石头写的史书”，是“木头写的诗”，它不仅具有物质功能，也具有精神功能。

所以，为了育人，高校要借助教室之外、后勤工作之中对相关建筑的用心选择，充分发挥其教化功能，使实体象征与抽象隐喻相结合，全面提升大学生的文化道德素质和审美品位。

进一步，我们还要认识到校园每一个人造物其实都有育人的内涵，要借助人造物善建德育空间。学校的建筑设计上要注重教育功能，寄寓象征意义，体现一定的政治思想和教育思想。[5]因为利用校园的物理空间传达非语言的信息——欢迎或排斥、尊重或不敬等，甚至比语言信息更有效果。[6]同时，对公共区域的绿化美化，也有助于后勤育人资源的开发与利用。比如，通过一些花草树木的栽植和培育，可以实现寓育人于景物之中，使学生与这些植物朝夕相伴，不仅会产生难以忘却的美感，增加学习、生活情趣，更重要的是相互对照，可收“比德”之效，进入“畅神”之境界，涵养纯粹的德性。

总之，后勤育人资源的开发与利用，有其时代的需要和必然，科学地探寻其路径，是我们开展实践的前提。

参考文献

[1] 马克思，恩格斯. 马克思恩格斯全集：第42卷［M］. 北京：人民出版社，1979.

[2] 于光. 德育主体论［M］. 北京：中国社会科学出版社，2010.

[3] 琳达 · 斯特格，爱格尼斯 · E. 范登伯格，朱迪思 · I. M. 迪格鲁特. 环境心理学导论［M］. 高健，于亢亢译. 北京：中国环境出版社，2016

[4] 孙庆珠. 高校校园文化概论［M］. 济南：山东大学出版社，2010.

[5] 陈宗伟. 校园文化论［M］. 石家庄：河北教育出版社，1996.

[6] 贾立敏. 德育空间论［D］. 河北师范大学，2015.

[7] 毛泽东. 毛泽东选集（1—4卷）［M］. 北京：人民出版社，1991.

[8] 张耀灿. 思想政治教育学前沿［M］. 北京：人民出版社，2006.

[9] 陈华洲. 思想政治教育资源论［M］. 北京：中国社会科学出版社，2007.

[10] 钱晓田. 资源整合视域下的大学生思想政治教育［M］. 南京：南京大学出版社，2015.

[11] 孙孔懿. 教育时间学［M］. 南京：江苏教育出版社，1993。

高校集中供热系统节能调控策略的优化

王宪辉，何佳①

近年来，各国开始重视二氧化碳排放导致温室气体猛增的现象，气候变化这一全球性问题对生命系统产生威胁，减排温室气体也需要采用全球协同约定的方式。中国为此提出的目标是2030年前实现碳达峰和2060年前实现碳中和。在面对这一人类共同的困境时，节能减排是限制气候变化最快、最可行和最具效益的方法之一。

我校积极响应国家关于推动实现碳达峰碳中和目标的号召，不断推进绿色校园建设，技术管理齐头并进，以实际行动严格控制校园日常运行过程中的能耗指标和碳排放指标。在节能环保和运行经费的双重压力下，节约能源减少碳排放是我们应有的责任和担当，也是我们当下正在面对并亟须解决的现实问题。

供暖系统作为学校能源消耗大户，节能减排工作的成效也会在一定程度上影响到学校整体能耗指标的控制工作，在实际节能减排工作中需要技术和管理并重。最近几年，学校持续投入大量经费对供暖系统进行节能技改，取得了较为明显的效果。2018年至2021年的三个采暖季中，采暖季气耗总量因供暖面积增加在逐年增长，但单方气耗呈现出逐年下降的趋势，在同等规模高校中能耗管理水平处于靠前位置。因此，在供暖系统既有的节能措施和运行管理方式基础上，如何进一步有效挖掘节能方面的潜力，在教学科研的供暖保障和整体节能控制上找到最佳平衡点，从热源到换热站到末端用户，逐步实现按需供暖，

① 王宪辉，北京大学动力中心
何佳，北京大学动力中心

值得进行深入探讨。

作为供热生产环节中最重要的热源侧，近些年已先后完成“煤改气”和低氮改造，燃气锅炉成为热源设备的主力军。随着自控技术和智能技术的不断发展，供热系统的调控策略也从简单粗放到规范精细。做好供热系统的节能降耗，应根据热源和管网系统的实际情况进行优化和升级，以确定整个系统的技术、经济效益最佳的运行参数（如供回水温度），争取达到更好的节能运行效果。

一、背景及意义

（一）节能减排的国家政策和北京市要求

2021年，中国公布碳达峰碳中和时间表和路线图，提出“碳达峰和碳中和”行动目标。中国是世界上最大的发展中国家，碳排放强度降幅也是全球最高的，即力争2030年前实现碳达峰，2060年前实现碳中和；中国也是全球在最短的时间内实现从碳达峰到碳中和的国家。实现这个目标需要付出艰苦努力，其中主要涉及经济体系的变革和能源体系变革等多方面因素，为此需要采取促进产业结构调整和转型升级、建成以新能源和可再生能源为主体的近零排放的能源体系等一系列解决办法。如今，通过节能减排和污染治理等终端治理技术措施的空间越来越小，如何从根本上控制化石能源消耗，是环境质量提升和保护生态环境的最根本性的措施。从现阶段看，要把化石能源（包括煤炭、石油、天然气等）的消费量控制在极低水平，才可以从根源上减少消费化石能源过程中产生的常规性污染物排放。

根据北京市发改委发布的《北京市2021年能源工作要点》，首都建设也在能源绿色转型方面持续加码，明确了八项重点任务，首先就是深入研究提升可再生能源消纳水平、供暖系统重构、电气热价格改革等关键问题，制定本市能源领域碳减排路径和方案。另外，该要点第五条要求提升能源系统集约高效利用水平，对供热分户计量和末端智能化控制进行大力推广，持续减少供暖能耗。北京市发改委下达的能源消耗的双控（能源消耗总量、消耗强度）指标，对我校来说，近年能耗指标要达到考核目标值存在一定的挑战性。

（二）学校能源消耗情况

以2020年为例，全校能源消耗及供暖天然气比重如图1。全校（含医学部、昌平校区、圆明园校区）供暖天然气消费2812万立方米，占全校能源消费总量的64%，其中燕园校区供暖天然气消费占全校总体能源消费的比重超过50%。2020年全年供暖时间153天，平均每日供暖消费占全校年度能源消费总量0.4%。不管是从总量还是从每天的消费来看，都是学校能源消耗大户，存在着较大的节能潜力。

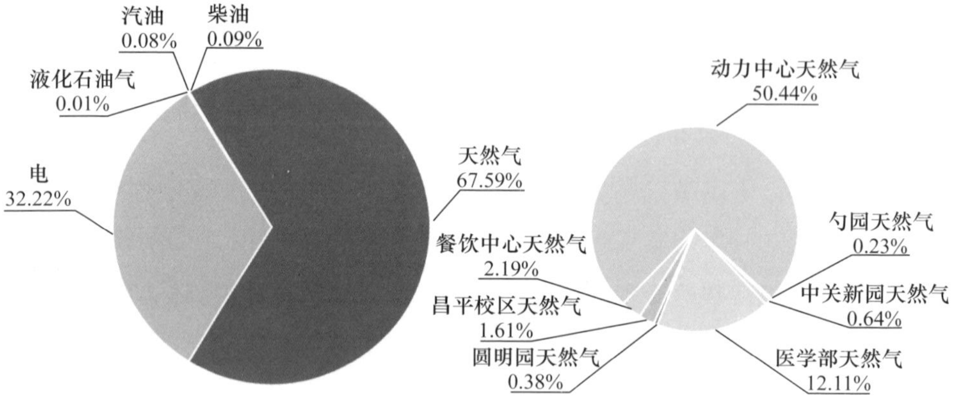

图1　全校能源消耗及供热用天然气比重（2020年）

（三）集中供热系统的现状及问题

1. 供热控制智能化起步晚

高校的集中供热系统从20世纪90年代起，进入了大发展时期，但是集中供热系统快速发展之时，与之匹配的运行调节与优化控制却没能跟上前者的发展速度：一是没有先进科学的运行理念指导；二是没有做好系统能耗控制，无法提高能源利用率；三是热负荷变化调节和系统热力失调调节主要依靠运行人员经验。最近一段时间，高校积极响应国家关于实现“双碳”目标的号召，聚焦高校集中供热系统的运行调控策略优化，在保障温度的前提下，实施控制优化，做好节能减排，实现按需供热，并逐步走向智慧供热，业已成为高校供热系统的研究热点。

2. 影响热负荷的变量增多

集中供暖系统是我校重要的动力保障设施。一方面，随着近些年基础设施建设步伐的加快，全校供热规模不断扩大，可以做到安全、经济、高效地向师生员工提供符合参数要求的热量；另一方面，近些年能源和环境方面的问题越来越突出，学校在对用能设施设备的管理上日益重视节能和环保工作，已在部分换热站采用分时分区控制技术，2021年公共教室换热站分时分区供暖的控制系统正式投入使用，这就要求集中供热锅炉房供热量，需要尽量适应该区域末端用户短时间内热负荷变化需求。也就是说外界温度较高或该区域不需要过多热量的时间段，集中供热锅炉房能够相应降低供热量，从而达到系统节能的目的。

3. 热负荷精准调控难

我校的集中供热系统覆盖区域广，热负荷一直处于动态变化中，热源的调控受到水力工况、外界温度、太阳辐射和风速等多方面影响，非线性情况严重，还存在滞后性和热惯性大等问题，对供热量进行精准控制和调节十分困难，影响节能减排效果，容易造成经济损失和环保损失。因此，原有的运行控制模式已不适应大规模供热系统的节能要求，需要新的科学技术手段及新的管理方法，从简单粗放走向规范精细，精准选定运行参数科学调控热源工况，解决供热的节能减排问题。

（四）优化集中供热系统控制策略的意义

本课题作为应用型研究，以前人研究成果为基础并进行总结和借鉴，同时尝试让集中供热系统在运行调节方面更加科学合理，提出一种基于历史运行数据的集中供热系统的优化和控制方法。对高校集中供热系统优化控制策略进行研究的科学意义，主要在于将过去通过运行人员经验调节供热系统工况的方法转变为通过大量的实际运行数据提出优化模型，以此提出连续性的优化和控制策略。我校集中供热系统的换热站数量较多，目前已有23座（套），面对复杂的系统性问题，应简化问题求解，验证预测模型应用效果。目前，高校中较少报道将此法应用于热网工况调节，本课题研究将热负荷预测模型如何应用在复杂控制系统中，对兄弟高校供暖运行控制策略的改进优化可以起到一定的借鉴作用。

二、研究内容和目标

本课题主要针对集中供热系统的供热量预测进行建模和研究。研究的详细内容及目标如下。

（一）供热量预测模型

1. 具体内容

对现有的集中供热系统供热量预测研究进行简述，对集中供热系统热源、换热站、管网和用户进行理论上的分析，对外界温度、太阳辐射和风速等影响因素进行分析，建立气候模型后与历史运行数据进行比对分析。对几种供热负荷预测模型进行比较，选定适合于我校供暖系统情况的模型，进行匹配改造形成供热系统节能调控策略，指导实际运行。

2. 研究目标

通过大量实际运行数据建立供热系统短期热负荷预测的模型，对外界温度、太阳辐射和风速等影响进行考虑。

（二）分时分区运行情况

1. 具体内容

公共教室换热站承担着公共教室（二教）、三教、四教、电教等教学楼，教育学院大楼、对外汉语大楼、新传大楼、光华管理学院等院系大楼，新太阳学生活动中心、农园食堂、五四体育馆、资源东西楼等公共楼宇的供暖任务。分时分区改造完成后，在平常时段里，依据二、三、四教和农园食堂的作息时间，在分时分区系统里进行参数设定。完成设定后，夜间无人使用的楼宇在设定时间内自动转为节能模式运行；寒假时段里，无人使用的楼宇全部转为节能模式运行。节能模式下，室内值班温度目标值暂定为12℃，此温度可在后续根据运行情况进行及时调整，以期达到最佳节能效果。

2. 研究目标

对某区域（楼宇）供暖系统实施分时分区的节能控制，及在节能模式下对热源侧的总供热量产生的影响。

（三）调控策略及应用

1. 具体内容

供热负荷影响因素众多，包括使用情况、建筑结构、天气情况等。教学楼、宿舍楼、办公楼的使用时间和室外气温，都会直接影响到用能需求。对用户的供热负荷进行预测，能够对当天用能需求提前做出判断。通过建立热负荷模型并结合实际运行，探索集中供热系统最佳节能运行策略。通过实践检验和优化修正模型，优化运行调度和供暖参数选择，将供热负荷预报与预测控制相结合，为操作人员提供有针对性的指导，提高供热质量并减少能源消耗，并根据当前系统的供热负荷，制定出合理、经济的运行策略。

2. 研究目标

对集中供热系统进行优化控制的最终目标，就是在保证师生（用户）供热量需求的前提下，尽可能降低能源消耗水平。

三、研究成果

（一）系统现状梳理

1. 集中供热系统结构及特点

集中供热系统中，热源（锅炉房）、供热管网和末端用户是其重要的组成部分。在热源侧，由燃气锅炉提供高温热水，经换热器换热后输出低温热水，为全校集中供热系统提供所需的热量。换热设站是一次热网和二次热管网进行热量交换的地方。热源通过一次水泵把高温热水送到各个换热站，分布在学校的各个点位的换热站通过二次水泵将热量输送给末端用户。热用户即指室内的供暖系统（包括散热器、风机盘管等），是将热量最终消耗的设备。

高校集中供热系统通过热源产生热量，在高温水泵和低温水泵的帮助下，经由一次网、二次网和各种管道附属设备向末端用户输送热量。其系统复杂，既有多输入也有多输出，还有非线性、耦合性强、时变和惯性大等特点，若采用经典控制理论或现代控制理论，都难以获得理想效果。因此，针对该复杂系统，找到一种适合的优化控制方法，可以在集中供热发展过程中发挥重要作用。

2. 我校集中供热系统现状梳理

燕园校区集中供热系统位于燕东园，其主体建筑为1997年建成的集中供暖锅炉房，2012年将其改造为燃气锅炉房。2011年冬季起，全校告别燃煤锅炉供暖的历史，全部采用清洁能源供暖。目前该系统主要为燕园、燕东园、中关园、中关新园、蓝旗营等区域的公共建筑和家属楼供热，现有燃气热水锅炉5台，换热站（系统）23座（套），末端用户的供热面积共计194万平方米。根据每年的能耗统计，目前冬季采暖是学校能源消耗大户，每年约占整体消耗的百分之五十，而集中供暖锅炉房又是冬季采暖的最主要热源，其系统运行情况将直接影响整体能源消耗。

（1）热源方面，该系统现有4台29 MW和1台46 MW燃气热水锅炉，3台一次水循环泵。2012年完成集中供暖锅炉房煤改气工程；2017年完成4台29 MW燃气锅炉低氮改造（低氮改造一期）；2019年拆除3台14 MW燃气锅炉，安装1台46 MW低氮燃气锅炉，完成低氮改造二期。

（2）热站方面，位于燕东园的集中供热系统共有23个（套）换热站（系统），部分换热站安装有换热站监控系统，对本站的一次水和二次水的流量、压力、温度进行监测，其中部分换热站可实现流量的远程调节，根据供暖负荷合理分配一次水流量，最大程度平衡一次管网系统。整个系统通过一次水泵和二次水泵形成循环，供热时各楼宇的用热需求主要通过控制二次水泵的流量来满足。目前部分二次水泵已完成变频改造，可配合分时分区控制系统，局部做到按需供热。

（3）末端用户方面，该供热系统承担的供暖面积从2012年的148万平方米增加到2022年的194万平方米，十年时间增加供暖面积46万平方米，管网的供热半径加大，调节难度随之增加。一方面学校大部分建筑的建成年代较早，其中部分古建保温效果较差，单位能耗较大；另一方面，还有部分建筑为近年新建，皆为节能建筑，能耗指标较低。其中家属区的居民建筑共计233936.5平方米，非节能建筑11230.3平方米，一步节能建筑139106.2平方米，二步节能建筑83600平方米。末端用户的采暖形式以散热器为主，地板敷设采暖和空调热风为辅。

（二）基础数据分析

1. 数据整理

集中供暖系统运行期间，运行和维修班组采取24小时值班制度。锅炉运行值班人员以小时为单位，对燃气消耗量、系统运行参数和故障情况作详细记录。其中运行参数的记录包括流量、压力、温度、当日最高最低温度、实时温度、当日天气情况（如大风、雨雪、晴天）等。该锅炉房的DCS建成时间较早，目前还不能做到数据的实时存储；需要收集好三个采暖季的纸质版运行记录后，进行电脑录入。然后对集中供热系统2019—2020、2020—2021、2021—2022三个采暖季的日运行数据分别进行整理，将明显不符合要求的数据筛选出来进行滤波处理，形成实际运行的总热负荷的曲线和单方能耗曲线。结合当日实时气温和天气状况，根据不同气候条件下的实际单方能耗，可以反映出这个时间段的节能运行水平。三个采暖季的供热运行曲线分别见图2～图4。

2. 数据分析

从每个采暖季的气温变化曲线、热负荷变化曲线和能源消耗曲线可以看出，供暖初寒和末寒期的实际气温振幅明显比严寒期大。末寒期这种现象更为明显，其应该是节能潜力最大的时间段：末寒期每日最高温度和最低温度差距较大，且气温回暖后，日照时间更加充足，体感温度往往比实际偏高。因此，根据当日实时气温，结合天气情况，加大调节频次，通过更加精细的调节，降低当日能源消耗量，从而达到节能降耗的目的。

天然气是全校能源消费第一大品类，占比超过全校能源消费总量的65%（2018年），其中燕园校区区域供暖天然气消费占全校能源消费比例超过46%（2018年）。2019—2022年的三个采暖季中，天然气消耗与室外天气情况密切相关，对三个采暖季的燃气消耗量进行整理所得每日耗气量曲线见图5。

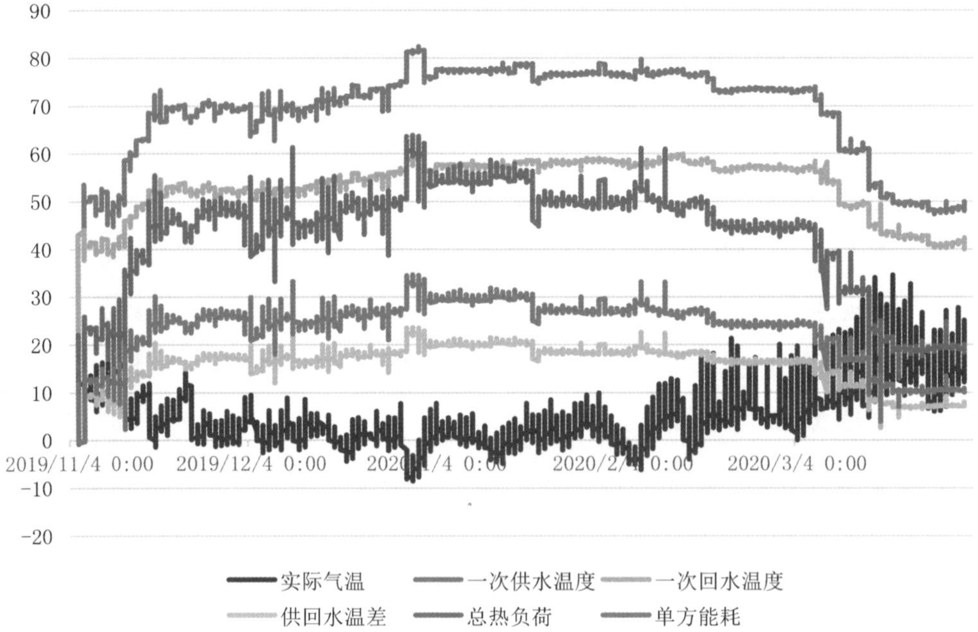

图2　2019—2020采暖季供热运行曲线

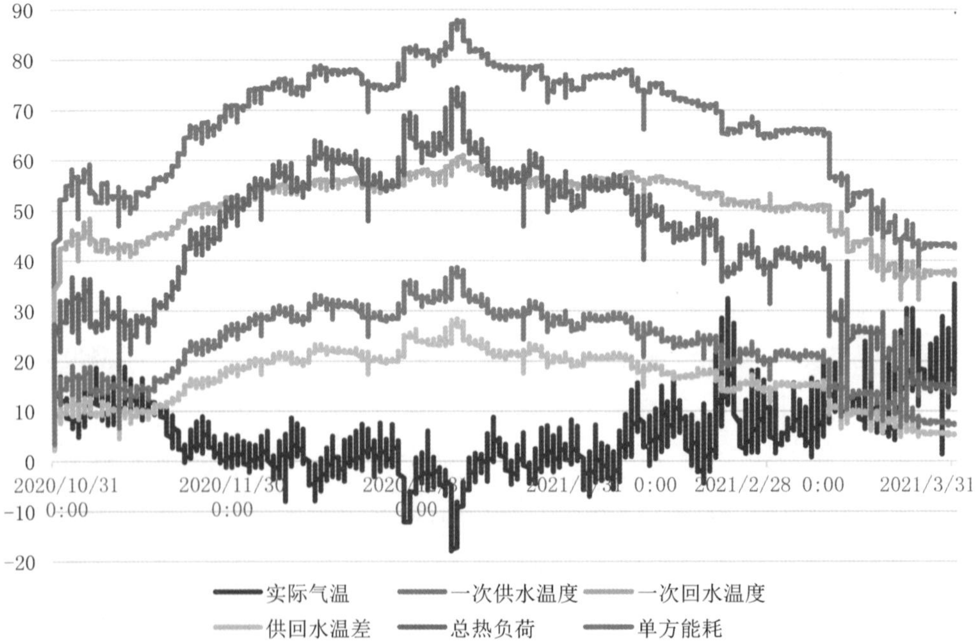

图3　2020—2021采暖季供热运行曲线

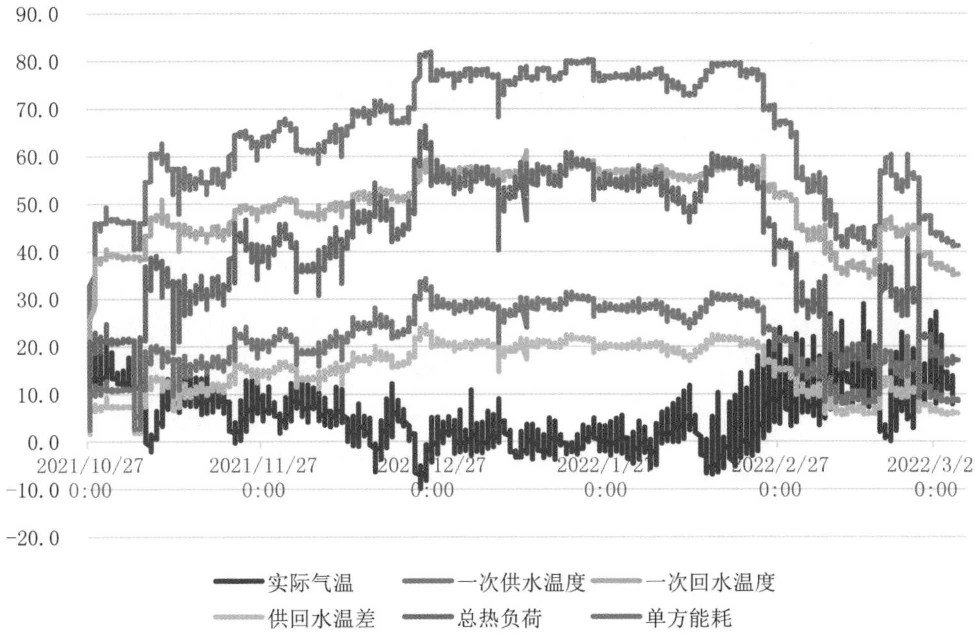

图4　2021—2022采暖季供热运行曲线

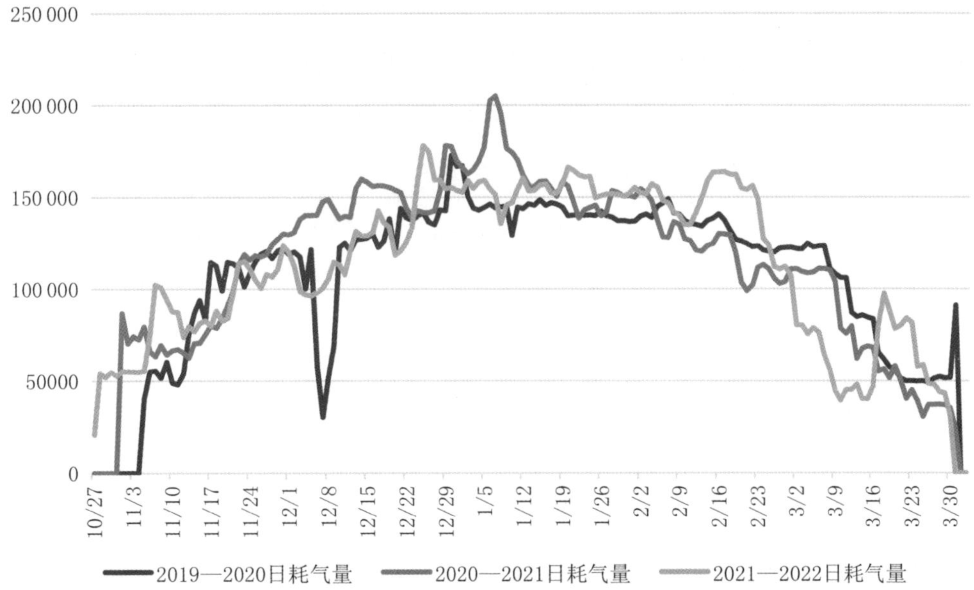

图5　2019—2022采暖季耗气量对比

（三）热负荷模型的建立

集中供热系统中，随着室外温度t_w的变化，供热量Q值也跟着发生明显的变化，故可根据室外气温的变化来调整供热总量，以此达到室内热量平衡和确保房间舒适度。

传统的热负荷预测公式为$Q = Q_j \times (t_n - t_w) / (t_{nj} - t_{wj})$，式中：$Q$为负荷预测值；$Q_j$为设计条件下的热负荷值；$t_{wj}$为供热室外设计温度；$t_w$为未来的室外气温；$t_{nj}$为用户室内计算温度；$t_n$为用户要达到的室内温度。

室外温度（环境温度）所包括的天气变化部分，在不考虑外界气象因素（如刮风、太阳辐射等）对末端建筑造成热流失或进行加热的前提下，可根据预报气温和供热量的关系建立理想条件下的气候模型。参考供暖系统设计规范中关于北京市的参数，建立预报气温和总供热负荷之间关系

$$Q = f(t_w)$$

我校集中供暖系统一次侧（一次水，即高温水侧）目前采取的是质调节模式，整个采暖季基本保持定流量运行，通过对水温的控制，来实现供热量的实时调整，保持室内温度不低于18℃，满足末端用户的用热需求。

2021—2022采暖季的实际运行数据看，在历年运行经验的基础上加强了对运行参数的调整和控制。通过一个采暖季的运行实践，在供暖面积增加和供暖季时间更长的情况下，总能耗相比2020—2021采暖季略有下降。从实际运行数据来看，调控措施较为有效。通过2021—2022采暖季实际运行155天的逐时气温与总供热量的关系为基础来建立热负荷预测模型，并通过分析天气情况对供回水温度的影响，对供热量进行修正。计划在2022—2023供暖季中进行应用，检验其有效性，并对其进行进一步修正。

总热负荷Q与室外温度t_w之间的关系为

$$Q = -1.4997t_w + 41.393$$

总回水温度t_h与室外温度t_w之间的关系为

$$t_h = -0.7448t_w + 49.051$$

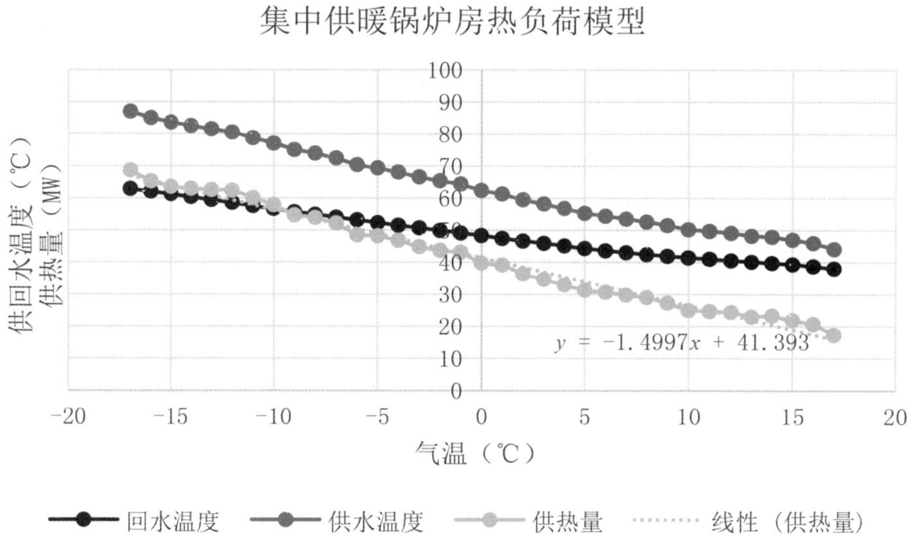

图6　实际供热量、供回水温度与随气温的变化曲线

由热平衡理论可知，因为太阳的辐射、风雪和阴雨天等外界气象变化，建筑物会产生热流失或被加热。在我们的实际供热经验中，也较容易发现太阳辐射会导致靠南房间比北侧房间更热，而较大的风力或雨雪天气则会加剧房间热量的流失。想要做到更为精准的供热，在预测供热负荷时，这些因素影响都需要被认真考虑。

太阳辐射、风雪和阴雨天对供热的影响，可以采用系数法表示。第一步考虑太阳辐射对供热产生的影响，由于无法实时得到这项指标的数据（气象观测及预报中都没有），根据历年供暖运行实际，综合考虑雨雪天、连续阴天、雾霾天等气象情况，对供热指标进行修正，其系数均值分别为a_1、a_2、a_3、a_4，修正后的供热量能够更好地满足末端用户对室内温度的需求。综合各种气象因素，可得修正后的热负荷Q_x

$$Q_x = f(t_w)(1+a_1)(1+a_2)(1+a_3)(1+a_4)$$

（四）供热参数的预测

1. 动态集中供热面积

前文主要考虑固定供暖面积情况下热负荷预测模型的建立。实际上，近些年学校主校区供热面积逐年增加，预计将于5年内达到一个较为稳定的供暖面积。另外，随着分时分区控制技术在学校供暖系统的应用，供热面积在供热期内的变化也比较多，例如学校寒假期间部分教学楼保持低温运行，或者停止用热；周末办公区域用户停用热（低温运行）、临时性新入网建筑用热等。

实际运行中，集中供热面积往往也是有增有减。为了便于供热总量的实时调节，我们计划在供热调度系统中增加两项设置，用以实现面积申报（修正）和审核（确认）功能。每个发生变化的节能运行阶段（主要指分时分区的节能运行模式），由运行维修人员和供暖调度工程师输入当日（当前）发生变化的供热面积，以便及时根据需求调整供热总量。

2. 预测参数的应用

考虑到公共教室换热站分时分区节能控制系统投运对总热负荷带来的影响，需要结合当前阶段的分时分区节能运行模式，根据确定的当日气温、某个时间段（学期阶段）的供热面积，利用位于控制中心的联网供热预测系统，预测总供热量。供回水温差的确定，需结合实际的高温水供水流量进行计算，再通过控制总回水温度，计算出供水温度等参数值，通过调整锅炉房单台锅炉的运行工况，影响一次水总的供水和回水温度。

预测热负荷后进行具体调节，通过对供回水温度的控制来实现，对于热源端来说，即时供热量$Q = G/3600 \times (t_g - t_h) \times C_p$，可知一次回水温度的控制值：

$$t_h = t_g - Q/G \times 3600/C_p$$

式中Q为负荷预测值；G为一次水实时流量；t_g为一次水供水温度；t_h为一次水回水温度；C_p为水的比热容，根据不同水温有对应值。

四、结　　语

本课题从热源、管网和热用户方面对系统进行较为全面和有效的分析，将研究重点集中在构建供暖热负荷预测模型方面。由于外界温度、辐射和风力等因素的影响，集中供热系统热负荷也应随末端的需求变化而变化。天气恶劣、气温较低时，供热量应多一些；气温升高时，供热量应相应降低。结合历年供热实际，多次对供热季中气温与单方耗气量之间的关系进行深入探讨，并对气候模型进行修正，使其更加符合供热运行的实际情况。

集中供热系统管网纵横交错，作为一个复杂非线性系统，还存在一定滞后性，不容易建立模型，采取常用方法进行优化控制也非易事。本课题提出一种启发式动态预测的方法，通过大量的历史运行数据，建立集中供热系统的总热量预测模型，控制方式采用质调节，主要考虑回水温度总热负荷造成的影响。以此为依据对集中供热进行优化控制，优化运行调度和供暖参数选择，通过对比分析实际运行参数，形成科学系统的调控策略，为操作人员提供有针对性的指导，提高供热质量并减少能源消耗。

集中供热系统由多个换热站组成，各站距离远近不同、负荷面积不同、末端情况不同，以及分时分区运行（投运）状况不同，还会产生热量分配的问题。本文仅对供热总量问题进行了研究，热量分配因时间问题未能进行分析和研究；完善的集中监控系统还未建立，不能实时监测热网全面运行状态。还需要继续结合气象资料，并开展对用户室温的无线监测，从数据上支撑该方向的研究，以期制定出更符合实际需要的供热温度。如何结合更多实际运行情况，应用供热负荷总量控制模型优化运行参数还需进一步完善，希望在后续的工作和研究中能继续推进。

关于高校食堂食品安全管理的探析

张琨①

民以食为天，食以安为先，这一点在高校食堂中显得尤其重要。教育的公益性决定高校食堂应该把社会效益放在首位，而广大师生的饮食安全是高校食堂公益性的最基本要求。高校食堂具有使用的食品原材料多样化、服务对象特殊、服务与就餐人员密集等特点，食品安全风险较高。而食品安全关系到师生身体健康、高校正常运行和社会和谐稳定，意义重大，影响深远。在当前食品安全越来越被人们重视的背景下，校园食品安全问题因其特殊性，容易成为社会关注的焦点。同时，后勤社会化改革引入社会餐饮企业从事校园餐饮服务，个别社会餐饮企业追求经济利益而忽视食品安全的问题时有发生。如何运用先进的管理理念和规范化的管理方式加强食品安全管控，降低高校食品安全风险，保障在校师生的饮食安全，是每个高校需要面对和解决的重大课题。

本文在全面梳理分析高校食堂食品安全风险隐患的基础上，结合北京大学在加强食品安全管理方面的实践，较为系统地从健全食品安全制度体系、狠抓生产过程安全管控、加强社会餐饮企业管理、提升餐饮人员职业素养、加强食品安全应急管理、推进科技创新运用、强化食品安全监管等方面提出具体建议。本文通过充分借鉴北京大学食堂食品安全管理经验，希望提高相关管理措施的针对性、有效性和可行性，旨在为高校加强食堂食品安全管理提供一些有益的思考和借鉴，从而助力整个高校食堂食品安全管理水平的提升。

① 张琨，北京大学餐饮中心

一、坚持问题导向，全面分析高校食堂食品安全风险隐患

各高校食堂由于在安全意识、软硬件配备、管控流程、人员素质等方面存在差异，面临的食品安全问题和风险不尽相同。以问题为导向，结合各高校食堂经营管理实际，从风险防控制度体系、食品安全重视程度、生产过程安全管控、员工素质和安全意识、食品安全监管等方面进行梳理和分析，主要存在以下食品安全风险隐患：

（一）食堂食品安全风险防控制度体系不健全

高校食堂实行大规模生产，以数万计师生作为服务对象，同时人、机、环境、食品加工等生产要素都涉及安全问题，上述特点使得食堂食品安全管理成为整个高校餐饮安全管理的关键领域。而从目前情况看，很多高校有相关的操作规程和管理制度，但有的内容偏理论化，实操性不强；有的内容比较零散，针对性和系统性不强，缺乏一套成体系的针对食堂食品安全管理和风险防范的员工操作规范。这也是食堂员工尤其是新进员工缺乏系统性食品安全培训的主要原因，导致高校食堂容易发生食品安全事件，有些还是比较低级的操作失误导致的。高校食堂需要建立和完善实操性强的食品安全风险防范制度体系。

（二）少数社会餐饮企业对食品安全不重视

当前，高校后勤服务社会化已经成为发展趋势，高校食堂多采用外包的形式引入社会餐饮企业提供校园餐饮服务。少数社会餐饮企业把经济效益放在首位，为了追求经济利益最大化，不愿在安全设备上投入资金，导致食品加工及储存、清洗、消杀及消毒等环节存在安全漏洞；聘请的员工往往年龄较高，技术能力较低，不利于高校食堂食品安全管理。

（三）食品生产过程安全管控不过关

一是硬件设施配置存在不足。受经费等多种因素制约，部分高校食堂在建筑、设备、卫生环境等方面还没有达到规定的安全标准，有些高校食堂还没有做到专间专用，容器用具未完全分开，存在人员、工具、设备、设施和环境

之间的交叉污染现象。二是原材料质量把关不够严格。部分高校食堂没有对食品原料采购设立供应商准入制度，导致不太合格的供应商混入其中，同时又缺乏相应的供应商评价和退出机制，使得食品原材料的质量难以得到有效把控。三是食品安全管理措施和要求落实不到位。食品安全管理制度没有得到有效执行，食品加工及储存、清洗、消杀及消毒、设备设施操作、员工个人卫生等方面，仍然存在安全隐患。

（四）部分食堂员工专业素质和安全意识不太高

高校餐饮业乃至整个社会餐饮行业普遍存在招人难、留人难的现象。餐饮业从业人员入职门槛较低，学历素质偏低，流动性较大，归属感不强，大都没有受过专业的训练和指导，操作技能不够熟练，食品卫生安全意识较为缺乏。部分高校食堂往往对从业人员的培训不够重视，缺乏相应的食品安全培训机制，开展培训工作不系统、不规范，缺乏培训考核环节；同时存在先上岗再培训的情况，使得高校食堂的食品卫生安全存在不小的隐患。

（五）高校食堂食品安全监管不到位

一是有些地方的卫生监督部门对学校食堂卫生安全情况监督力度和检查频率不够，把关不严。二是高校食品安全监管有时追责不到位，对于违规行为并未进行相应的责任追究。三是有些高校的食品安全管理者并非专业出身，缺乏食堂管理经验，往往难以抓住食品安全问题的关键点，容易造成部分监管工作流于形式，无法实现食品安全的全流程有效督导。四是作为就餐主体的师生天然具备监管动力，但往往未有效参与到高校食堂食品安全监管中来，其监管作用未得到发挥。

二、多种措施并举，有效提升高校食堂食品安全管理水平

食品安全关系到高校师生健康和校园和谐，是高校食堂社会责任核心内容，必须予以高度重视。通过对食品采购、储藏、加工、配送、供餐、内外环境管理、防疫防控等各个方面，进行重点安全风险的系统性梳理，遵循行业安

全管理要求，借鉴内外部经验，研究制定食堂食品安全管理规范性的操作标准和流程，并通过加强培训宣导、强化过程管控、严格责任追究、健全监督机制推动制度执行落实到位，通过信息化和智能化技术强化安全管控，从而有效防范高校食堂食品安全风险。

（一）结合管理实际，健全食品安全制度体系

聚焦食堂食品安全风险防范，研究制定规范性的操作标准和流程，完善食堂层面的安全管理办法和操作规范，健全高校后勤食品安全管理制度体系。以北大为例，通过对食堂生产重点领域的重大风险进行系统化梳理，结合食堂生产安全管理历年经验总结，制定了《北京大学餐饮中心食堂员工安全生产手册》，在食堂安全涉及的食品加工及储存、清洗、消杀及消毒、设备设施操作、员工个人卫生及人身安全、防疫防控等方面，明确了安全管理重大风险防控操作标准，并将规范性操作标准和流程推广运用至食堂业务一线。该手册能规范和指导业务前端和基层人员的生产操作行为，有效防范食堂各种食品安全重大风险，助力北大餐饮业务前端风险防控体系建设，切实有效提升食堂食品安全风险管理水平。

（二）聚焦关键环节，狠抓生产过程安全管控

原材料的采购、储存、加工处理以及出售等各个环节都关系到食品安全，应从食品生产过程中的关键环节强化管控，保证食堂食品符合卫生安全要求，杜绝安全隐患。

一是严把原材料采购验收关，从源头上保证安全。加强原材料供应商管理，严格供应商资质审核，保证相对稳定的供货渠道。通过北京有关集采平台遴选供货商供货，最大程度保障食品原材料质量价格稳定。根据北大的实践，餐饮中心严把食品原材料采购关，凡在北京相关集采平台可以采购的食材必须在平台采购。同时，建立对供应商的日常评价机制，并根据评价结果来调整原材料采购，以保证食品安全质量。在原材料验收方面，以北大为例，建立严格的自检制度，指定专人验收货物，大宗食材的抽检执行5%～10%的抽检率，使采购环节食品安全控制得到双重保障；在采购渠道稳定的基础上，每个食堂

都设有库房管理员专门负责原材料验收工作，在证明齐备的情况下进行感官验收，合格品才能入库使用。

二是在食品储存、加工、销售等环节，严格执行落实各项安全管理制度。对原材料和半成品的储存条件、温度、时间等进行重点检查，杜绝原材料的腐败、过期、变质。做好原材料和餐饮具清洗消毒，严格落实员工个人卫生制度，防止食物在各环节被有害物质污染。北大食堂保证每日三餐有专人负责食品容器、餐具及食品原材料的农药残留、食品添加剂等的相关检测。

三是加大对安全管理设施设备投入，淘汰不合格设备，确保食堂建筑、设备与环境符合相关要求，为高校食品安全提供物质保障。配备消防中控系统、燃气报警系统、灶台灭火、消防设备等安全设备，并进行定期的设备维护和更新，严禁设备设施超期服役。以北大为例，率先在全国高校食堂中成立食品检验室，购进高效液相色谱仪、高速离心机、超纯水仪、倍肯数字化食品安全质量监测系统（BK-iQM）等设备,加强对食堂果蔬、肉类等食品中农兽药残留、添加剂的检测；升级微生物检测实验室，增设净化工作台、培养箱等设备，加强对菌落总数、大肠菌群、金黄色葡萄球菌、沙门氏菌等微生物检测，以确保食品、餐具符合卫生安全要求。

四是加强从业人员安全管理。严格落实食堂员工岗前健康状况排查，发现异常情况不得上岗操作，如发现疑似传染病等情况应及时隔离并就医治疗，同时上报上级主管部门。另外，要求从业人员保持良好的个人卫生习惯，尤其是手部卫生。

（三）坚持规范发展，加强社会餐饮企业管理

一方面，建立社会餐饮企业准入和退出机制。制定规范透明的经营准入条件，全面审核社会餐饮企业的规模实力、管理水平、安全意识等各方面资质，选择责任意识强、声誉资质好、管控水平高的优质餐饮企业。同时，加强对社会餐饮企业的评价考核，对于安全管理不到位、评价考核不合格的，坚决予以淘汰，通过竞争机制来实现择优去劣，严防社会餐饮企业带来的食品安全风险。

另一方面，加强对社会餐饮企业的安全过程管控，要求社会餐饮企业按照高校统一的食堂安全管理制度和规范来执行。以北大为例，社会餐饮企业所用食品原材料，由高校统一集中采购，从源头做好食品安全保障；日常伙食卫生检查、食品及餐具抽样检测，按照自营食堂标准纳入高校后勤统一管理，强化食品安全过程管控。

（四）强化培训宣导，提升从业人员职业素养

在高校食品生产过程中，餐饮工作人员与食品接触最多，因此通过加强对他们的安全宣导和培训，提升其对食品安全认知能力，强化其食品安全意识，规范其操作行为，逐步养成其对食品加工过程的风险控制习惯，事半功倍且高效有效。

定期对食堂员工进行食品安全知识培训，学习有关餐饮安全方面的规范要求和专业技能，加强食品卫生安全先进单位经验交流，建立食堂内部传帮带机制，以提升食堂员工的职业素养。加强职业道德教育，提高其食品安全责任意识和敬业精神，以规范操作流程和员工个人行为，严格落实食堂从业人员先培训后上岗制度，提高高校食堂安全管理的科学化和规范化水平。

同时，通过校园内网推送、专题讲座、宣传栏公示等多种形式，向就餐师生普及食品安全知识，提高其防控意识和自我保护意识，为高校食堂食品安全筑牢安全边际。

（五）加强应急管理，妥善处置安全突发事件

高校应成立食堂食品卫生安全突发事件处理工作领导小组，对全校学生食堂食品卫生突发事件处理实行统一领导、统一指挥，建立健全食品安全突发事件的应急处理机制。同时，结合食品安全事故经验进行事前分析和评估，制定突发食品安全事件应急预案，开展应急演练，提高应急工作相关单位的协同作战能力，并保持与卫生监督和急救部门的密切联系，保证在出现食品安全突发事件时能够快速反应，妥善处置，有效降低损失风险和不利影响。

（六）推进科技创新，助力高校食品安全管控

高校食堂应加大信息化建设力度，推动大数据和智能化技术运用，积极将现代信息技术手段运用在安全生产和管理的方方面面，助力高校食堂管控能力和管理水平的提升。北大食堂在这方面做了一些有益的尝试和探索：通过科技手段加强对食品来源、采购、加工制作全过程的监控，在库房、烹饪间、备餐间、专间、留样间、餐饮具清洗消毒间等重点场所实现视频监控全覆盖，全面实现“明厨亮灶”，师生可以通过食堂入口等处的显示屏，随时监督食堂加工操作的全过程，同时也增强了学校食堂的规范意识和自律意识，方便食堂管理者及时发现食品安全隐患；餐饮中心与计算中心联合开发的餐饮安全管理系统可以留存检查数据和照片，对安全数据进行系统分析，为管理决策提供一手资料；在食堂安装烟感和燃气报警系统，把消防预警发到食堂值班人员和管理者的手机上，为食堂安全运行提供保障。

下一步，可以借助互联网和人工智能技术构建智慧监管模式，进一步提升食堂食品安全监管的广度与深度。一是实现政府监管部门通过互联网监管从业单位，依托网络技术实现学校食堂后厨环境卫生和食品加工过程监管。不仅能提高监管资源利用效率，也能使食堂从业人员自觉规范操作过程，自觉接受监督，确保高校食堂食品安全。二是在传统视频监控基础上，通过采用人工智能分析技术，主动识别环境和行为风险，自动预警。在环境监测方面，可查看实时环境，分析温湿度趋势，实现环境报警；在行为监测方面，可智能识别抽烟、不戴口罩、不注重个人卫生等违规行为，并向管理人员主动告警；在加工过程管理方面，利用人工智能识别技术，实时对加工过程进行数据采集和违规操作抓拍，确保食品加工过程安全可靠。三是将大数据技术引入食品安全管理，对各种食品安全问题发生的概率和频率进行统计分析，找出监管重点，便于把控风险。

（七）落实追责机制，加大食品安全监管力度

高校后勤各级管理者、原材料采购和质检等相关部门、食堂经营者和从业人员都是食品安全责任人员，应建立并健全高校食堂的食品安全责任制，逐

级签订食品安全责任书，将安全责任层层分解落实到具体责任人，做到分工明确、责任到人、各司其职，同时做到有责必究、追责必严，牢固树立起食品安全的红线，绷紧各级管理者和从业人员安全生产的弦。

同时，实施多方监督机制，加强食品安全监管力度。监管参与方包括政府职能部门、行业组织、学校职能部门、以学生监督员为代表的在校师生，通过多方参与形成完整的食品安全监督网络体系，全方位监督高校食堂餐饮安全，消除食品安全潜在隐患，将安全风险防范于未然。以北大为例，多年来坚持“学生监督员”制度，积极听取学生的意见建议，在各大平台回应并改善工作中出现的问题，促进食堂安全管理水平提升；所有原材料招标采购都有学生监督员参与采购签约，一方面让学生对餐桌背后的工作知情，另一方面体现学生对采购工作的参与和监督，对保证食堂的菜品质量和全校师生的饮食安全发挥了重要作用。

参考文献

[1] 王东. 高校食堂餐饮安全管理问题研究 [J]. 现代食品，2019（24）：60-61.

[2] 周明亮. 浅析高校食堂食品卫生安全管理 [J]. 科教导刊（电子版），2013（9）：47，49.

[3] 赵瑛博，陶冬冰. 高校食堂食品安全风险分析及其防控对策 [J]. 现代食品，2020（1）：139-140，143.

关于高校文物保护工作信息化建设的实践与思考

张通，唐伽拉，张剑葳，肖晓旻，王凤歌，雷军，梁小雨[①]

一、引　　言

文物保护信息化是指将信息技术运用在文物保护工作当中。广义来讲，文物保护既包括对文物本体的保护与修复，也涵盖文物管理、研究、展示、利用等方面，这些不同环节彼此相依、层层促进，共同服务于文化遗产价值的阐释与传播。因此，将数字化技术广泛应用于以上各领域可称为文物保护的信息化建设。

自第三次工业革命以来，计算机辅助系统的出现极大推动了人类社会的进步，也深刻影响着包括文化遗产保护工作在内的各学科、各领域的发展。国内最早的文物保护信息化工作可以追溯到1993年敦煌研究院创建的“数字敦煌”资源库，以实现文物数据的虚拟记录、保存及展示。对于国内众多校内具有文物保护单位的高校，信息化技术尚未被引入文物保护与管理工作。本文拟介绍在项目周期内课题组的调研结果和在北京大学校内开展的文物保护信息化建设初步成果展示。

① 张通，北京大学工学院
唐伽拉，北京大学房地产管理部
张剑葳，北京大学考古文博学院
肖晓旻，北京大学信息科学技术学院
王凤歌，北京大学考古文博学院
雷军，北京大学历史学系
梁小雨，北京大学元培学院

二、文物保护与管理中的信息化技术简介

（一）文物管理工作的信息化建设

文物管理工作可分为档案管理和日常管理两方面。前者包括文物本体、历史、环境等信息记录及其动态变化的日志记录，后者则包括安防管理及数据监测、采集等，监测结果也应纳入文物档案。

文物档案管理的信息化与一般档案资料基本类似，即将档案文本转换为电子文档，并在数字化平台上进行集成和整合，以实现便捷快速查阅和分层级高效管理。但不同于一般档案资料的是，文物档案管理需要服务于考古、历史研究，应基于不同类型、年代、维度等进行各种筛选和整理。因此文物档案数字化平台就不能止步于单一的存储、检索功能，而要尽可能展现出不同文物间的网络层级关系。这不仅对信息录入过程中的高度规范性和完整性有要求，而且对信息平台的云计算功能也提出了更高的标准。

文物安防工作是文物日常管理中最基础的部分，其信息化技术主要包括音视频监控、实时定位、自动报警、消防设施及自动灭火装置等，可适用于田野不可移动文物、博物馆藏品等不同环境条件下的文物安全保障工作。对于大部分田野不可移动文物，采取的保护措施应当是尽量避免人为损伤、减少自然损伤，同时尽量保留观赏价值，在这种情况下，对其进行视频监控、自然环境（如温度、湿度等）传感等信息化技术将成为有效手段。

（二）文物保护工作的信息化建设

文物保护信息化技术可分为两大类，一大类为聚焦于文物本体及环境现状信息的记录，如拍照就是一种最基本的记录方式。更复杂的技术手段则可以将信息通过三维的方式呈现出来，即所谓数字建模。另一大类则是运用数字化技术提高文物复原研究或修复工作的效率或精度。后者往往需要在前者的建模基础上开展，类似于现代科学研究中运用计算机建模进行虚拟实验以快速求出规律或最佳解。对于文物现状记录，常用的技术包括Photoscan建模技术、三维激光扫描技术、全景技术、数字化测绘等，这里重点介绍前两类。

最基础的Photoscan建模技术是一项通过多点位照片建模的技术，即对文物进行全面拍照记录后导入Agisoft Photoscan等建模软件从而生成具有坐标数据的彩色三维面模型。其工作过程可分为现场拍照与软件处理两步，其中现场拍照要注意图片拍摄既要保证文物各部位信息均被采集，又要保证不同部位的照片有至少1/3的重合面积以形成拼接，这一技术的优点在于性价比高，只需要一般数码相机即可完成。

三维激光扫描技术则更为常用，基本原理是三维扫描仪以一点为中心360°发射高速激光，通过接收遇到障碍物后折返的激光束即可运算出相应障碍物点的空间相对坐标；而在不同站点布置扫描仪则相当于以这若干站点为原点建立球形坐标系，不同坐标系中的同一对象（即文物本体）又可将它们联系起来，从而构建出相对大地的绝对坐标系，如此便可以构建由点云密集组成的文物三维模型。其工作流程同样分为现场与内业两部分，具体操作方式是将扫描仪置于文物周围或内外的不同站点多次扫描，从而尽可能全面地采集到文物不同部位的信息。现场工作完毕后即使用Scene等软件将不同站点的信息相拼接，以获得一个完整的三维点云模型。三维扫描获得的数字模型同样可以通过旋转和裁剪导出正投影面或剖面，且导出切片含比例尺，其相应的测量精度比Photoscan模型高许多。

信息化技术同样可以用于文物修复。数字图像修复技术是通过计算机的超强计算力对文物表面缺损部分进行模拟还原，可以为文物修复人员提供虚拟仿真修复实验台，从而提供反复试错、评估的机会，确保实体文物修复的高还原度和修复效果。而BIM（建筑信息模型）技术也是一项可以通过采集文物信息来创建模型的技术，其与三维扫描技术的不同之处在于可以录入相关属性及编辑信息。一方面，通过录入文物属性、时代特征、历史背景、艺术价值等历史信息可以使对文物信息的记录更具综合性，有利于向大众展示其内涵。另一方面，由于系统会对新编辑的信息与此前保存的信息进行适配和结合，当对文物某一处进行修复时，其他位置亦会自动进行对应修复，从而模拟出整体修复效果。

（三）文物展示工作的信息化建设

文物的数字化展示现已广泛应用于我国文博领域，且发展迅速、形式多样，成为大家喜闻乐见的公众教育方式之一。其具体亦可分为展览类和交互类。展览类技术包括对人工智能语音导览、开放式文物数据平台、数字记录技术的成果展示、基于3D打印技术的文物复制展示等多种手段。交互类技术则更注重用户体验及反馈，近年来随着VR技术和元宇宙概念的不断发展，也成了许多数字化博物馆的研发热点。特别是在新冠疫情背景下，线下参观游览难度大，客流量锐减，开展“线上全景博物馆”“云游景点”等项目是维持和提高关注度的重要手段。包括敦煌莫高窟、故宫博物院在内的国内多处名胜古迹已经开发了相关文物数字化展示的程序，如图1。

图1　敦煌莫高窟第285窟全景影像

三、国内高校文物保护与管理现状

课题组以北京大学为例，调研了国内高校的文物保护与管理工作的基本情况和信息化建设进展，并与清华大学等高校的文物保护部门进行了沟通交流，对于国内高校文物保护工作现状，有如下共同特征。

（一）文物历史研究清晰，有基本的文物档案数据库

北京大学等高校依托历史学、考古学等学科团队，往往能完成最基本的文物溯源建档，基本已经建立了包括文物年代、用途、何时何故迁入校园等基本信息在内的文物档案数据库，并伴有未经建模的二维相片。但这些数据库往往是比较简易的，仅具备基本的信息存储、检索功能，像上文提到的不同文物间的网络层级关系等高级功能基本没有实现。以北京大学为例，在北京大学房地

产管理部官方网站即有文物信息模块，如图2，除了石雕五供及石供桌等极少数文物显示无法溯源外，大部分文物均有较为详实的信息记录，但没有实现文物归类、关系网等功能的呈现，尚处在文物档案建立的初级阶段。

图2 北京大学房地产管理部网站的文物保护信息页面

（二）重视文物保护工作中的宣传作用，起到良好的宣传效果

高校文物保护具有其特殊性。不同于博物院、景区等单位，高校的主业并非校内文物保护与展览，无法对文物进行专门分区整理保护与展示，而同时高校师生、交流访问学者众多，在无疫情时期还有社会游客，人流量同样不小，因此通过介绍宣传文物历史和文物保护知识使大家自觉保护文物，是性价比较高的手段。各高校往往采取在文物处设立文物介绍标识牌和保护文物提示牌的做法，方便师生游客了解文物信息，自觉保护文物，尽量通过道德约束减少文物的人为损伤。

各高校文物保护部门在这方面工作力度均较大，且出现了一些较有特色的手段。例如，北京大学文物保护与管理办公室在2019年更换了新的校园文物标识牌，在文字介绍的基础上附上二维码，直通文物数据库，有更翔实的图文介绍；清华大学文物保护办公室将包含文物图片和解说语音的文物数据库制作成“漫游清华园”小程序，如图3。

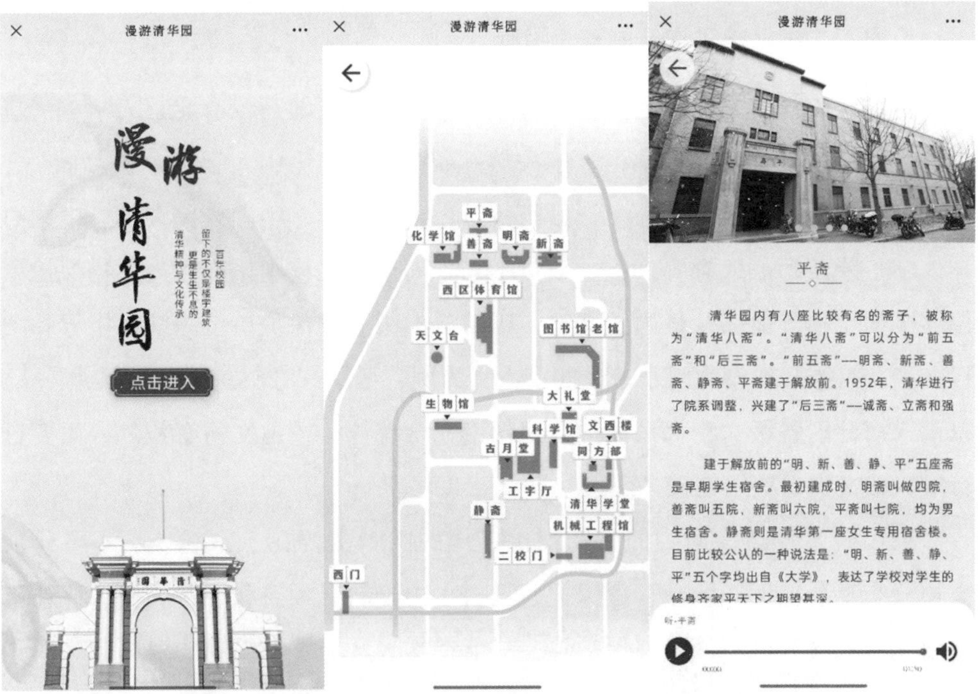

图3　清华大学“漫游清华园”小程序

但在调研中我们同样注意到，各高校的宣传媒介主要还集中在传统的线下标识牌和简单的在线图文介绍，类似上面提到的敦煌莫高窟、故宫博物院开展的全景展示、虚拟现实游览等新兴信息化技术，在国内高校暂时没有开展。

（三）文物管理工作效率较低，缺乏有效的信息化手段

尽管对文物数据、历史等信息建立数据库的工作已经完成，然而对文物管理并未产生过多效果。目前，各高校校内文物情况检测工作往往依靠人工定期踏查，虽然有摄像头监控，但摄像头权限往往在保卫处而非文物保护单位，这种工作方式效率较低，且通过肉眼观测得到的信息不准确，难以形成数据进行记录比对。同样地，由于摄像头利用率低，甚至有些文物附近并不配备摄像头，近年来亦有高校发生文物失窃案件，例如2019年西安美术学院曾有一只清

代的石鼓被盗。通过摄像头、传感器等设备对文物进行长期监控是下一步可能采取的行之有效的办法。

（四）文物保护工作开展较为困难

目前，校内有文物被列入全国重点文物保护单位的高校有北京大学、清华大学、武汉大学、东北大学、复旦大学、浙江大学、中山大学、山东大学、吉林大学、四川大学、云南大学、厦门大学、南京大学、中国人民大学、中国海洋大学、陕西师范大学等16所，数量不多。而这些高校中未被列入文物保护单位的文物，和其他高校校内的文物，则缺乏上级文物保护单位的统筹指导和项目支持，工作开展较为困难。以北京大学为例，尽管有8处文物被列入全国、北京市、海淀区各级文物保护单位，但据不完全统计，校内文物有77处，需要自行解决的文物保护问题较多。

经调研，各高校遇到的文物保护工作的困难主要在于：其一，不可移动文物分布复杂，无法统一管理保护；其二，由于缺乏项目和经费支持，往往难以建立有效的有机玻璃隔离保护等，只能在露天环境里做简单的隔离措施；其三，高校文物保护部门缺乏专业文物保护人员，难以开展大规模保护活动，如文物修复等。这些困难也已经造成了一些后果，例如2019年北京大学燕南园花神庙碑就因为隔离措施过于简陋而遭到涂画。积极申报文物保护单位，与摄像头、传感器配套使用有机玻璃等保护隔离设备，可以尽快解决目前的问题。

调研中发现，高校的文物保护工作往往存在信息化建设层次较低、工作方式仍然依赖传统手段等问题，而高校文物保护又是高校校园文化建设、爱国主义教育和近代史实证的重要组成部分，因此在各大高校开展更有效的文物保护与管理工作刻不容缓。

四、开展高校文物保护工作信息化建设的必要性

具有校内文物的高校往往承载着洋务运动以来的中国近现代史的诸多鲜活例证，因而更有效地保护文物、展示历史成为重要课题。文物保护管理工作的数字化进程迫在眉睫，进行文物保护信息化建设改革功在当代利在千秋。在高校开展

文物保护数字化建设具有必要性和必然性，又具有时间、空间等独特优势。

（一）高校文物具有特殊的历史意义和价值

自洋务运动、戊戌变法以来，国内兴建新式学堂，出现了北洋大学、京师大学堂等现代国立大学，尽管经过多次更名、重组，但大部分清末兴建的大学仍然传承至今，这些大学的校园内也留下了大量文物。因此高校文物不仅是历史遗物，更重要的是反映了清末救亡图存的脉络与历史，是鲜活的中国近代史教材。民国时期，各高校内也留下了进步学生发起爱国运动的痕迹，是重要的爱国主义教育基地。更甚者，如北京大学、清华大学这类特殊的高校，其旧址为圆明园附属园林春和苑、熙春园，其校园文物也是三山五园历史文化遗产研究的重要组成部分。高校文物既具有共同的时代特色，也具有独特的历史价值。

以北京大学为例，北京大学燕园校区内的文物，既有列强入侵时流落到此地的圆明园、颐和园遗物，又有京师大学堂建校时的纪念物——日晷；既有三一八烈士纪念碑，又有新中国改革开放的见证“振兴中华”碑。将北京大学的校园文物进行保护并通过数字化技术，按照一定规律串联成一个个鲜活的“故事”，就能很好地体现出中国近现代历史的发展进程。

（二）高校平台有利于信息化建设

相较于博物院、景点等文物保护单位，高校文物开展信息化建设具有得天独厚的优势。上面提到的三维激光扫描、数字图像修复技术、全景图片展示等在内的诸多信息化技术，往往都需要海量采集数据，并对其进行存储和运算。博物院等单位往往需要租用服务器、外聘相关技术人员进行工作，而对于高校，依托高校的考古学、历史学、信息科学等专业团队，往往可以自己打造平台、处理数据。以北京大学为例，本次项目即依托北京大学考古文博学院、北京大学考古虚拟仿真实验教学中心和北京大学高性能计算平台等多方面的优势，完成了基本的文物三维扫描与全景复现的功能。

（三）信息化技术可以为高校文物保护与管理工作提供更多便利

上面已经提到，信息化技术对文物保护管理工作有众多便利。例如，通过搭建文物关系网，更有利于对校园文物历史的研究；开展文物环境传感与监视工作，可以有效确认文物情况，避免人为损害，减少自然损害等。人为观测注定难以用数据描述，信息化建设可以形成直观的数据和图像，方便长期的观察与研究。

（四）信息化技术可以为高校文物保护与管理工作提供新视角

目前高校文物保护与管理工作的方向同样是较传统的，通过信息化技术可以提供新的工作视角。同样以北京大学为例，北京大学是北京市可移动文物修复资质单位，但是校内的文物保护工作往往是依托上级文物保护单位来进行。通过信息化技术，我们可以采用数字图像修复技术、BIM技术等，先在网络平台试错，再实际完成修复，既降低了工作成本，又提高了工作的可靠性。

（五）文物保护信息化建设可以辅助高校校园文化建设与宣传

目前国内很多博物院和名胜古迹均开启了“线上博物馆”“云游”等项目，其原理即通过文物数据整合与复现，产生3D游览效果。在新冠疫情背景下，各大高校停止游客预约，可采取类似的手段进行文物数字化并线上复现，进一步扩大文物宣传工作的受众群体，建立线上的“云游大学”小程序，让更多人了解该高校、了解高校文物。

另外，高校文物也是校风和校园文化的载体，上面提到的平台同样可以面向校内师生开放，以便在校师生进一步了解校园文物，关注校园文物，并挖掘背后的校园文化，使校园文物成为校园文化建设与宣传的纽带。

五、北京大学文物保护信息化成果展示

在项目周期内，课题组依托课题组成员、北京大学考古文博学院副院长张剑葳副教授团队，开展了针对燕园文物的三维激光扫描工作，并制作了初步的全景文物展示系统“燕园文物数字博物馆”，这是国内首个高校文物全景展示平台，目前仅在校内域名内测。同时，课题组与成都古猫文化科技有限公司合作，参与了“古猫陪你去看博物馆”项目，制作了北京大学语音讲解导览。此

外，课题组对上述成果在校内进行了宣传介绍，获得了校内师生广泛关注。现对项目周期内北京大学文物保护信息化建设成果进行总结。

（一）“燕园文物数字博物馆”的产生与效果展示

在项目周期内，课题组与张剑葳副教授团队开启了“北京大学文物数字化工作坊”项目并完成了部分工作。通过发布志愿者征集信息，分两期共招募七十余名志愿者完成了对石刻文物现场的文物三维激光扫描工作，并依托北京大学计算中心完成了后期的数据处理与影像复现工作。北京大学文物数字化工作坊第三期工作正在进行，拟配合燕南园规划与改造项目完成燕南园历史建筑的数字化工作。

目前，北京大学文物数字化工作坊已经完成了校内57处石刻文物的数字化信息采集与全景影像复现工作，包括燕园校区的西门石狮、华表、翻尾石鱼等文物，画法研究院石构件等散件文物与蔚秀园内云根石和“紫琳浸月”石碑两处文物。在现场的工作主要包括清理文物表面浮灰和周围遮挡物，然后使用三维激光扫描仪、手持式扫描仪和相机等设备获得数据或影像图片，完成“文物—数据”的过程。之后，将采集的数据存储在北京大学计算中心的计算机内，通过Agisoft Photoscan、Scene等处理不同数据的建模软件形成全景图像的复现，并综合不同技术处理的结果，得到还原性最好、清晰度最高的三维图像，完成“数据—文物”的过程。至此，完成了“文物—数据—文物”的信息化过程。

除了数据采集与图像复现，课题组还制作了“燕园文物数字博物馆”系统，该系统集成了多种功能，基本实现了“云游燕园”的功能。该程序的主要功能如下：

1. 燕园文物数字地图

打开燕园文物数字博物馆后，首先显示的是一张北京大学燕园校区的地图，图中将已经完成数字化的文物用红点标出，如图4，实现了燕园文物数字地图的功能。对于师生、访问学者、游客等，可以通过该地图前往目标景点。

2. 燕园文物源场景图片库

点开图4的地图上的红点，会显示文物和附近真实场景的图片，即文物源场景，并标注方位。结合文物地图和源场景，可以帮助游客通过周围环境更方便地找到文物具体位置。线上游客也可以如身临其境般地观赏文物和风景。

3. 燕园文物资料库

点开图5的源场景上的文物名称，会显示文物的资料介绍。这些资料摘自已经完成的燕园文物资料库，与文物标识牌上扫码看到的信息一致，详细记录了文物的年代、迁入燕园时间、经历何事等，方便线上游客了解文物的背景信息与历史故事，更有真实感和冲击力。

4. 燕园文物3D图像

点开图6介绍下的3D图标，会显示剥离场景的文物3D图像，如图7。该图像可以360° 转动显示，方便游客从不同角度观察文物的花纹、形貌等特征。该界面还内置了测量功能，可以测量文物上任意两点的距离和高度差，方便游客了解文物尺寸。同时，将文物资料、文物3D图像和文物尺寸集成在一个系统中，也方便历史和考古工作者在同一系统里进行资料查询。

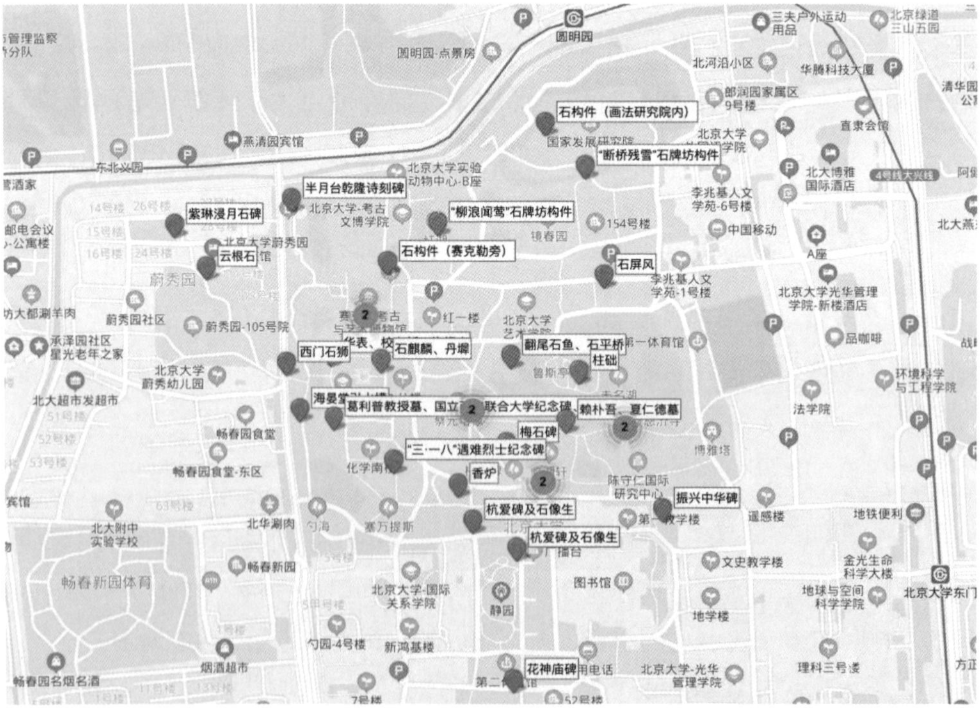

图4　“燕园文物数字博物馆”文物地图界面

图5　“燕园文物数字博物馆”源场景界面

图6　“燕园文物数字博物馆”文物资料界面

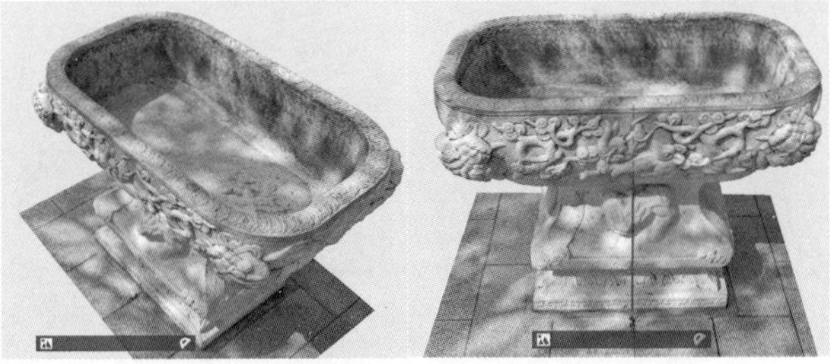

图7　“燕园文物数字博物馆”3D图像界面

（二）“北京大学语音讲解导览”效果展示

在项目周期内，课题组与圆明园管理处和成都古猫文化科技有限公司（下文简称“古猫公司”）合作，参与了“古猫|陪你去看博物馆”项目，制作了北京大学语音讲解导览。该项目由课题组提供校园讲解的文字材料，由古猫公司提供讲解员录制讲解词，并制作成小程序，如图8。该小程序同样集成了文物地图功能，除了选择手动播放外，还可以根据定位自动播放身边的文物介绍。

该小程序的主要使用对象是线下游览学校的师生游客，但同样可以用于线上。例如，在完成校内实景拍摄与全景成像后，可以制作实景“云游燕园”小程序，而该讲解录音即可用于小程序中的游览讲解。该工作是文物宣传信息化建设的重要组成部分，是开发北京大学版线上游园系统的基础。

图8 “北京大学语音讲解导览”小程序界面

（三）校内成果宣传与相关数据

从“燕园文物数字博物馆”数据安全考虑，目前仅允许校内域名访问，除直接访问网址外，现有三个校内网站开放了“燕园文物数字博物馆”的访问入口，分别是北京大学赛克勒考古与艺术博物馆网站、北京大学房地产管理部网站和“燕园微后勤”公众号。

“北京大学语音讲解导览”目前由古猫公司运营，为免费向公众开放的公益讲解项目。该项目有三个访问入口，分别是“古猫|陪你去看博物馆”公众号（见图10）、北京大学房地产管理部网站（见图11）和“燕园微后勤”公众号。

除线上宣传外，北京大学文物保护与管理办公室下辖学生社团北京大学学生燕园文化遗产保护协会通过北京大学团委学生团体部制作了宣传“燕园文物数字博物馆”（见图9）和“北京大学语音讲解导览”的宣传海报，在社团文化节和三角地展板均有线下的展览宣传。目前，“北京大学语音讲解导览”已经有1000余人登录使用，而“燕园文物数字博物馆”不仅受到校内师生的广泛好评，还可以作为北京大学历史学系、北京大学考古文博学院师生的学术参考资料，目前点击量已破万次。

图9　北京大学学生燕园文化遗产保护协会设计的宣传海报

图10　北京大学赛克勒考古与艺术博物馆网站访问入口

图11　北京大学房地产管理部网站访问入口

六、总结与展望

在项目周期内，课题组基本完成了立项时的目标任务：完成了对文物信息化技术的文献调研，并有综述论文一篇；完成了对高校文物保护现状与信息化建设的访谈调研，并有综述论文一篇；在北京大学房地产管理部、北京大学考古文博学院、北京大学计算中心、北京大学团委等单位的帮助下，完成了两期北京大学文物数字化工作坊的工作，完成了对校内部分石刻文物的三维扫描、建模与复现工作；完成了基于三维扫描成果的校园云游系统“燕园文物数字博物馆”的搭建，并在校内各平台进行了成果宣传。此外，还搭建了“北京大学语音讲解导览”平台，为进一步开发文物信息化宣传工作提供了基础。项目经费的使用情况基本与预算一致，主要费用支出在三维激光扫描仪等设备的租赁和处理数据的服务器租赁。

对北京大学乃至全国高校文物的信息化建设工作不会因为项目结题而停止，我们依然任重道远，将不断完善和巩固文物数字化的成果。

（一）北京大学文物数字化工作坊的后续成果

目前，张剑葳副教授的课题组正在开展第三期北京大学文物数字化工作坊相关工作，拟在燕南园规划与改造项目前完成对燕南园古建筑的三维扫描与成像，这意味着我们的工作对象从小件石刻文物走向了古建筑。当然，对于规模更大的古建筑，可能还需要借助无人机等设备，这些后续工作仍然是值得期待的。

（二）更精美完备的“云游燕园”系统

目前，“燕园文物数字博物馆”仅是“云游燕园”系统的雏形。后续我们可以拍摄更多文物与文物途中的校园实景，真正构造出一条看遍燕园文物的实景路线，并制作更加精美的图形化交互界面，再佐以“北京大学语音讲解导览”平台，将“燕园文物数字博物馆”真正打造成可以与“数字敦煌”“全景故宫”媲美的“云游燕园”全景游览与文物3D成像系统，并开放外网浏览权限，成为北京大学校园文化和文物保护工作的重要宣传工具。

（三）校园文物保护与管理的信息化建设

在项目周期内，由于经费有限和与校内其他单位的沟通问题，我们只完成了文物现状扫描和信息化宣传的工作。在以后的长期工作中，我们将逐步引入高清摄像头、温度湿度传感器等设备，进一步在文物保护与管理工作中完成信息化建设，防患于未然，避免人为损坏文物，减少自然损坏文物，充分发挥好北京大学在考古、历史、信息科学的学科优势，建立起最有效的燕园文物保护机制。

利用新媒体开展宣传工作的形式与内容探究

孙战龙，冯治国，盛伟，周媛媛，张嘉柚①

一、引　言

当下，我们正处于一个新媒体快速发展的时代，新媒体大大提高了信息传播的速度且改变了信息传播的模式，对人们的生产生活产生了深远的影响。目前学术界对“新媒体”并没有一个统一的定义，许多学者从时间维度、技术角度、传播学角度等给出了各种说法，但都认为它是不断变化发展着的相对概念[1]，也都承认当下所说的新媒体具有数字化、互动式、多渠道的共同特点[2]。高校后勤部门作为高校管理工作重要支柱也应主动因时而进地适应新媒体时代的要求。

日常生活中大家接触较多的新媒体有网站、论坛、微博、微信、短视频等等，特别是近年刚刚出现的“微矩阵”模式，集文字、视频形式和信息传播与提供服务为一体，对高校后勤开展工作有很好助力。本文力图以微矩阵新媒体为例，从宏观环境分析和具体实践经验两方面，探究新媒体如何在高校后勤开展宣传工作。

二、高校后勤新媒体应用的宏观环境

PEST分析模型是商业管理学中经常用到的一种宏观环境的分析方法，最早

① 孙战龙，北京大学会议中心
冯治国，北京大学会议中心
盛伟，北京大学会议中心
周媛媛，北京大学会议中心
张嘉柚，北京大学会议中心

由哈佛大学教授弗朗西斯·J. 阿圭勒（Francis J. Aguilar）以ETPS的名义提出。在1967年出版的《审视商业环境》一书中，阿圭勒提出了经济（Economic）、技术（Technological）、政治（Political）和社会（Social）因素对商业环境的主要影响[3]。之后，字母被重新排列形成了PEST分析模型。

本文首先借助PEST 分析模型，对高校后勤在新媒体时代所处的宏观媒介环境进行分析，并探讨其在实际应用中所产生的影响。

（一）政治——新媒体助力国家发展

党的十八大以来，以习近平同志为核心的党中央高度重视新媒体的网络宣传工作，明确提出了网络强国的战略思想，为高校利用新媒体开展宣传工作提供了有力的理论支持和明确的方向。

《中国新媒体发展报告No.9（2018）》蓝皮书指出：新媒体发展与国家发展紧密相连。2017年以来，网络正能量充沛，新媒体平台正能量宣传效果显著。广大网民通过社交媒体平台热议新时代、新气象、新作为。新媒体已成为我国政治、经济、社会、文化等方面的重要推动力。

（二）经济——有利于新媒体运营

北京市统计局发布的2021年北京市经济运行情况数据显示，全市全年实现地区生产总值40269.6亿元，按不变价格计算，比上年增长8.5%。全市居民人均消费支出43640元，比上年增长12.2%。八大类消费支出全面增长，其中教育文化娱乐、其他用品及服务消费增速较高，分别为21.0%和20.3%[4]。总体经济稳步恢复，发展质量继续提升。

高校后勤系统的服务项目中所包含的教育文化娱乐、服务消费等项目，将随着新媒体应用，在经济稳步发展的有力支持下加大信息化服务力度，高校后勤新媒体微矩阵在实际运营中，通过有效的宣传在经营收入方面体现出重要作用。

（三）社会——利用新媒体正向影响力

在社会正面影响方面，新媒体首先改变了受众接收信息的方式，让受众拥有自主选择权。在网络上，用户不仅可以与其他用户进行交流沟通，还可以把个人的想法建议及时反馈给信息发布者。其次，新媒体在满足人们沟通交流的同时，能够充分利用互联网巨大的信息资源丰富人们的生活，通过各类涵盖全面、视野多样的新闻报道，为用户呈现多样化的视觉感受。

新媒体时代充满机遇，同时也带来不少风险和挑战，对于社会影响力来说也是一把双刃剑。尤其是在“人人都有麦克风”的新媒体语境下，个别网络用户在发表个人观点时，经常以偏概全，以所谓“道德”为武器进行攻击，假借维护社会正义公平，实际是在宣泄个人情绪，引导他人忽视对事件的理性思考。同时一些媒体为博取点击量，故弄玄虚，哗众取宠，忽视网络平台的表达底线。这些因素削弱了网络新闻的真实性和严肃性，阻碍受众形成正确价值观[5]。

高校后勤的新媒体运营应扬长避短，充分发挥新媒体正向影响力，明确初心使命，做好高校宣传工作服务于立德树人的根本任务和强国大局。

（四）技术——提升运营团队建设

“新媒体”通常指的是那些具有交互性、包含双向沟通、涉及某种计算形式的数字媒体，而不是“旧媒体”，如电话、收音机和电视[6]。在新媒体环境下，新闻传播不再受到时间和空间的限制，可以实时报道各个领域的新闻。而且，用户可以同一时间收到声音、图像以及视频等多种形式的新媒体共同传播的信息。对此，高校后勤系统可以通过开发以微信为基础的微矩阵平台，创建专门的互动区域和互动话题，为师生和后勤系统构建互动平台，增进交流和互动。此外还应该不断拓宽师生的参与程度，支持引导师生通过多种渠道转发新闻、分享视频、发表评论，有效实现新媒体技术下新闻传播领域的开放性。最后结合大数据分析的方式确定师生的喜好、习惯，继而针对性地改进高校后勤的新媒体宣传文案和服务功能，更好地提升服务精神。新媒体发展要与大数据技术融合起来，从而进一步激发发展的活力。

综上所述，高校后勤新媒体应用是在国家对网络宣传大力支持和推进下不断成长和完善的，随着经济稳步发展对新媒体应用的有力支持，高校后勤系统的微矩阵将在提升经营收入方面体现出重要作用。新媒体在社会影响力方面可以说是一把双刃剑，对高校后勤的宣传工作有利有弊。因此，我们要加强技术因素的提升，第一在内容生产上注重文案严谨性，注意图片、视频的版权问题，避免引起舆情；第二还要制定新媒体运行的监管制度，加强新媒体矩阵运营队伍建设，加强培训，提高宣传人员整体素质等。

三、微矩阵相关概念和功能特点

（一）微矩阵与微信公众平台

微信公众号的宣传功能的特点是传播速度快、交互感强、应用广泛便捷。根据腾讯2021年第三季度的统计报告，截至2021年9月底，微信及WeChat的月活跃用户量达到12.6亿，相较2020年同比增长4.1%。

微矩阵概念基于微信公众平台功能的开发、聚合与应用，形成“矩阵式”立体宣传结构体系，充分发挥微信平台不同公众号宣传功能与特点，以达到最大宣传效能的目的。微信公众平台是指企业和个人都可以在微信的基础上申请独立自主运营公众号的一个自媒体平台，我们常说的微信公众号包括订阅号、服务号、视频号和企业号等。

高校后勤微信公众平台是指以高校法人为主体，或以具备独立法人资格或营业证照的后勤各单位所注册的官方认证账号（具体包括订阅号、服务号和视频号）。一般来说订阅号应用最多，以发布信息为主；服务号次之，以功能服务为主；视频号则以短视频等新兴内容形式进行编辑发布。

后勤作为学校的服务保障部门，服务是其工作的根本属性，从高校后勤部门角度来探讨新媒体时代的宣传，其关注点也离不开服务。应该说，高校后勤的宣传工作最终目的是向师生提供更好的服务，而好的服务本身就是对后勤工作最有力的宣传。微矩阵这一新媒体形式立体多样，符合校园师生使用习惯，提供服务简单便捷，笔者认为在现阶段，微矩阵是高校后勤利用新媒体开展宣传服务工作的重要选择之一。

（二）订阅号、服务号和视频号

微矩阵底层基础是依托微信订阅号、服务号和视频号展开立体式、全方位、深层次的宣传推广。为更好搭建和应用不同微信公众号功能，掌握各自宣传特点，我们深入探究微信功能特点，依托微信APP端，对微矩阵下订阅号、服务号和视频号特点进行综合对比分析（表1）。

表1　订阅号、服务号和视频号综合比较

项目内容	微矩阵		
	订阅号	服务号	视频号
申请主体	个人和组织	仅限组织	个人和组织
推送频率	每天推送一条	每月推送四条	不限
主要用途	传达信息咨询	提供服务交互	通过图片和视频传达信息
内容展现	折叠在订阅号文件夹	出现在微信聊天列表	展示在“发现”视频号中
菜单功能	自定义功能相对简单	自定义功能更高级，预留接口和高级设置	——
商户支付	——	微信支付和商户管理	——
互动交流	不支持多客服服务	支持多客服后台在线服务和交流互动	支持实时在线交流互动和内容分享

基于以上对比分析，我们不难看出，围绕微信公众平台聚合新媒体宣传渠道，以微信订阅号、服务号和视频号为矩阵载体，利用平台功能特点、内容形式、传播特性和关联引流，可实现“1+1+1＞3”的宣传效果。

订阅号。其功能特点类似于订阅报纸一样，普通用户每日可获得所关注的订阅号推送的信息，订阅号发布者则可以每天发布一组多图文信息给关注用户。推送信息丰富、形式多样，内容包括纪实新闻、通知公告、活动信息、宣传广告、兴趣阅读等；形式可创作软文，插入图片和影音。同时，发布者可利用网站编辑器对内容格式进行排版美化，可设计封面图片，增加互动特效，易上手、编辑效率高。订阅号具有很强的内容传播力，构建起了媒体与读者之间更好的沟通与管理模式。

服务号。每月可推送四条一组多图文信息，虽然信息发布频率较订阅号有较大限制，但没有发布间隔约束，也是服务号信息发布的特点。同时发布内容直接展示在微信聊天界面并有提醒，进一步提高信息曝光的展示度。同时利用服务号可深入开拓“互联网+”思维，追求新技术和新方式，搭建聚合性宣传平台，综合运用图文、H5页面、小程序等，打造以服务功能为手段的宣传新引擎。

视频号。以视频为内容形态的宣传载体，是一个可以记录真实生活，与更多人分享的创造平台。视频号传播形式不同于订阅号和服务号，其传播特点是基于平台算法推荐机制让平台快速获得关注和成长，同时该算法使其具有更强、更精准的传播力，可根据用户地理位置范围、兴趣喜好进行靶向推送，帮助平台得到有效引流、品牌加热、用户增长和提升转化的目标效果。视频号还可架构直播技术等新兴宣传手段，对于高校而言，“线上慕课”“学术科研”“校园产品”“校园生活”等内容都已在平台展开。

四、微矩阵运行情况和实例分析——以北京大学会议中心为例

（一）北京大学会议中心概况

北京大学会议中心于1999年9月在北京大学改革过程中决定设立，2000年初正式组建运行，主要负责组织承办学校各类国际国内会议，开展多种形式的对外学术文化交流；管理经营文化活动场所，组织校园文化艺术活动；为外国专家、留学生、部分国内学生和其他中外宾客提供住宿、餐饮等服务，是集多种功能于一身的专业化服务实体。

会议中心采用企业化管理模式，下辖百周年纪念讲堂管理部、勺园管理部等4个运营实体，现有建筑面积22.6万平方米，拥有一个2063座位的礼堂和39个大、中、小型会议室，各类不同风格特点餐厅6个，接待床位5000多张及其他综合服务设施。

会议中心始终坚持服从学校大局、服务广大师生和中外宾客的根本宗旨，工作中不断更新观念，与时俱进，深入探索符合学校环境和需求的专业化服务工作规律，丰富校园服务内容、创新后勤管理方式、积极推进信息化建设。在利用新媒体平台过程中，通过拓宽宣传渠道，激活校园“内循环”模式，实现社会效益与经济效益双丰收，既较好地满足了学校和师生各方服务需求，又从管理服务育人环节实践了高校立德树人的根本任务。

（二）北京大学会议中心微矩阵建设的“三步走”

1. 微矩阵1.0版——订阅号筑牢信息宣传的阵地

2015年1月，会议中心百周年纪念讲堂正式推出官方订阅号，定位是讲堂演出、电影等艺术活动资讯的推送宣传，让校内师生第一时间获取艺术活动的开票信息，了解讲堂动态，服务广大师生观众，以弘扬高雅艺术、繁荣校园文化、服务素质教育为己任，着力打造“高雅艺术殿堂”与“素质教育课堂”。目前拥有6.23万粉丝关注。

2016年5月，为更好地服务校内师生和各界中外宾客，会议中心勺园在学校后勤系统创办校园住宿、餐饮和会议服务为一体的官方订阅号，大大提升了师生在校生活和工作的便利。将现代化信息宣传手段融入后勤管理服务之中，通过微信公众号，及时推送勺园特色美食、订餐外送、校园优惠和节日活动，突出校园特色，努力打造独树一帜的校园生活与文化服务品牌。目前拥有1.21万粉丝关注。订阅号的阅读量等数据，见北大勺园和讲堂TOP10内容及数据指标（表2）。

表2　北大勺园和讲堂TOP10内容及数据指标

序号	爆款推送内容	具体指标分析				
		阅读量（次）	总分享（次）	送达人数	送达阅读率	信息类型
1	勺园7号楼中餐厅“南北早餐”试营业！	49742	5340	6506	764.50%	服务信息
2	“有颜有料”的“北大版”中秋月饼礼盒开售啦！	17595	1706	8385	209.80%	产品信息
3	讲堂近期电影取消	13915	935	61711	22.54%	退票公告
4	拍了一部电影从此《扬名立万》	12877	804	58808	21.90%	电影票开售
5	北京大学百周年纪念讲堂2019学术放映周	12815	756	48133	26.60%	电影票开售
6	电影《花束般的恋爱》：春日的暖阳，不如身边温暖的你	10800	763	59743	18.10%	电影票开售
7	等了一整年小堂让你一次过足“影”瘾	9565	552	52817	18.10%	电影票开售
8	勺园中餐厅“探秘丝绸之路美食节”启幕	8699	1052	11181	77.80%	活动信息
9	勺园西餐厅第三期特价蛋糕隆重登场！	8146	1178	2530	322.0%	特惠信息
10	勺园西餐厅蛋糕半价尝鲜	5676	875	1007	563.7%	特惠信息

订阅号结合高校后勤服务功能和校园文化精神，结合师生需求，紧抓传统节日、时令节气和校园重要活动等进行宣传报道；提前研讨策划，制订合理可行的宣传计划，将宣传效果最优化；从受众的角度出发，设计丰富的宣传内容，话题紧扣当下流行方向，形式深挖用户“乐见”体验，内容贴近师生“高爆”需求，精准把握校园宣传特点，打造特色栏目品牌。如推出暖心校园服务或打造网红产品，形成传播力量；创新文章互动方式，如分享朋友圈、文末留言集赞、设计小程序游戏赢积分，获赠奖品等方式，提高交互和文章转发次数，增加曝光量。

2. 微矩阵2.0版——服务号实现掌上多功能服务

结合高校后勤工作实际，通过服务号开发与应用进行整体功能规划提升，利用低代码开发、H5页面和小程序建设公众平台，将校园导览、客房预订、线上购票、自助点餐、校园商城和物业报修等功能集合，实现“智慧校园”生活服务的升级转型。

北大票务官方服务号于2016年11月正式推出，定位是讲堂票务服务平台，是基于微信系统的讲堂演出、电影活动的在线选座购票系统，是北京大学后勤构建信息化建设的重要举措。因其方便快捷的购票形式以及校内身份验证等功能得到师生的好评，目前关注粉丝达12.8万人。

因基于微信系统搭建，还具有与师生观众沟通互动的模式，该服务号不仅能向师生传递艺术活动资讯、艺术知识、鉴赏导引和剧场礼仪等信息，还能收到师生的反馈信息，并作出及时的答疑解惑，信息化服务广大师生。通过大数据统计，每场售票活动90%来自线上购买，与线下购票进行数据分析对比，校内环境下，在线购票方式每张票可节省排队时间7分钟。截止到2019年，讲堂每年平均演出约90场次，电影约100场次，通过“北大讲堂票务”微信服务号，同学们可以把更多的时间用到学习生活中，课余享受艺术活动更加便捷。

北大勺园官方服务号上线，实现校内移动微支付成为可能。北京大学勺园在推进微矩阵建设过程中，为便捷服务，与学校财务部积极推进线上支付，并签署部分协议，师生可通过手机二维码、NFC支付完成在校就餐、住宿和娱乐等校园生活服务。同时所有校园餐厅、宾馆酒店采取直观化、互动化的结算界面，提供手机自助点餐、线上客房预订等服务，结合各类营业统计数据为经营决策做参谋助手，加快推进各校园生活服务业态数字化和智能化，进而提升后勤系统治理体系和治理能力现代化建设，不断提高自身管理水平和服务质量，努力为师生打造更加美好、便捷的校园生活。

3. 微矩阵3.0版——视频号打造育人服务宣传内容

后勤课堂。通过邀请专家教授或后勤职工录制微课，讲授健康饮食、美食烹饪、插花艺术、生活彩妆、礼仪文化等内容。除此之外，围绕当下做好爱国卫生运动宣传，如倡导垃圾分类、“光盘”行动，践行节能减排等，通过日常宣传和行为教育潜移默化形成正向引导，让师生在校园生活、工作和学习中，收获更多价值和成长，实现后勤“三全育人”的目标。

后勤故事。通过专访人物讲述他们幕后的工作和生活，从不同侧面生动呈现出后勤员工在一线岗位上敬业坚守、无私奉献、精益求精、追求卓越、奋斗成长的故事。特别是对后勤劳动模范和典型先进事迹进行宣传，树立“劳动最光荣、最崇高、最伟大、最美丽”的观念。积极引导只要肯学肯干肯钻研，就能在平凡的岗位上创造不平凡的天地；只要练就一身真本领，就能立足岗位成长成才的价值观，如“学霸”保安、公寓妈妈、修车大叔、“会议三枝花”等。在劳动中创造价值、展示风采、享受快乐。

后勤服务。深挖育人工作亮点，结合高校后勤服务特点，可以从校园餐饮文化、宿舍文化和校园艺术文化为出发点，定期开展校园美食文化节、公寓交流文化节等活动。同时利用高校艺术文化，传播中国传统曲艺和电影赏析等高雅艺术，全方位发挥后勤全方位育人的重要作用。

五、新媒体开展宣传工作中存在的问题

（一）新媒体行业片面追求经济利益，有待规范、引导

随着网络通信技术的进步，新媒体行业迅速发展。短视频观众以年轻群体为主，该群体好奇心强、消费观念开放，乐于追求新奇事物，观看短视频多出于消遣、消费的目的。一些新媒体平台单纯以追求经济利益为导向，忽视社会

利益，以吸引观众、引流创收为首要目标，不断迎合受众的片面化需求，在内容制作上忽视质量甚至故意恶搞、无中生有，单纯追求“眼球”效应，使得短视频行业面临泛娱乐化、低俗化的倾向[7]。而新媒体中格调高雅、内涵丰富的优质视频内容因兴趣点少，不能满足观众的猎奇心理，反而容易遭到观众的冷落，导致观众的关注量少，制约了优质内容的传播。

（二）新媒体宣传领域市场竞争激烈，宣传拓展难度大

随着微信公众号、视频号和抖音等新媒体平台的发展，专业的新媒体公众号因具备资金、专业人员等方面的优势，影响力与日俱增，行业竞争激烈。而高校后勤新媒体宣传的人力、资金有限；同时，高校后勤新媒体主要受众是在校师生和毕业的校友，受众面小、用户量少，难以得到平台宣传推广的专门支持，在新媒体平台上的热度难以与网络“大V”相提并论，拓展影响力难度较大。

（三）高校后勤新媒体宣传应用尚未得到足够的重视

新媒体宣传尚处于方兴未艾的初期发展阶段，高校后勤管理层对于新媒体传播的效力、重要性的认识尚需深入，人员费用、设备采购普遍缺乏专项经费支持；运营团队多由传统的纸媒运营团队演变而来，沿用传统媒体的思路运营新媒体，缺乏新媒体的运营思路。目前建立的新媒体平台多侧重传统的信息发布功能，而对于新媒体的最核心优势——与用户的沟通、互动、反馈的重要性认识不够，影响了新媒体影响力的扩大、用户数量的提高和用户黏性的建立。

（四）新媒体制作的技术资源有限

专业的新媒体平台通常配备专职视频制作、客服人员；而高校的新媒体平台采编人员多为兼任，在承担繁杂行政事务基础上并不具备全职专业技术，难以投入足够的精力研究、提升视频拍摄与后期制作技术，在内容创意和美编排版能力方面不足，导致视频制作内容和特效效果单调、吸引力不足，难以扩大影响力。新媒体吸引和留住用户的关键在于形式和内容创新，高校后勤新媒体宣传面向的师生群体文化素质高、精神层面的需求高，因此要制作出既富含文

化底蕴又具创新性的宣传内容，难度较大，需投入大量的时间、精力。

六、利用新媒体开展高校后勤宣传工作的办法和举措

（一）注重新媒体宣传的政治和社会影响

在利用新媒体宣传促进服务业务开展、实现经济效益的同时，高校后勤新媒体宣传要将政治、社会影响放在首位，始终站稳政治立场，旗帜鲜明讲政治。坚持执行国家网络宣传的政策规定，服从网络宣传服务大局，坚持正确的舆论导向；充分利用新媒体宣传平台，弘扬社会正能量，贯彻服务育人的理念，寓教育于服务中。关注新媒体平台舆情动态，遇突发事件及时澄清、处理，避免舆情的扩大，造成不良影响。

（二）提高对新媒体宣传的重视程度

高校后勤管理层要认识到利用新媒体宣传的重要性和紧迫性，加大对新媒体运营的人力、经费等资源的投入与倾斜，加快推进新媒体宣传工作；促进新媒体、网站、纸媒等媒体资源共享、优势互补、联动共振，提高宣传资源的利用效率，增强宣传工作的系统性、整体性、影响力，提升新媒体宣传的政治、社会、经济效益。

（三）增强新媒体宣传团队技术力量

深入学习新媒体平台宣传的规律和专业知识，紧跟技术发展潮流；加大对新媒体宣传团队的培训力度，必要时外请专业人士开展培训，提升团队成员的专业技能水平；在利用传统媒体文字编辑优势的基础上，更注重照片、视频的拍摄，应购置专业设备和软件，提高视频制作质量。

（四）重视新媒体宣传的品牌建设

充分掌握和利用新媒体平台发布宣传信息和提供服务的规则，最大化发挥新媒体平台的宣传作用；加强与新媒体平台的沟通，争取平台的推广和支持力度，扩大账号的社会影响力；关注网络影响力较大的新媒体账号，了解舆论动

态，参考、学习、借鉴最新的、可行的营销策略；与知名账号沟通联系，争取互动、互推[8]，使新媒体账号之间形成联动的合力；在校内和校外单位同时加大宣传推广力度，扩大新媒体的关注度和影响力。

（五）增强内容制作能力

对所在校园的历史文化底蕴和校园文化深入挖掘，制作出内涵丰富、质量优良的内容，增强文化认同；紧跟、响应时事热点，及时推出有针对性的宣传内容，以增强用户的关注度；与餐厅、客房销售、康乐等业务部门加强联系，发挥各方优势，开展头脑风暴开拓思路，找准新媒体宣传的着力点，并由此制定行之有效的营销宣传策略。

（六）提高服务质量，增强用户黏性

服务质量是立足之本。在通过新媒体宣传提供的服务中注重加强交互性，安排专人处理新媒体用户提出的问题，收集师生的意见建议，对用户的需求及时响应、处理；坚持线上与线下相结合，在线下组织面对面的座谈交流互动，动员学生和校内单位广泛参与，征求师生意见；在数据后台，利用大数据分析技术，对用户服务需求内容、需求时间等要素进行大数据分析和个性化分析，确定师生的喜好、习惯，由此制订更贴合师生用户需求的宣传文案和服务流程、策略。

总之，新媒体发展为高校后勤宣传工作提供了新的选择，带来了新的发展机遇。高校后勤部门的工作人员，应主动跟踪新媒体发展状况，借鉴最流行的新媒体平台运营模式，争取将后勤宣传工作推向一个新的高度。

参考文献

[1] 宋琳琳. 新媒体背景下公共舆论的多元建构［M］. 哈尔滨：黑龙江教育出版社，2021.

[2] 李鹏，等. 新媒体概论［M］. 西安：陕西师范大学出版总社，2018.

[3] Rastogi N，Trivedi D. Pestle Technique — A Tool to Identify External Risks in

Construction Projects [J] . *International Research Journal of Engineering and Technology*, 2016，03 (01) : 387.

[4] 北京市统计局，国家统计局北京调查总队. 全市经济持续恢复　发展优势积蓄拓展——2021年北京经济运行情况解读 [EB/OL] . (2022-01-19) [2023-03-10] . http：//tjj.beijing.gov.cn/tjsj_31433/sjjd_31444/202201/t20220119_2595370.html

[5] 杨洋. 新媒体的社会应用及其对社会生活影响 [J] . 科学咨询，2020 (30) : 37.

[6] Logan R. *Understanding New Media*：*Extending Marshall McLuhan* [M] . New York：Peter Lang Publishing，2010.

[7] 万可歆. 新"娱乐至死"：短视频"泛娱乐化"现象的探究 [J] . 新丝路：下旬，2008 (8) : 132-133.

[8] 段亚巍. 高校新媒体运营传播的现状与创新思考——以东北大学为例 [J] . 青年记者，2018 (32) : 110-111.

新时代“互联网+”高校基层党建路径研究

宋飞，徐越①

习近平总书记在中国共产党第十九次全国代表大会的报告中明确指出，“增强改革创新本领，保持锐意进取的精神风貌，善于结合实际创造性推动工作，善于运用互联网技术和信息化手段开展工作”[1]。随着互联网技术在中国的普及与运用，基层党支部建设的传统模式亟须通过提升智慧性、交互性 便捷性、经济性和共享性，不断满足新时代党建工作的新要求。在习近平总书记重要讲话指引下，2021年12月27日，中央网络安全和信息化委员会印发的《“十四五”国家信息化规划》指出，“积极运用互联网创新基层党组织和群团组织活动方式、机制和载体”，“推动基层组织建设和信息发布、政策咨询、民情收集、民主协商、公共服务、邻里互助等事务网上运行。打造‘互联网+群防群治’体系”[2]。“互联网+”基层党建模式为新时代党建工作提供了全新平台，也为基层党组织信息化建设提供了理念与机制协同创新之路。

一、新时代高校基层党组织“互联网＋党建”创新发展路径的必要性分析

（一）推进高校基层党组织建设事关党执政的组织基础的夯实和战斗堡垒作用的发挥

党的力量来自组织，党的基层组织是党执政的组织基础。中共中央印发《中国共产党组织工作条例》，其中第十三条指出，“党的基层组织是党在社

① 宋飞，北京大学后勤党委

徐越，中国石油大学（华东）马克思主义学院

会基层组织中的战斗堡垒，是党的全部工作和战斗力的基础。坚持大抓基层的鲜明导向，以提升组织力为重点，大力加强企业、农村、机关、学校、医院、科研院所、街道社区、社会组织等基层党组织建设，推进组织设置和活动方式创新”[3]。基础不牢则地动山摇，只有将建党百年来特别是十八大以来党的组织建设的丰富经验总结好，将基层党组织的战斗堡垒作用发挥好，将基层党组织建设的理念完善好，将基层党组织发展的风险规避好，才能更好地落实党中央制定的路线、方针、政策，不断提升新时代中国特色社会主义基层党建水平。

高校基层党组织建设水平，关系着高校基层党组织战斗堡垒作用的发挥。一方面，高校基层党组织服务于广大师生，关系着国家对青年一代的塑造和培养，是落实教育立德树人根本任务的重要保障。另一方面，高校基层工作服务于高校建设总目标，是落实党的高等教育方针和科教兴国战略的重要支撑。因此，高校基层党组织必须从战略高度重视自身建设，在理念、机制与实践创新方面不断加大力度，科学配置资源、提升建设效果，培养新时代中国特色社会主义事业的新生群体和中坚力量。

（二）“互联网＋党建”是新时代高校基层党组织建设理念与机制协同创新的内在需求

1.“互联网+党建”模式集中体现了高校基层党组织建设的理念创新

宏观层面，“互联网+党建”模式是信息时代提升党建水平的客观要求。第三次科技革命带来了互联网产业的迅猛发展，标志着工业文明步入信息化时代。习近平总书记指出，“没有信息化就没有现代化”，“数字技术正以新理念、新业态、新模式全面融入人类经济、政治、文化、社会、生态文明建设各领域和全过程，给人类生产生活带来广泛而深刻的影响”[4]。信息化的飞速发展为新时代中国特色社会主义建设提供了战略机遇，基层党组织应自觉以信息革命为契机，为满足人民群众日益增长的美好生活需要，充分运用信息技术优势。

微观层面，万物互联既符合唯物辩证法的基本观点，互联网深入人民生活也是当今中国的客观事实。2020年以来，由于新冠病毒感染疫情的全球蔓延和基层党组织工作的实践所需，“将党支部建在网上”的全新理念在基层党组织工作实践中得以推进。实践证明，这一尝试发挥了互联网与党建结合的优势，保证了疫情防控期间基层党组织的各项活动得以举办、“三会一课”制度得以落实、党员发展和民主评议得以开展。从宏观到微观，由理念创新、机制创新到实践创新，“互联网+党建”模式走出了一条新时代基层党组织建设探索的创新之路。

2. “互联网+党建”模式可满足新时代高校基层党组织建设机制创新方面的客观需求

相比党组织基层建设的传统模式，“互联网+党建”模式具有以下五大优势。

第一，智慧性。《“十四五”国家信息规划》指出，“深化智慧党建，推动提升农村基层党组织引领、动员、组织、服务社会能力。探索数字乡村治理新模式，以数据驱动、信息共享、数据挖掘等方式破解乡村治理面临的复杂问题”[2]。“互联网+党建”模式的智慧性特质，不仅可以应用于农村基层党组织建设方面，同样也可以应用于高校基层党组织建设之中。

第二，交互性。一方面，高校基层党组织的具体建设可以借助互联网平台，及时发布信息、共享资源，减少不必要的中间环节，缩短基层党组织活动的准备阶段，以保证基层党组织活动的顺利开展；另一方面，高校基层广大师生党员可以借助互联网终端设备，在线参与基层党组织的各项活动，共同推动党员和基层党组织之间、党员之间和干群之间的有效互动。

第三，便捷性。互联网党建平台可以依托现代通信技术，打破地域隔阂和空间局限，提高基层党组织活动的便捷性。无论寒暑假期间，还是疫情防控时期，或是师生党员因出差、出国、校际交换、异地访学等原因无法参与基层党组织活动的特殊情况，“互联网+党建”模式可保证高校基层党组织各项活动的正常开展。

第四，经济性。“互联网+党建”模式因秉持资源共建、共享理念，可以大幅度减少非常时期不必要的人员流动，缩减不必要的差旅开支，最终实现有限资源的合理配置，减轻基层党组织的财务负担，保证基层党组织活动的有效开展。

第五，共享性。随着互联网及终端设备在国内的普及和干部群众信息技术水平的提高，资源共享、支部共建、走出校门、服务地方日益成为高校基层党组织建设守正创新的重点突破领域。高校基层党组织丰富的党课资源和智力资源可以更好地与企业、地方基层党组织共享，企业、地方基层党组织建设的成功经验和特色活动可以为高校基层党组织建设提供舞台和机会。高校、企业、地方基层党组织的良性互动与协同共建不断加强。

二、新时代高校基层党组织“互联网＋党建”创新模式的可行性分析——以北京大学后勤党委组织建设为例

（一）北京大学后勤系统推广“互联网＋党建”创新模式的原因及实践经验总结

北京大学后勤系统推广“互联网+党建”模式，是对习近平新时代中国特色社会主义党建思想的贯彻落实，也是疫情防控期间服务师生和学校建设的实际所需。2020年，以抗击新冠疫情为契机，北京大学后勤系统各中心党支部遵循习近平总书记关于党的基层组织建设的重要指示，秉承服务广大师生的基本原则，着眼服务北京大学建设世界一流高校的总体目标，立足自身实际和工作特点，不断推进“互联网+党建”模式的基层党组织建设，并总结出一套行之有效的实践经验。

1. 发挥“互联网+党建”模式的时效性与交互性优势，保障疫情时期党中央重大理论和政策宣传的及时性。2020年春，为确保抗击新冠疫情期间“封校不停学”基本目标的实现，北京大学后勤党委一方面充分发挥党员职工的先锋模范作用，确保疫情时期党中央的重大决策部署和政策宣传及时传达给党员职工；另一方面借助互联网技术确保核心业务的开展，运用信息技术及时汇总基层工作遇到的困难，并有针对性地完善工作流程、凸显服务便利、提升服务质量，得到了后勤教职工党员的认可和广大师生群体的好评。

2. 发挥“互联网+党建”模式的便捷性与经济性优势，为各级党组织工作提供便利。为确保“三会一课”制度的落实，北京大学后勤党委积极发挥“互联网+党建”模式的优势，号召各级党组织克服困难，以在线支部党员大会、支

部委员会、党小组会、党课在线学习等形式，确保党的基本组织生活制度的落实。这一举措不仅符合疫情防控期间减少人员流动的疫情防控举措，同时节省了不必要的人员流动开支，受到了广大党员教职工的普遍好评。

3. 发挥“互联网+党建”模式的共享性优势，实现优质资源在高校党支部、企业和地方基层党组织之间的共享。疫情防控期间，北京大学后勤党委依托“燕园微后勤”微信公众号及各单位官网党建专栏，以及学习强国、微信支部群等平台进行在线支部建设。不仅实现了党的理论学习资源在自身基层党组织中的共享，而且也使在线党建平台的理论资源与活动宣传得到了兄弟院校、地方和企业的关注与分享。

（二）新时代高校基层党组织“互联网＋党建”创新模式的积极意义探析

依托自身“互联网+党建”创新实践，北京大学后勤党委聚焦“新时代高校基层党组织‘互联网+党建’创新模式可行性探究”核心课题，面向北京大学师生进行抽样调研。2020年北京大学教职员工共计11694人（不含博士后），在校学生共计46113人。依据北大师生比例，调研共发放问卷120份，其中在校学生90份、教职工30份，抽样比例占北京大学师生总数的0.198%[5]；共回收有效问卷115份，有效样本占比95.8%。经数据汇总和分析，课题组得出了新时代高校基层党组织“互联网+党建”具有积极意义、建设路径仍需多样化的初步结论；对于“互联网+党建”的潜在风险与制度保障等重大问题仍需进一步探究。

1. 调研对象普遍认为高校基层党组织推行“互联网+党建”创新模式具有积极意义

根据调研可知，多达99.13%的受访者完全支持或比较支持在高校基层党组织建设中探索“互联网+党建”模式，并且认为这种探索意义重大（48.70%），或有一定意义（50.43%）。由此可见，北京大学教职工和在校学生对“互联网+党建”模式的积极意义整体持有较高的肯定态度，说明“互联网+党建”模式具有较高的群众基础（见图1）。

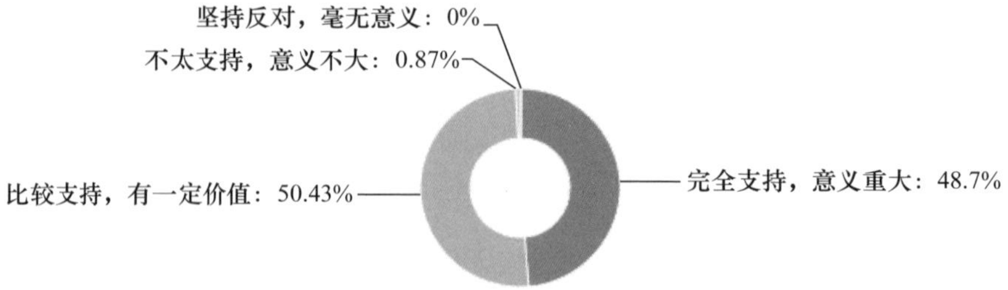

图1　是否支持在高校基层党组织建设中探索“互联网+党建”创新模式

按照认同度排序，受访教职工和在校学生认为高校基层党组织在“互联网+党建”创新模式的优势主要体现在：① 丰富基层党支部活动的开展方式，赋予基层党建以时代活力（82.61%）；② 克服疫情防控期间党员异地隔离等不便，促进日常党务工作有序开展（60.87%）；③ 加强基层党支部凝聚力，发挥基层党支部战斗堡垒作用（55.65%）；④ 筛选有效信息，紧跟时代步伐，及时宣传党中央重大决策，强化党员理论修养和知识水平（44.35%）；⑤ 提高党支部运转效率，方便党员的工作生活和学习（41.74%）；⑥ 将党的活动与党员个人生活有机结合，将党的工作向基层下沉，强化党支部的服务职能和社会职能（40.00%），数据参见图2。

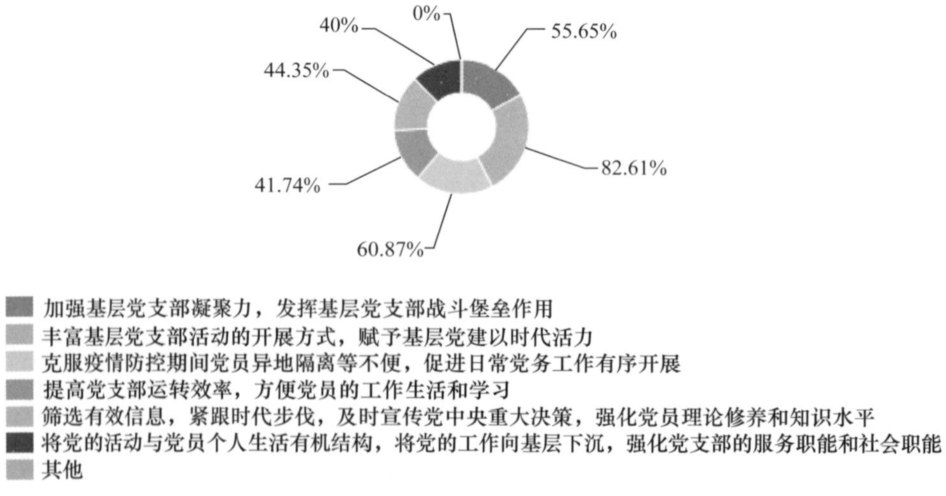

图2　“互联网+党建”创新模式引入高校基层党组织建设优势

2. 调研对象普遍对全国高校基层党组织可以多样化开展“互联网+党建”创新模式持乐观态度

有13.91%的受访师生认为，“互联网+党建”创新模式可以逐渐在北京乃至全国高校展开，促进高校基层党建发展，为双一流建设服务；有83.48%的受访师生认为，“互联网+党建”创新模式经试点探索后，有望在全国高校展开，但应视高校自身具体基层党建需要而定；只有不足3%的受访群体对“互联网+党建”创新模式在全国高校的推广可行性持有谨慎态度，认为探索可能会失败，或不具备全国推广可能性（见图3）。

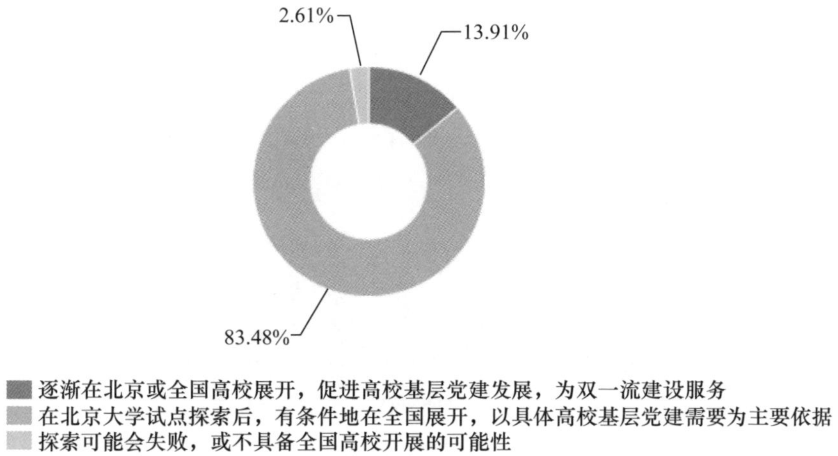

图3 对“互联网+党建”创新模式在全国范围内推行的态度

3. 新时代高校基层党组织“互联网+党建”创新模式的建设路径探析。

第一，调研对象对北京大学基层党组织“互联网+党建”模式的具体建设内容有较高认可度和参与度。根据调研可知，截至2021年10月，北京大学基层党组建设排名前三的主要平台是微信公众号或党支部微信群（参与度82.61%）、官方网站（参与度56.52%）、党员E支部类建设平台（参与度33.04%）。这说明北京大学基层党组织“互联网+党建”模式已经较为普遍地融入广大师生的日常生活（见图4）。

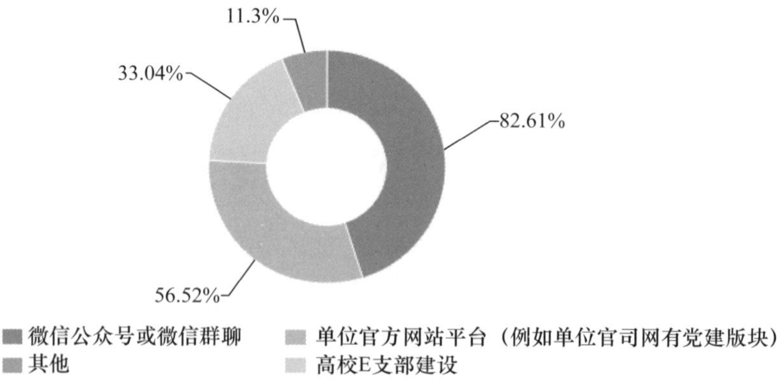

图4 北京大学“互联网+党建”的主要建设平台

第二，调研显示，北京大学基层党组织的线上活动形式和活动内容较为丰富，是对传统的“三会一课”形式的有效补充。经调查得知，北京大学各基层党组织的线上活动形式主要包括：① 网上党课学习（73.04%）；② 网络交纳党费（67.83%）；③ 网上支部党员大会（44.35%）；④ 网上支部委员会（40.00%）；⑤ 网上党小组会（39.13%）；⑥ 网上组织生活会（31.30%）；⑦网络评议党员或发展新党员（21.74%）。需要注意的是，有访谈对象认为应注意加强网络党建的保密性，这也是课题组未来研究的重点问题（见图5）。

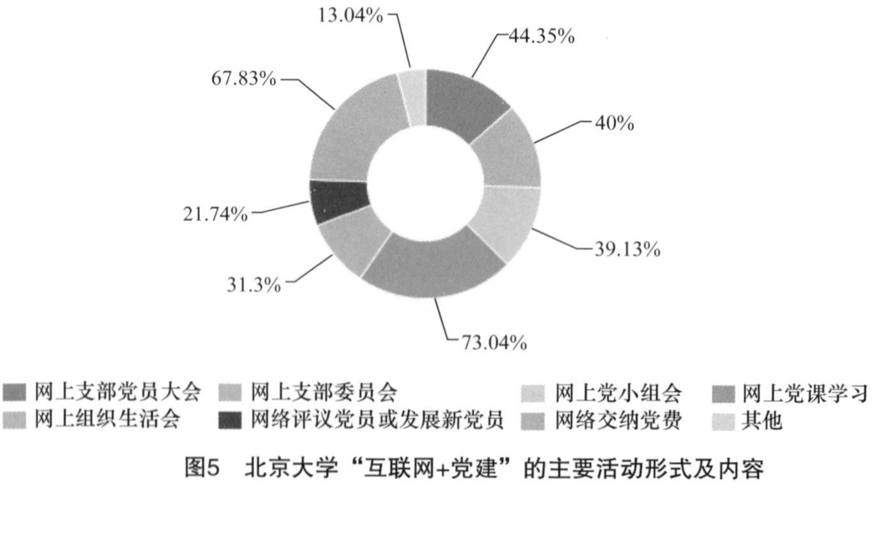

图5 北京大学“互联网+党建”的主要活动形式及内容

三、结论及未来研究的重点

综上所述，“互联网+党建”在理念层面已成为国家政策顶层设计的重要内容，在实践层面已成为高校基层党组织建设的探索重点。“互联网+党建”不仅为高校基层党支部建设提供了全新的平台，而且提供了理念与机制协同创新路径，并得到了师生群体的普遍认可。新时代高校基层党组织应从战略层面把握“互联网+党建”的优势，预判可能的风险，完善制度设计，不断提高自身建设水平。课题组未来将聚焦高校基层“互联网+党建”的风险预防、质量提升与制度设计，以期在高校基层党组织信息化建设研究领域有所突破。

参考文献

[1] 习近平. 中国共产党第十九次全国代表大会报告 [M]. 北京：人民出版社，2017.

[2] 中华人民共和国国家互联网信息办公室. “十四五”国家信息化规划 [EB/OL].（2021-12-27）[2023-06-07]. http：//www.cac.gov.cn/2021-12/27/c_1642205314518676.htm

[3] 中国共产党组织工作条例 [N]. 人民日报，2021-06-03（5）.

[4] 张璁，等. 让数字文明造福各国人民 [N]. 人民日报，2021-09-27（3）.

[5] 北京大学信息公开网. 北京大学2020年基本数据 [DB/OL].（2021-10-31）. https：//xxgk.pku.edu.cn/

常态化疫情防控下高校会议服务的挑战与对策

李榕，王颖，刘昕果，刘晴，白丹丹，曹静波①

常态化疫情防控以来，以学术类会议、管理类会议、学生活动和典礼仪式性活动为主的高校会议活动在数量、构成、会期和组织形式等方面都发生了显著变化。随之而来的是作为高校后勤工作的一部分的高校会议服务在成本、内容、安全管理和团队建设等方面均遇到新挑战。积极应对这些挑战将成为常态化疫情防控下高校会议服务工作的重点，只有提高会议服务的水平和质量、满足高校会议活动的新需求，才能为高校的教学、科研提供良好的后勤保障。

一、高校会议及其服务

会议作为现代社会工作开展过程中的一种手段和形式，在社会组织的日常工作中发挥着巨大的作用[1]。高校承担着人才培养、科学研究、社会服务和文化传承创新的功能，是思想文化交流最频繁的地方[2]。高校会议通常由高校主办、以服务高校师生为主要目的、旨在服务学校发展和学术活动，承担了促进学校学术交流、学科发展、人才培养和提供社会服务等职能。高校会议形式包括线上会议、线下会议和线上线下相结合会议。为这些会议提供完善的服务及

---

① 李榕，北京大学会议中心
王颖，北京大学会议中心
刘昕果，北京大学会议中心
刘晴，北京大学会议中心
白丹丹，北京大学会议中心
曹静波，北京大学会议中心

保障工作就是高校会议服务的主要内容。

（一）高校会议的类型

根据会议的形式和内容，可以将高校会议划分为以下四种：

1. 典礼仪式及重大活动

高校举办的典礼仪式及重大活动包括学校重要庆典和重大纪念性活动，重要项目或活动的启动或揭幕仪式，开学、毕业、颁奖典礼以及高规格会议、座谈、演讲等。

2. 学术类会议

指在特定领域内，为研讨、传播学术问题而举行的会议，参会者往往为该领域内的专家、学者、学生。主要包括国际国内学术年会、研讨会、学术科技成果转化会、政企校合作会、知名学者演讲及座谈会等。

3. 管理类会议

泛指高校及下属部门为履行工作职能而举行的工作安排会议，包括上级领导调研座谈会、学校领导干部会议、专项工作会等，是促进高校行政工作展开的有效手段。

4. 学生活动

指以学生为主要服务对象开展的各项会议活动。高校学生参与的会议活动除学术会议、专业讲座以外，还包括根据学生全面发展需求组织的各种类型的活动，如毕业生招聘宣讲会、辩论赛、院系主题党团日活动等等。

（二）高校会议服务的主要内容

按照工作内容划分，高校会议服务可分为学术与会务两个部分。学术部分一般主要负责与会议主题内容相关的工作，比如日程安排、发言人和参会人员的邀请及会议论文的征集等。会务部分则需要按照会议需求，在会议的具体环节完成相关的会务工作，如会前的会议申报审核、注册系统搭建、食宿预定、会场布置以及志愿者培训等；会中的会议注册报到、食宿和交通的对接、会场服务等；会后的整理及会议支出结算等工作。

综上所述，高校会议服务工作综合性强、工作量大、细节多。如果是国际会议，还可能存在外国参会者带来的语言与文化差异等挑战，更加考验会议服务工作的专业水平、细致程度和应变能力。

（三）高校会议的服务特性

高校会议服务因其服务对象的特殊性而具有以下特点。

从开展学术交流来看，高校举办学术类会议，特别是国际会议对于高校的学科发展、科研水平提升、学术人才培养、学术及社会影响力的扩大具有重要意义[3]。高校会议服务旨在以专业的服务流程、完善的服务细节搭建高质量学术交流平台，创造更加自由开放的学术交流环境。

从社会影响力来看，高校通过自身独有的学术和资源优势举办高质量会议活动，是扩大高校社会影响力的一种重要方式，能够在一定程度上推动社会经济文化发展。高校会议的服务水平反映着高校整体形象及整体组织能力。

从时效性要求来看，高校会议存在一定的临时性安排、迅速举办会议的需求，如校内各级行政管理类会议，就要求高校会议服务要具备相应的应急处理能力，需随时待命，保证会议服务的准确性和时效性。

从学生参与形式来看，学生可以根据自身的需求全方位地参与到高校会议活动中来。一方面，学生可通过参与学术类会议活动与学术大师进行沟通交流，提升自身的专业能力。另一方面，学生可以通过学校就业指导部门开展的各类宣讲会、招聘会，选择合适的就业岗位。另外，学生还可以通过志愿者的身份参与到高校会议活动中，在会务活动中锻炼本领、提升能力。

二、新冠病毒疫情影响下高校会议服务面临的新情况

本节将以北京大学为例，探索新冠疫情影响下高校会议服务在会议场次及人数、会期、会议类型和会议形式等方面的新情况。下文将通过对比分析北京大学对外交流中心① 2018年至2021年会场接待服务及会务承办活动的相关数据，探索疫情前（2018年、2019年）、疫情防控期间（2020年）和常态化疫情防控下（2021年）高校会议活动所呈现出的特点。

① 本文使用的数据资料主要源于北京大学对外交流中心。北京大学对外交流中心（简称“对外交流中心”）隶属于北京大学会议中心，凭借专业化的会议接待服务、会议场所和硬件设施，承担着北京大学各类会议活动的会场服务和会议承办工作。

（一）会议场次和人数

在疫情发生前的一般年份，对外交流中心每年需要为约3000场会议活动提供会议服务，与会人数约30万人（见图1）。

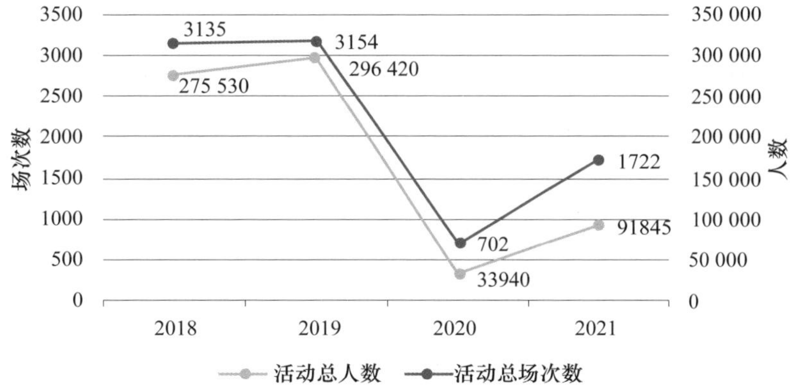

图1 2018—2021年会议总场次数、总人数变化

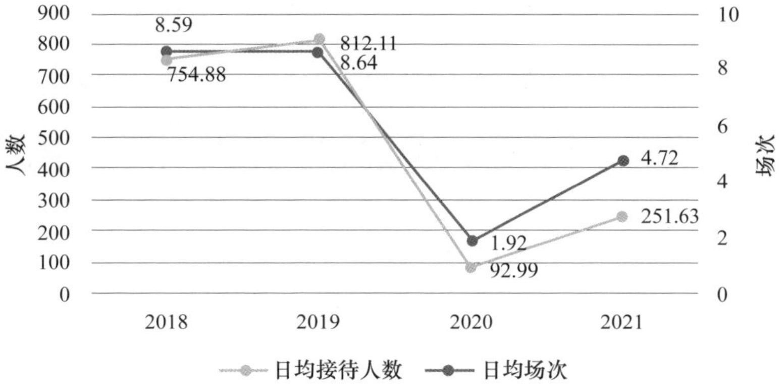

图2 2018—2021年日均服务会议场次及日均接待人数趋势

2020年新冠病毒疫情突然暴发，除极少数管理类会议外，校内的绝大多数会议活动被取消或延期；下半年随着全国疫情防控形势转好，高校会议活动有所恢复，但会议场次未见显著增多。进入2021年，国内疫情防控形势整体向好，常态化疫情防控工作有序开展，高校各类会议活动开始恢复。

总体而言，日均服务会议场次及日均接待人数趋势与总场次及总人数的变化趋势保持一致，均在2020年经历了断崖式下跌，在2021年呈回升趋势，但与疫情前水平仍有很大差距。

（二）会期

如图3所示，疫情发生前高校会议活动的会期多在1天及以上，2020年以来会期则集中在半天。新冠病毒疫情造成跨区域参会、食宿等会议环节存在风险，多数会议组织者选择缩短会期。此外，疫情暴发以来，校内会议活动中的管理类会议比例大幅提高，此类会议时效性需求高，会期往往不到半天。

整体而言，高校会议活动的会期较疫情前大大缩短。在疫情发生前，影响会期长短的主要因素主要为会议的规模、会议的主题及参会者的需求，但在常态化疫情防控下，需要平衡上述因素同防疫风险之间的关系，导致高校会议活动的会期明显缩短。

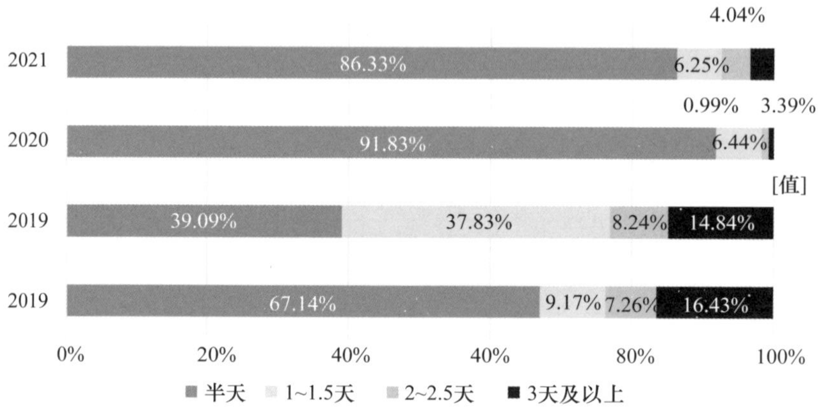

图3　2018—2021年会议会期变化趋势

（三）会议类型

疫情发生前，高校会议活动以学术类会议为主。2020年受新冠病毒疫情的突发和持续影响，全年学术类会议场次大幅减少至疫情前年均水平的14.8%左右（见图4）。2021年常态化疫情防控工作开展以来，学术类会议逐渐回温，但仍未达到疫情前年均水平的三分之一，且在各类型会议中仍占比较低。

管理类会议在疫情前后的变化也十分明显。疫情发生前，管理类会议的场次数量与学术类、学生活动类会议的数量存在明显差距（见图4）。2020年、2021年，管理类会议场次总量激增，在各类型会议中的占比也连续两年大幅提升。

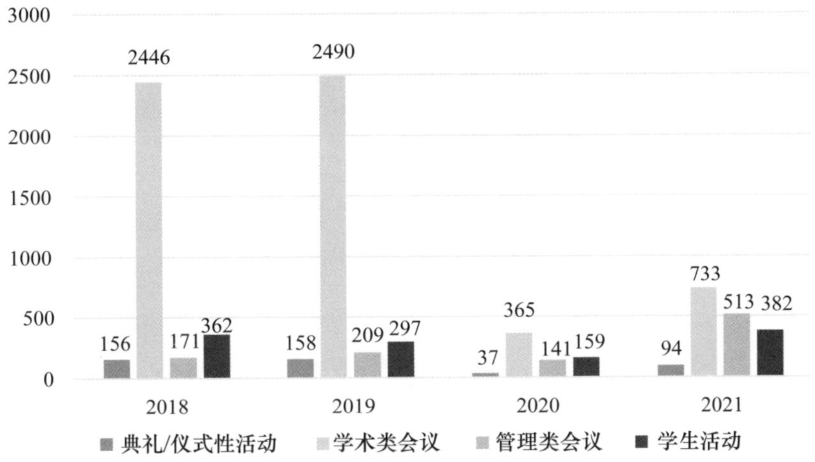

图4　2018—2021年不同类型会议场次变化

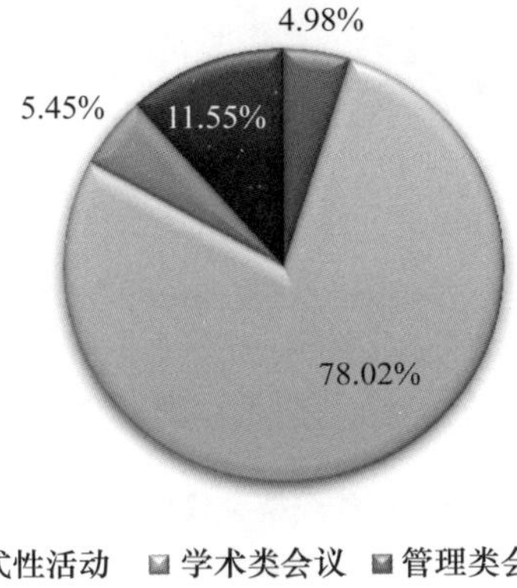

图5　2018年各类型会议场次占比

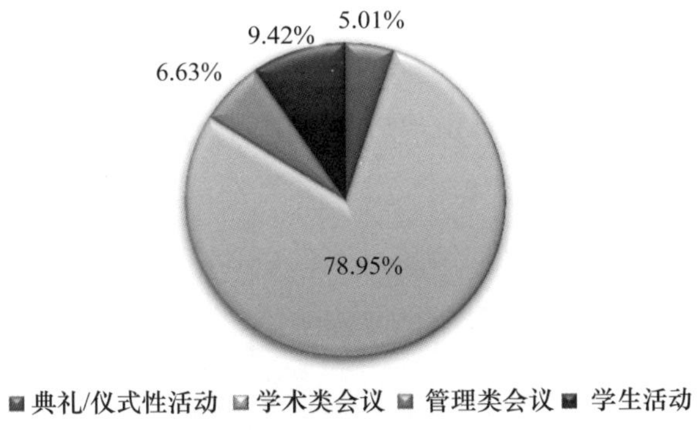

图6　2019年各类型会议场次占比

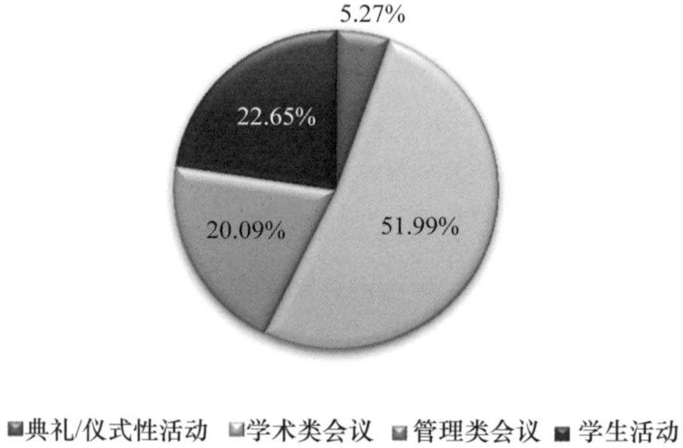

图7　2020年各类型会议场次占比

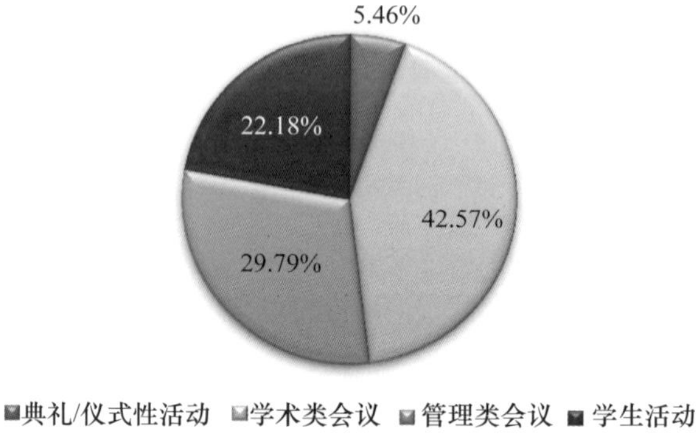

图8　2021年各类型会议场次占比

相对而言，学生活动在疫情下所受冲击相对较小。2020年学生活动类会议的减幅较学术类、典礼仪式类稍缓。2021年，学生活动受疫情波动影响不大，其他类型会议场次减少后，会场可以为学生活动提供服务的场次更多，故2021年学生活动的场次总量超出了疫情前的年均水平（见图8）。

典礼仪式类活动由于参会人员较多，并且注重现场的仪式感和参会者的体验，其场次数量的变化受疫情影响较为明显。2020年、2021年典礼仪式类活动的场次数量仅为疫情前年均水平的四分之一、二分之一左右，呈现出一种较为低迷的状态。

综合来看，学术类会议是在疫情及常态化疫情防控中受到影响最大、最深的一类会议活动，数量锐减，在高校会议活动的占比中亦持续下降；管理类会议和学生活动的需求则日益增长，高校会议服务面临新挑战。

（四）会议形式

2020年全年，对外交流中心参与接待的线上、线上线下相结合会议的场次均分别超出了疫情前的年均水平，在当年所有形式会议中的占比也大幅提升（见图9）。2021年，在全国疫情防控形势整体向好的背景下，线上会议的场次量保持增长趋势，但占比较2020年有所降低。

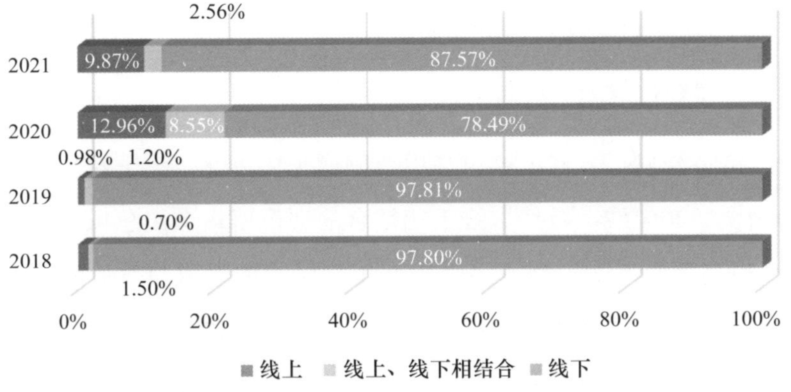

图9　2018—2021年不同会议形式占比变化

综上所述，伴随着常态化疫情防控及科技手段的发展，线上会议大幅增加；但在防疫工作允许的情况下，线下会议凭借便于参会者之间自由交流、能够实地体验活动氛围等优点仍是高校会议活动的首选形式。

三、常态化疫情防控下高校会议服务的挑战

通过上一节的数据分析可以看出，高校会议活动在疫情暴发以来和常态化疫情防控下发生了显著的变化，面对高校会议活动的新形势及其给服务工作带来的困难，会议服务迫切需要做出应对。

（一）高校会议服务成本增高

高校会议服务成本的增高主要体现在人员管理成本、人力成本、场地及硬

件维护成本以及直接业务成本等方面。在常态化疫情防控下，高校会议活动的举办具有不确定性，无法以常规经验预测全年会议活动工作量的分布并据此统筹服务工作及人员安排，导致了人员管理成本的增加。在举办会议活动时，需要安排进门测温、通风消杀等防疫工作环节，单场会议的工作量大幅增加，意味着人力成本的投入提高，导致了高校会议服务的成本增高。场馆设施及硬件设备维护的专业人员定期检修、维护的成本相较于疫情前明显增加，也给高校会议服务带来了额外的成本负担。此外，常态化疫情防控下高校会议活动遭遇临时取消的情况成为常态，意味着前期筹备环节中已投入业务成本的浪费，使得高校会议服务的成本问题雪上加霜。

（二）高校会议活动出现新需求

首先，疫情暴发后，线上会议场次急剧增长，以北京大学对外交流中心服务会议为例，2020年线上及线上线下相结合的会议所占会议总场次比例由2019年的2.18%提高至21.51%。线上及线上线下相结合的会议对直播服务、视频设备、网络专线等方面都提出了更高的要求。其次，高校会议活动的构成发生了较大的变化，管理类会议在高校会议活动中的占比显著提升，此类会议往往具有较高的临时性、重要性，有时还有保密需求，给高校会议服务带来了筹备时间短、服务任务重的新挑战。最后，受到聚集性这一特点的限制，典礼、仪式及重大活动的数量锐减，导致会议服务人员缺少参与重大活动服务的机会。在实践不足的前提下，如何培养会议人员的应变能力、提高其业务熟练度，亦是高校会议服务所面临的一大挑战。

（三）安全管理要求提升

高校作为一个人员集中、相对封闭的场所，常态化疫情防控的任务艰巨、繁重。高校会议活动存在人员流动性大、活动场地密闭等特点，会议服务人员接触面广、参会人员流动性强，如何保障会场、校园的防疫安全，是对高校会议服务在防疫安全管理上提出的新挑战。

在关注常态化疫情防控的同时，也不能忽视日常的安全管理。线下会议的数量锐减，导致会场的使用次数普遍减少，容易忽视会场及设备的安全隐患。

因此，对设备进行定期维护、做好会场消防工作等日常安全管理工作更为重要。

（四）疫情波动影响员工心理状态

各地区的防疫政策随疫情的实时情况频繁变化，无法顺利返乡、返工将会造成员工的心理波动。高校会议服务人员需严格遵守学校防疫要求，尤其是在返校、假期等重要时间点，易造成会议服务人员无法返乡、节假日后无法按时返岗等情况。如何疏导、化解员工因此造成的心理波动，避免其工作状态受到影响，是对会议服务提出的新考验。

除此之外，随着疫情形势变化，在疫情防控的紧张时期，会议预订面临大量取消或延期，服务工作量骤减，导致部分员工出现懈怠情绪。也有员工因业务工作的减少产生焦虑心理，考虑跳槽、离职等，影响服务团队的稳定性。离职人数增加又会导致在职员工“一人多岗”的情况更加严重，极易产生抵触、抱怨等负面心理。

四、常态化疫情防控下高校会议服务的对策

（一）创新扩展业务内容，完善硬件设施设备

常态化疫情防控下，高校很多会议活动，特别是典礼仪式类活动改为户外举行，会务服务人员可发挥自身从事会场服务所累积的组织管理方面的经验优势，走出室内会场，服务学校举办的开学、毕业典礼等各类户外活动[4]。高校会议服务团队应跳出传统工作思路和服务模式，发挥专业技能优势，努力满足常态化疫情防控下高校会议服务的新需求。

针对常态化疫情防控下高校会议活动呈现出线上会议激增的现象，会议服务团队应加强会务人员对线上办会流程、所需设备的了解和掌握，增加针对线上会议服务内容的业务培训，创新服务优势，适应线上线下相结合学术会议的新需求[5]。

做好会场硬件设施更新也尤为重要。常态化疫情防控下，保障线上会议的正常召开，需要网络及搭载网络运行的载体处于安全运行的环境之中。高校会

议服务团队可以优化设施设备、加强与校内网络服务部门的合作；也可走出校园网，与社会网络运营商、网络服务平台建立新的合作关系，以获得更多的技术支持。

（二）做好人力资源管理，提升整体业务水平

常态化疫情防控下，人力资源管理尤为重要。一方面，高校会议服务团队应做好人员招聘与队伍力量补充，以“一岗多能、减员增效”为总原则，充分调动人力与场地资源，有效应对会议需求波动[6]。通过维持现有使用成本，降低和控制取得成本、开发成本和离职成本的方式，控制人员管理成本的投入。

另一方面，开展高校会议服务工作应首先保障员工权益，如不拖欠工资、规范休假制度、员工享有相应福利等，增强员工对单位的归属感、认同感。根据疫情前后工作量及工作强度的变化，可以考虑调整绩效评判方法，调动员工的工作积极性。同时加强对员工的专业技能培训，鼓励员工提高自身的工作能力与综合素质，帮助员工更好地适应“一岗多能”的需求，实现与团队同发展、共进步的目标，进而提升整体服务水平。

（三）落实各项防疫要求，保障校园安全稳定

常态化疫情防控下，高校会议服务团队应完善疫情防控方案，提高科学防控水平，不断优化疫情防控举措，做到任务明确、责任到人。

在会场方面，应注意加强会场服务人员的教育培训，安排专人负责会场的消杀与通风、参会者口罩佩戴提醒、座位间距与人数控制，保障会场在使用过程中的防疫安全。

在人员方面，针对在岗员工应做好信息摸排，同时记录健康状况和活动轨迹，配合学校将防疫政策有效落地；针对流动性较强的参会者，实行入校审批、报备制度，记录相关信息等等。

在物资方面，应做好充分的防疫资源准备，保障消毒剂、口罩、手套、非接触式温度计等防疫物资的储备，并设立仓库管理人员，确认日常储备情况，及时补充更新库存。

在从严部署疫情防控工作的同时，也不能忽视常规安全问题。需要高校会

议服务团队建立并严格执行设备日检、巡检、维护保养制度，加强场馆和硬件设施巡检，杜绝日常安全隐患。

（四）加强组织文化建设，营造良好团队氛围

在常态化疫情防控下，只有坚持以人为本，注重人文关怀和心理疏导，保障员工的各项基本权益和发展上升空间，才能激发员工更好发挥主动性、积极性和创造性；群体的协作效应也会带来团队整体业务水平的提升，实现个体和团队的“双赢”。从长远角度出发，高校会议服务建立和完善好自身团队的组织文化，帮助员工建立起对团队、对自身职业发展前景的信心，从而保持团队稳定，提高团队凝聚力。

为了建立一支服务水平高、应变能力强的高校会议服务队伍，需要关注员工的精神状态，满足其精神文化需求，用健康丰富的文化生活有效调节员工的情感和心理，消除焦虑感、失落感等不良情绪，调动其生产积极性。高校会议服务队伍要积极发挥基层党组织的引领和保障作用，让党建带团建[7]，增强感召力，推动红色精神更好地融入团队建设中。

五、结　　论

自2020年新型冠状病毒感染疫情暴发以来，疫情防控形势复杂、多变、常有反复，在常态化疫情防控背景下，高校会议活动的变化趋势给高校会议服务的后勤工作带来了成本增高、工作内容更新、安全管理要求提升、员工心理状态受到影响等新的挑战。针对上述挑战，本文根据对外交流中心的工作经验尝试提出了一些解决的办法，希望能够对常态化疫情防控下的高校会议服务工作有所裨益。

首先，应当扩展业务内容，及时更新会场的硬件设施设备，提升相应的服务水平。其次，合理安排人力资源，控制人员管理成本，充分调动员工的工作积极性。再次，健全会场、会务人员的常态化防控机制，做实做细会议活动的疫情防控措施，兼顾日常安全隐患的发现与消除。最后，坚持以人为本，关心、关注员工的情绪和职业发展需要，重视人文关怀与精神引导，鼓励员工自我提升，增强团队凝聚力，更好地完成高校会议活动的服务工作。

参考文献

[1] 中华人民共和国国家质量监督检验检疫总局，中国国家标准化管理委员会. 会议分类和术语 [S]. 2014.

[2] 吴敏洁，向春，严俭和. 创新高校会议服务模式，提高学术会议服务水平 [J]. 高校后勤研究，2011（06）：30-32.

[3] 许伟良. 国际学术会议效益与目标分析 [J]. 同济大学学报（自然科学版），1992，20（1）：119-122.

[4] 北京大学对外交流中心. 对外交流中心参与2020年毕业典礼服务工作 [EB/OL].（2020-07-08）[2022-04-07]. http：//oec.pku.edu.cn/xwdt/114180.htm

[5] 北京大学对外交流中心. 对外交流中心助力“第七届中华文化论坛”成功举办 [EB/OL].（2021-12-21）[2022-04-07]. http：//oec.pku.edu.cn/xwdt/134244.htm

[6] 陆慧娟，林小惠，钱丽燕，等. 新形势下的高校后勤人力资源管理 [J]. 文教资料，2018（22）：106-107.

[7] 张潇月，王欣然，邱金英，等. 新时代高校党建带团建工作提质增效策略研究 [J]. 决策探索（下），2021（10）：22-24.

高校食堂空间管理改善研究
——以北京大学食堂为例

袁礼茂，王传成，陈信英①

一、引　　言

习近平总书记强调要深入实施新时代人才强国战略，加快建设世界重要人才中心和创新高地[1]。高校作为我国人才培养的重要载体，发挥着重要作用。根据国家统计局公布的2012—2021年历年国民经济和社会发展统计公报的数据显示，近年来高校招生规模呈快速增加的趋势。由于高校学生普遍住校，这种扩招趋势增加了对高校软硬件配套设施的改善需求，尤其是短时间内较难解决的对就餐空间环境的需求。随着我国科技与经济不断发展进步，物质生活水平不断提高，人们对品质的追求也不断增加。作为紧跟时代步伐的当代高校大学生，他们对饮食的需求不再单纯满足于“吃饱”“吃好”，对食堂就餐环境的期望也明显提高。这就必然增强了逐年增加的学生人数与就餐环境舒适度之间的矛盾。

二、高校学生就餐行为分析

（一）就餐流线分析

课题组在午餐不同时段对不同食堂的学生就餐行为进行观察，分析学生在

①　袁礼茂，北京大学餐饮中心
王传成，北京大学餐饮中心
陈信英，北京大学餐饮中心

实际情况下的就餐流线，并进行总结归纳。以进食堂门到就餐完毕出门这段过程的行进路线为参考（对于因就餐流程不熟导致的少量特殊路线，进行忽略处理），总结得出食堂就餐流线图（见图1）。

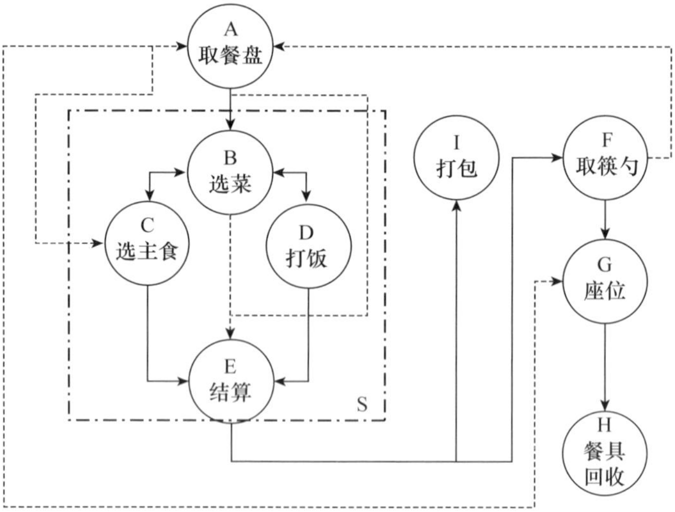

图1　食堂就餐流线

图中选菜、打饭、结算在某些食堂可以合并，因为都在窗口处由服务员完成，但有的食堂引入了自助打饭机设备、自助结算设备，所以在流程上需要分开体现。图中“选主食”指的是除米饭之外的馒头、煎饼以及现做面条等主食。为了便于分析，将就餐流程各个过程用字母A、B、C……表示，将售卖窗口（有的食堂是售卖区域）的服务统一用S表示，通过观察统计，得到流程表（见表1）。

表1　学校就餐流程表

用餐状态	流程	概率	备注
在食堂就餐（a）	A-B-D-E-F-G-H	0.342	
在食堂就餐（b）	A-B-C-E-F-G-H	0.084	
在食堂就餐（c）	A-C-B-E-F-G-H	0.189	
在食堂就餐（d）	A-D-B-E-F-G-H	0.028	
在食堂就餐（e）	A-B-E-F-G-H	0.114	只购菜品
在食堂就餐（f）	C-A-E-F-G-H	—	观察统计时间内未出现，或人数较少，忽略
在食堂就餐（g）	A-C-E-F-G-H	0.106	只吃面条、饺子等主食

续表

用餐状态	流程	概率	备注
在食堂就餐（h）	F-A-	—	观察统计时间内未出现，或人数较少，忽略
在食堂就餐（i）	G-A-	0.056	先找座位
在食堂就餐（j）	D	0.017	只打饭（自动售饭机）
打包带走（i）	C-E	0.064	打包主食
打包带走（ii）	A-S-I	—	观察统计时间内未出现，或人数较少，忽略
打包带走（iii）	S-I	—	观察统计时间内未出现，或人数较少，忽略

（二）时间分析

课题组在北京大学不同类型的食堂中展开调研，选取不同窗口、不同时段，对不同服务人员（或设备）进行了观察统计，得到了各类时间的分布（见图2）。其中，窗口的服务时间均值为16.25秒；自助结算时手机支付时间均值为13.25秒、刷卡支付时间均值为4.5秒；自助打饭时，手机支付用时均值为31.7秒、刷卡支付时间均值为16秒；学生就餐时间均值为18.4分钟。

三、食堂就餐排队系统仿真

（一）数学模型的建立

在高校食堂中，学生就餐模式主要分为堂食和打包两种。窗口服务模式分为窗口独立供餐（互不协作）和自选区菜品自选服务（各窗口只负责打菜）两种，同时有些食堂还引入了自动打饭机、自动结算机、自助加热、自助饮料（轻食）售卖等服务，统称为自动化服务。假设每个服务人员的服务时间均等、自选区域的选择时间也均等，在机器无故障的情况下，食堂的服务模型结构可简化（见图3）。

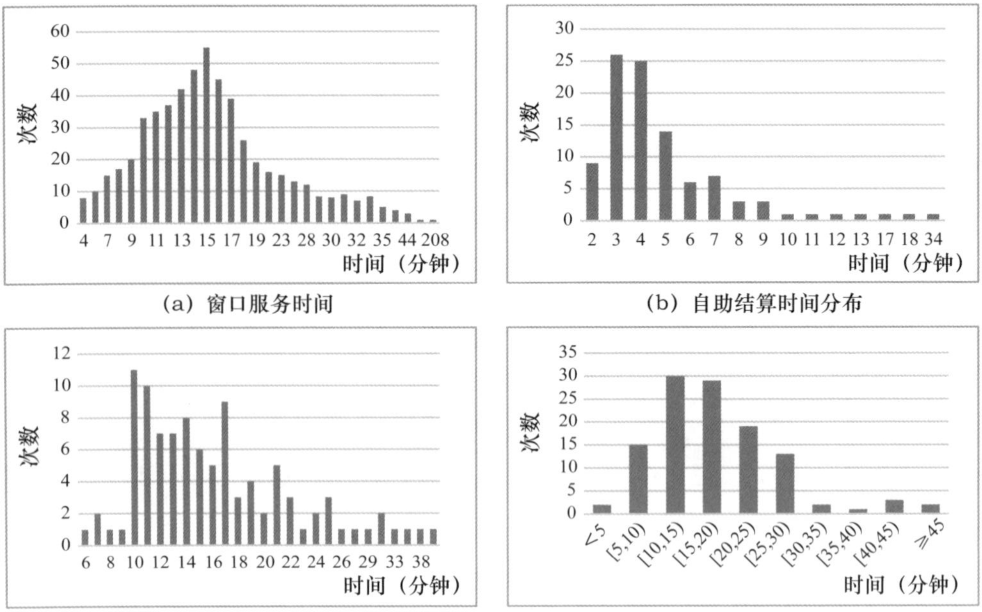

(a) 窗口服务时间　(b) 自助结算时间分布

(c) 自助米饭机打饭时间分布　(d) 学生就餐时间分布

图2　食堂各项服务时间分布

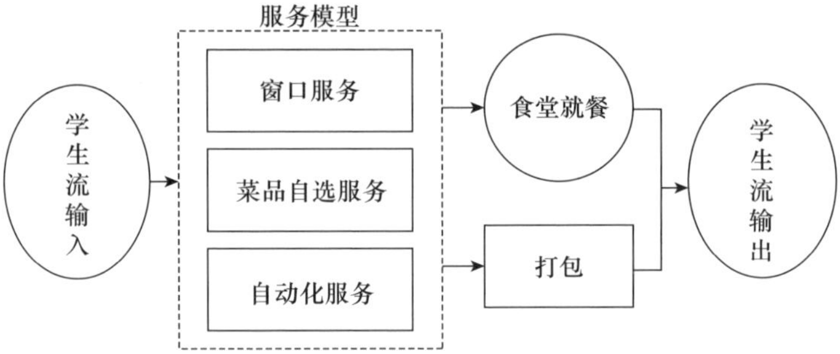

图3　食堂服务模型结构

近年来，高校食堂在建设设计阶段，往往会将座位数进行充分预留设计，尤其是一些较大的综合性食堂，其座位设计数量基本可以满足非最高峰期的学生就餐需求量。但是售卖服务过程仍然无法避免地会出现拥挤、排队现象。根据食堂服务流程分析，高校学生食堂排队就餐过程是一个较为典型的排队问题。为了使模型更好地建立且更加符合实际情况，课题组合理忽略一些不利于分析的干扰因素，并做以下假设分析。

1. 学生输入

输入人数有上限，该上限值以食堂的实际统计数据为准。有学者研究出学生实际输入过程属于非平稳泊松分布[2]。课题组认为产生这种非平稳泊松分布的主要原因是学生下课时间比较集中，瞬时人流量较大导致。相比于泊松分布，高校食堂单位时间的实际学生输入要大于符合泊松过程的人数。也就是说，实际输入要比符合泊松过程的输入更容易产生排队。但为了更好定性分析，方便找出排队拥挤过程中各环节的影响，课题组将学生输入过程模型看作是泊松输入过程，且参数定义为λ。

2. 服务模型

假设窗口服务过程是各自相互独立、不受影响的。根据实际情况，发生排队时，学生均已知要排的队伍是何菜品窗口，所以不会轻易更换队列。对于菜品自选服务区，可以把整个自选区类比为多个服务窗口，在没有排队的情况下，学生完成一系列菜品自选，然后离开服务模型。形成排队时，是针对某一个窗口进行排队。

3. 服务规则

在所有服务窗口中，按照实际情况，采用先到先服务的原则，服务时间服从负指数分布，参数定义为μ。

基于以上假设及排队论理论，高校食堂排队系统基本符合M/M/N型排队模型[3]。设窗口数为N。则模型的其他参数[4]如下：

服务强度为ρ

$$\rho=\frac{\lambda}{N\mu}$$

窗口的空闲率为P_0

$$P_0=\left[\left(\sum_{(N-1)}^{(k=0)}\frac{1}{k!}\left(\frac{\lambda}{\mu}\right)^k\right)+\frac{1}{N!}\left(\frac{1}{(1-\rho)}\right)\left(\frac{\lambda}{\mu}\right)^N\right]^{(-1)}$$

学生平均排队队长为L_q

$$L_q=P_0\left(\frac{(N\rho)^N\rho}{N!\ (1-\rho)^2}\right)$$

学生队长为L_s

$$L_s=L_q+\frac{\lambda}{\mu}$$

学生平均排队等待时长为W_q

$$W_q = \frac{L_q}{\lambda}$$

学生在排队中平均逗留时间为W_s

$$W_s = \frac{L_s}{\lambda}$$

（二）仿真系统的建立

课题组选取更符合排队模型且空间相对复杂的北京大学家园食堂二层作为仿真对象。家园食堂是北京大学新建食堂，2020年11月开始投入使用。食堂二层共有8个档口，就餐大厅共有三个主要入口。其中，东侧两个入口，北侧一个入口。经课题组观察分析，从东侧入口进入的学生比较多，从北侧入口进入的学生比较少。同时，经观察统计分析，家园二层各窗口服务时间的均值35.5秒，所以$\mu=\frac{1}{\bar{t}}=\frac{1}{35.5}$=0.028人/秒=1.68人/分钟。根据食堂就餐数据分析，家园食堂二层的学生输入均值λ=12.5人/分钟。将数值代入上述公式可以得到排队系统参数表（见表2）。

表2　家园食堂二层排队系统参数表

参数	计算值	备注
λ/μ	7.45	
ρ	0.93	ρ<1，系统有极限
P_0	2.33×10^{-4}	计算利用计算机进行，过程略
L_q	10.33人	平均排队人数
L_s	17.78人	
W_q	50秒	
W_s	85秒	开始排队到完成打饭的时间

由表2可以看出，食堂服务强度为0.93，服务员长期如此服务容易产生疲劳，进而降低服务效率。高峰期人流产生排队时，各档口平均排队人数为10人，从开始排队到完成打饭平均时间消耗约为85秒。根据实际观察对比，各参数的数值比较符合实际。

课题组采用AnyLogic软件进行仿真，根据实际情况在AnyLogic软件中绘制静态布局，并动态仿真出学生进入食堂以后的行为。根据总输入与总输出的差值，可以计算出就餐区当前总人数，并绘制出人数实时曲线。通过人流密度可以定性看出，在学生流输入高峰期，窗口服务区域出现明显的排队拥挤现象（见图4）。

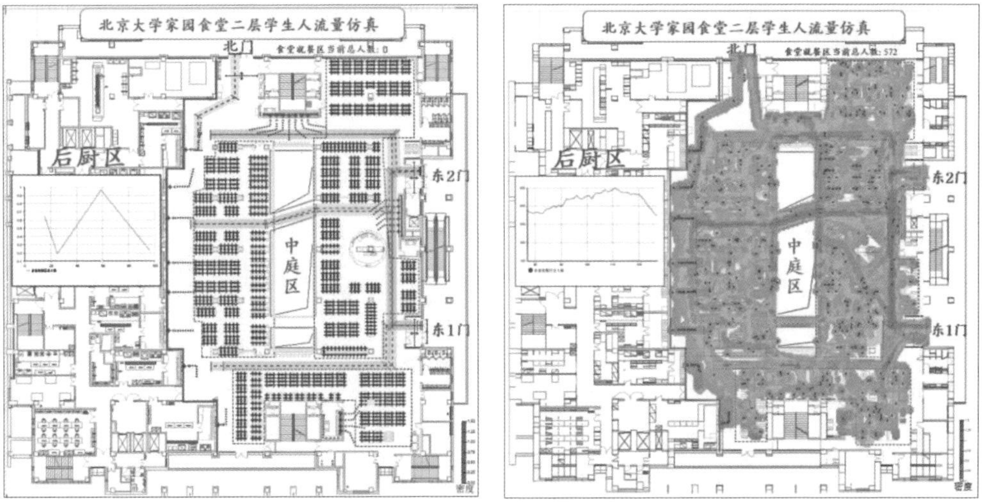

（a）仿真布局　　（b）仿真效果

图4　AnyLogic仿真

四、食堂排队拥挤的原因分析

从数学模型上分析，决定排队系统状态的主要有三个参数；而从就餐流程上来说，食堂空间布局的设置等也会对排队拥挤产生十分重要影响的因素。服务窗口数N、学生输入λ和服务效率μ三者主要是针对售卖区的排队情况，而食堂空间布局则是从整体就餐流程上产生影响，且各因素单独的影响符合表3所示关系。

表3　排队系统参数对排队情况的影响

参数	单一因素影响	
	变化趋势	排队拥挤情况
服务窗口数N	增加	减轻
学生输入λ	减少	减轻
服务效率μ	增加	减轻
食堂空间布局	合理	减轻

（一）学生作息时间方面

课题组选取北京大学最为拥挤的5个食堂，通过对不同日期午餐11：30—12：50时间段的输入人流量进行分析，得到学生流输入量变化趋势图（见图5）。图中每条曲线代表1个食堂的学生流输入量趋势，可以看出各食堂拥挤高峰时间基本一致。在11：40左右迎来第一波高峰期，在12：10左右迎来第二波高峰期，也是午餐的最高峰时间。

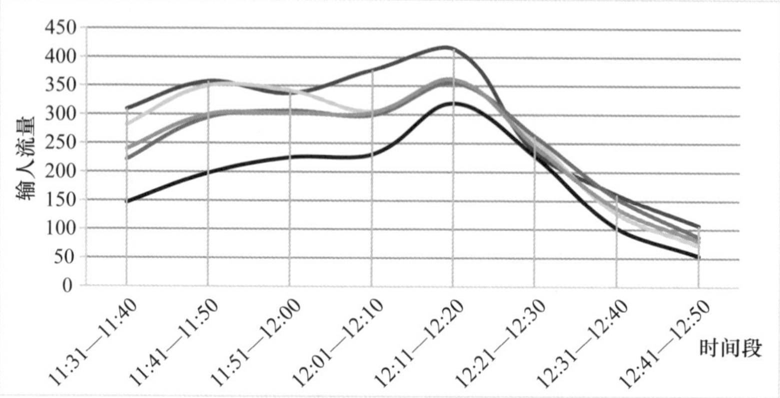

图5　食堂学生流输入量变化趋势图

根据北京大学2021—2022年校历显示的数据，12：00是上午的下课时间。根据观察，学生下课后从教室到达食堂的时间约为5—10分钟，所以食堂在12：05开始快速达到最高值，随之开始快速减少。此时进入食堂的学生人数开始明显少于离开食堂的人数。在学生流输入最高峰，食堂拥挤情况明显加剧，这也是高校食堂学生流输入的特色之一。

（二）窗口服务效率方面

无论学生到达过程符合哪种分布，服务效率总会是影响食堂拥挤的重要因素。高校食堂尤其是综合性食堂，有些档口的菜品是需要现场制作的。这类档口的服务效率必然会比普通窗口低，但学生既然选择了现场制作的窗口，对服务效率的预期一般不会高，所以现场排队无法避免。课题组研究的是高校食堂普通打饭窗口的服务效率，分析中发现很多窗口的服务时间是有差距的。根据上文分析，同类型的窗口中，平均服务时间为16.25秒，假如有8个档口，对于同样的学生流输入，可以得到下面各参数对比表（见表4）。

表4　排队系统参数对比表

参数	λ=10	
	平均时间16.25秒	平均时间36秒
λ/μ	2.71	5.99
ρ	0.34	0.75
P_0	0.0665	0.0022
L_q	0.0039	1.0997
L_s	2.71	7.08
W_q	0.086秒	11.02秒
W_s	16.25秒	70.9秒

由表4可知，在相同的人流量条件下，平均服务时间是16.25秒时，窗口基本不会产生排队；而平均服务时间是36秒时，需要排队，且队长为7人。需要指出的是，这组对比数据旨在说明窗口服务效率的提升能够减轻排队拥挤现象。实际的人流输入是冲击性的，而非平稳的泊松过程，因此大多数情况下均会产生排队拥挤现象。

（三）空间设计及布置方面

空间设计及布置方面的因素主要是指学生进入食堂后，一般会根据食堂设计的就餐流线进行窗口选择、排队取餐、取餐具、找座位、餐具回收等一系列动作。这些因素对排队拥挤的影响主要体现在学生在就餐过程中的流线具有高度一致性。这就意味着流线中无论任何一个节点出现排队拥挤，就会直接影响整个就餐流线的进展。例如，如果食堂窗口的菜品标识不够清晰，较多学生就会在售卖区耗费一定的时间找寻自己想吃的菜品，售卖区会因此变得拥挤；如果某些窗口经常排队且排队空间较小，就会在窗口排队区域形成拥堵点，影响其他同学通过该区域；如果餐具回收处设置不合理，会导致学生端着托盘排队，一方面导致拥堵，另一方面容易导致托盘落地，增加该区域的“不可到达”性；如果食堂的某些区域灯光效果不好，会导致学生就餐过程不够舒适，减少区域的利用率；如果食堂在提供餐巾纸时，为了节约成本只在服务窗口处提供，很多学生在取餐时没有随手拿，就会在落座就餐后想起去拿，这样会导致食堂内流动学生的增加，同时可能会影响排队区域的稳定性。食堂空间的主体设计一般是在食堂建筑设计阶段就开始进行，所以需要在设计阶段多考虑食堂就餐流线问题。有必要的话，可以进行计算机仿真分析，验证流线的合理性，为流线优化提供思路。一旦建筑成型，改造成本较大。

（四）自助设备使用方面

课题组在对学生就餐行为进行分析时发现，食堂内自动售饭机、自助结算台等自动化设备的应用能够明显节约人工成本，但设备本身的稳定性和学生使用设备的行为培养都会成为影响排队拥挤的因素。如前文所述，自助售饭机采用刷卡支付的平均服务时间为16秒，采用手机扫码支付时服务时间均值则为31.7秒。如果设备稳定性不够，故障率较高，总体上来看，势必会增加排队拥挤的概率。而如果新型设备的操作对用户不够友好，也会增加培养学生使用习惯的周期。这样就会在使用自助设备的过程中出现排队现象，从而影响整体就餐流线的完成时间，导致食堂内学生累积过多。需要指出的是，自助设备能够节约人工成本、不会产生疲劳且准确率高等优点仍是推荐高校积极推出自动化设备的重要理由，但需要在引进新型自动化设备之前进行详细考察，加强在设备稳定性、用户操作友好性等方面的考虑。也可以依据设备的技术参数进行计算机仿真，检验设备的效率是否满足食堂的学生输入要求。

五、缓解排队拥挤的对策

（一）适当调整学生作息时间

有学者进行大数据分析表明，学生午餐就餐一般从11点开始，高峰期容易出现在12—13点之间[5]。笔者认为，图5所示北大食堂人流量趋势中出现在11：40—11：50时间段的高峰人流是上午第3、4节（一般两节课连着上）没有课的学生形成。一方面11：30左右学生开始感到饥饿；另一方面，没有课的学生主观上会避开就餐高峰期。而出现在12：10—12：20的就餐最高峰期则和作息时间直接相关。这种集中程度高、持续时间短的大流量学生输入对食堂来说是一种人流量冲击。课题组认为可以考虑适当调整学生作息时间，尤其是午餐时段的作息时间，将学生输入趋势的最高波峰削弱为两个或者更多波峰，将会有效缓解就餐拥挤情况。需要指出的是，调整学生作息时间是一个系统工程，需要各个部门的配合，实际操作层面上具有相当的难度。

（二）食堂拥挤情况提醒

高校食堂在校园地理位置上一般位于学生宿舍区附近或是教学区附近，且服务半径大约在500米左右[6]。因高校学生宿舍区和教学区会出现相对集中的情况，所以食堂也会适度集中建设，满足供餐要求。课题组认为在就餐高峰期，对食堂拥挤情况进行预警提醒，可以有效指导学生在距离近似的食堂中进行选择。例如当学生看见某食堂拥挤报警了，则可以选择去就近的不拥挤的食堂就餐。这样相当于实现了对各食堂资源进行调度。课题组根据北京大学现有的食堂拥挤预警系统进行分析，认为预警信息应该满足统计实时性、预警及时性、解除再提醒的原则。北京大学食堂拥挤预警系统通过校园门户、手机APP均可以进行实时查看，预警信息产生和解除时，还会实时提醒到手机微信上。如图6所示为北京大学食堂拥挤预警提醒的界面。

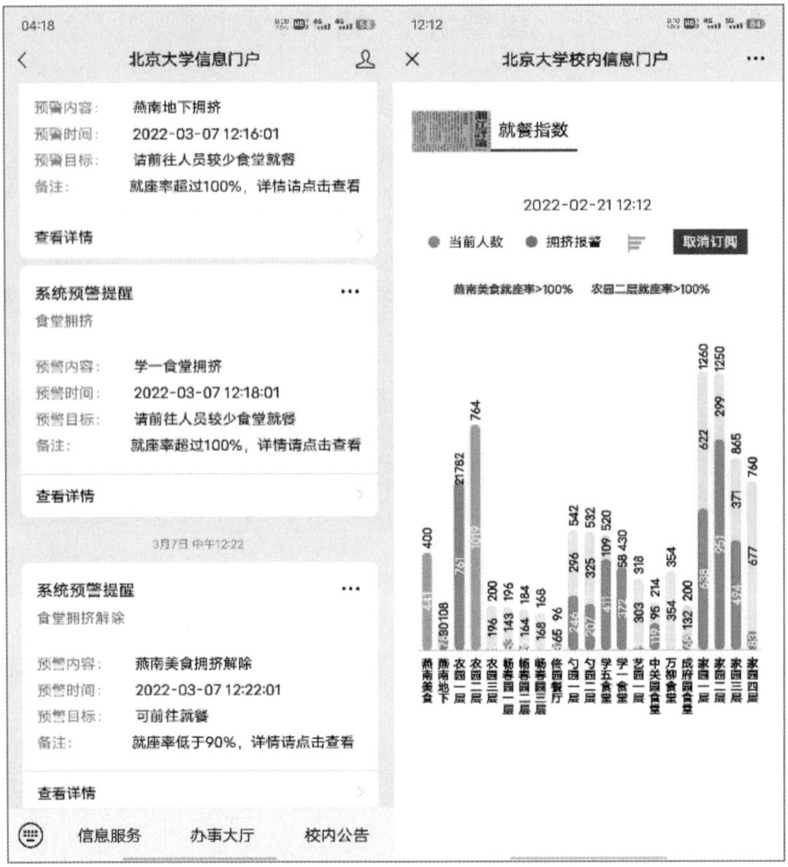

图6　北京大学食堂拥挤预警提醒界面

（三）提高员工服务效率

根据上文分析，在同类型服务窗口，服务时间存在一定差距。这种差距体现在员工服务效率上。课题组选取服务效率较高的家园食堂三层厨师长作为访谈对象。访谈内容主要围绕员工服务效率方面展开，访谈对象从思想站位、组织管理、全流程员工等3个方面介绍了管理方法。

访谈对象认为，在思想上，应该要求所有员工齐心协力，不把个人情绪带到工作中，日常例会要做好思想建设。在组织管理上，所有工作必须形成协助机制。例如窗口处的某个员工A无法在3步之内打到某个菜，窗口如有其他员工处于空闲状态，会主动在第一时间将所需菜品盛好交至A处，并及时通知后厨补充A处所需菜品；还需做好热卖菜品的统计，在人流高峰期到来之前，盛好一定量的热卖菜品，做到热卖菜品“即刷即走”，即使遇到需要另外加菜的同学，也可以很快盛好。在面对就餐高峰期学生排队时，及时增加服务人员在窗口处协作，以应对人流冲击。在就餐人流不多，没有排队时，适时减少窗口服务人员，让员工得以休息，以更好的精力面对人流高峰。在全流程员工培养上，访谈对象认为应该让所有员工都熟悉掌握工作的全流程，每个人都成为全能型人员，可以动态协调服务各环节的所需资源，争取达到全程服务效率的最大化。

根据访谈结果，课题组认为应该不断提高员工的思想认识，有应对高峰期加强提高服务效率的工作思路，防止刚投入工作时精力十足而到了人流高峰期时效率下降的情况出现。同时，要注重培养全流程的服务人员，加强供餐流程中的资源调度能力，实时填补不足。例如在人流高峰期，最需要服务资源的是窗口而不是后厨，所以应该把服务资源集中在窗口处，协调高效地服务学生，减少平均服务时间，增加服务效率。利用计算机仿真的手段进行直观分析，假设窗口的服务时间均值减少至16.25秒，将参数更新至仿真软件学生流中的窗口打饭（PedService）中，运行仿真程序，仿真结果表明窗口基本上没有产生排队现象。

（四）适当调整空间布置

1. 优化调整就餐流线

在就餐流线上，要尽量确保学生行进畅通，并且尽量减少中间环节。根据图1所示的就餐流线示意图，课题组选取就餐流线较为复杂的家园食堂一层作为讨论对象。根据表1所列的就餐行为统计以及相关就餐数据，课题组仿真出家园食堂一层的人流密度图（见图7），由图7（a）可以看出，在北门侧闸机入口有一个明显排队的区域为饺子窗口，且此处的空间较小，极易形成拥堵点。主食售卖窗口也集中于饺子窗口旁，增加了拥堵的发生。因面条窗口也易出现排队现象，当队伍长度较长时，也会对北侧闸机入口的人流产生阻挡。

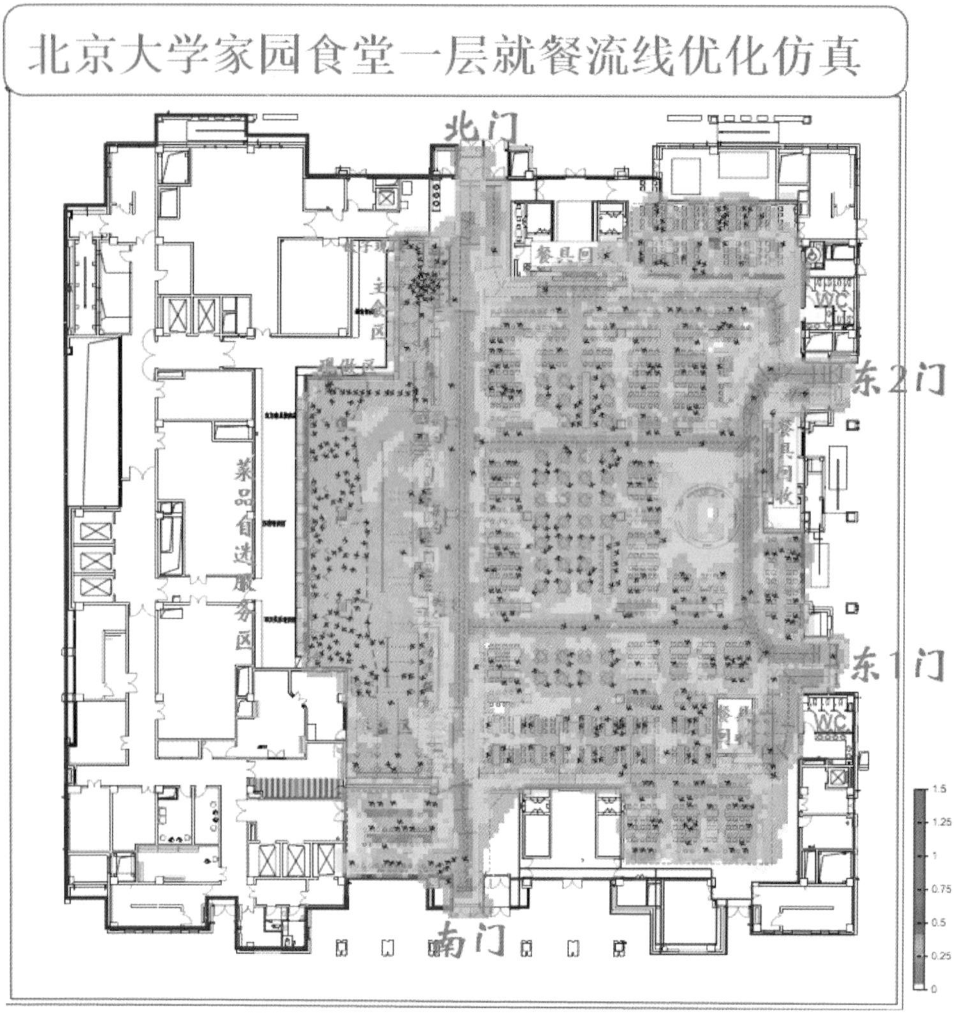
北京大学家园食堂一层就餐流线优化仿真
北门
餐具回
WC
东2门
餐具回收
主食区
菜品自选服务区
东1门
餐具回
WC
南门
1.5
1.25
1
0.75
0.5
0.25
0

（a）优化前

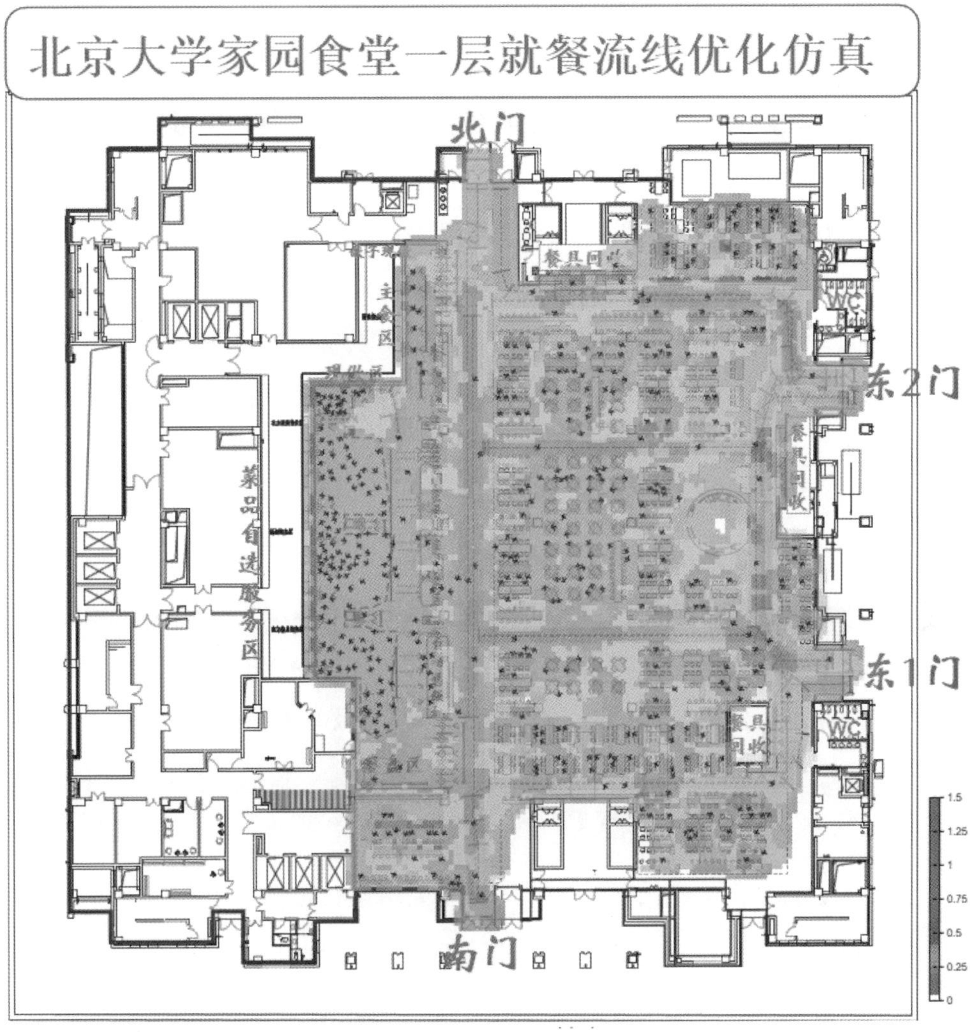

（b）优化后

图7　一层就餐流线优化前后就餐人流密度

课题组认为对于面条、饺子、小炒等需要现场制作的窗口，因其制作需要一定周期，不应该设置在就餐流线空间较窄或还未实现分流的入口处，应该适当调整至服务区域中空间较大且不影响行人的地方，这样产生的拥堵会对人流产生较少的影响。相比于窗口的位置，餐盘和筷勺的位置一般较容易调整。有的食堂将餐盘和筷勺分开设置摆放，增加了就餐流线的中间环节，进而增加食堂拥挤程度。课题组认为应该将托盘和筷勺放置相近位置，且服从进门—取餐盘（筷勺）—取餐—就餐的流线，适当减少就餐流线的环节，可以节约时间。课题组对就餐流线进行了优化，并进行仿真验证，得到如图7（b）所示的就餐流线优化后的仿真图。从图中可以明显看出北侧闸机入口处不再拥堵，原饺子售卖窗口因饺子煮熟需要时间，实际上仍然会产生拥堵，但因位置靠近服务区两端，且排队空间相对大，所以不会对整体就餐流程产生太大影响。需要说明的是，有时为了满足窗口制作的要求，一些水电设备的位置及附属设施在食堂建设时就已经固定，调整的成本比较大。所以课题组建议在食堂设计阶段应做好相关评估。

2. 标识标牌清晰提示

无论是售卖区的菜牌还是就餐区的指示导引，都应该尽量设置清晰。在售卖区，可以减少学生的选择时间，在就餐区可以有效减少学生找座位、回餐处、洗手处、洗手间等时间。所以课题组认为在标识导引的点位布置过程中，需要根据寻路理论并结合就餐流线进行考虑，且要及时更新维护。

六、结论与展望

高校食堂具有人流集中冲击大、持续时间短等特点，且引起拥堵的原因基本趋于相同。面对无法避免的集中人流冲击，重点需要从人流输入和服务效率两个方面进行解决，这两个方面也是造成拥堵的根本原因。人流输入方面，可以通过食堂拥挤预警实时提醒，从而对学生进行分流，合理调配食堂资源。在服务效率方面，主要考虑提高员工的协作能力和全流程员工的培养，做好菜品热卖程度的统计，以及合理规划服务资源，在人流冲击高峰期把服务资源向最大化方向调配。在学生就餐流线方面，要合理规划就餐流线各节点位置，对于容易产生拥堵的节点，要合理调整布局位置，可以在设计初期进行仿真试验或是参考部分学生意见。在导引标识上应密切配合就餐流线，并及时更新，做到清晰明确。在自动化设备引进上，应重点考虑设备的稳定性和操作友好性，对于学生普遍使用不熟的设备，要配以图文、视频等形式的使用说明，或者设立专人进行协助使用，慢慢培养使用习惯。

党的十九届四中全会审议通过了《中共中央关于坚持和完善中国特色社会主义制度、推进国家治理体系和治理能力现代化若干重大问题的决定》，是未来一段时间坚持和完善中国特色社会主义制度、推进国家治理体系和治理能力现代化的行动纲领。国家治理体系和治理能力现代化包括政治、经济、文化、教育等各领域治理体系和治理能力的现代化。对于高等教育领域，加快推进高校后勤治理体系和治理能力的现代化也是推进教育领域治理体系和治理能力现代化过程中的必然要求。本文只是从食堂管理优化层面为高校后勤治理体系和治理能力现代化进行了一些侧面性的研究，许多地方还需要进一步改善。在今后的研究中，课题组将会更加深入探索科学本质，不断改进研究思路和方法，并将研究引向深远处，为以后更进一步地研究高校后勤治理体系和治理能力现代化课题打好基础，做好铺垫。

参考文献

[1] 习近平. 深入实施新时代人才强国战略 加快建设世界重要人才中心和创新高地[J]. 先锋，2021（12）：5-11.

[2] 张忠山，卢晓军. 基于非平稳泊松到达的食堂就餐模型仿真与优化[C]//中国自动化学会系统仿真专业委员会，中国系统仿真学会仿真技术应用专业委员会. 第13届中国系统仿真技术及其应用学术年会论文集. Scientific Research Publishing（SRP）. 2011：1145-1150.

[3] 刘蕊，高贵兵，李江，等. 基于排队论的高校食堂布局改善研究——以湖南科技大学B食堂为例[J]. 价值工程，2020，39（12）：281-284.

[4] 韩中庚. 数学建模方法及其应用[M]. 北京：高等教育出版社，2009.

[5] 胡茜茜. 基于学生个人大数据的行为特征分析[D]. 华中师范大学，2019.

[6] 李晓艳. 高校食堂内部就餐空间高效化利用设计研究[D]. 新疆大学，2018.

多校区高校后勤保障现代化的意义与实现路径

翁习文，林永兴，朱萌①

高校后勤工作是我国高校推进世界一流大学建设的重要保障，高校后勤保障现代化是持续推进中国特色大学治理体系和治理能力现代化的重要组成部分，将为建设中国特色世界一流大学作出重要贡献。但各方对高校后勤保障工作的意义未能有着深刻认识，未能充分认识后勤保障工作在高校治理中的重要意义。同时，我国综合排名靠前的高校均为多校区高校，多校区的出现是改革高等教育管理体制、合理配置教育资源、组建若干所综合性大学、形成交叉学科优势、使我国高校加快进入世界一流的有效手段，是践行科教兴国战略的有力举措。但校区“聚合”后也带来一系列问题：分散的多个校区应怎样管理；如何实现大学不同校区的真正融合；如何实现资源最优配置和使用，这些问题都亟须研究。因此，本文从多校区高校后勤保障存在的问题、后勤保障能力现代化的意义与路径三个方面做了初步探讨。

一、多校区后勤保障管理存在的问题分析

（一）后勤保障管理理念封闭僵化

过去单一校区形成的管理理念，有着较强的惯性思维和路径依赖，这对于多校区管理形成了较大冲击和挑战，从人员如管理骨干、普通工作人员，再到管理制度，依然都停留在单一校区的时代，对于多个校区的后勤保障工作，

① 翁习文，北京大学餐饮中心
林永兴，北京大学党委政策研究室，北京大学校办产业党工委
朱萌，中国社会科学院社会发展战略研究院

只是做简单的加减法，习惯于照抄照搬主校区的管理模式，未能意识到多校区管理与单一校区管理存在本质不同，需要整体性把握多校区管理，是管理理念的一次重构。目前，多校区后勤管理依然采用工业时代背景下的科层制管理制度，面对相对单一的校园管理，科层制是适应当时时代发展的一种较好的组织形式。但随着数字化时代的来临，再加上中国较快的经济发展速度和巨大的产品制造能力，供给侧与消费端均发生了巨大变化，学校面临的内外部环境日益复杂：从学校外部看，中国取消了计划经济体制，开创了中国特色社会主义市场经济并使之蓬勃发展，但对于部分高校的后勤工作人员而言，依然有着计划经济时代的思维，存在着“等、靠、要”的思想，必须依靠学校补贴才能存活，缺乏市场经营主体应有的竞争力；从学校内部看，师生的物质文化需要不断提高。对于多校区高校，校园规模扩大、管理层级变多，科层式管理的效率就会愈发降低。信息的上传下达变得缓慢，基层遇到的棘手难题，无法快速传达至高层，以至于上级制定的政策与基层实际执行的效果之间总是有着一定的距离。当学校的组织规模较为庞大时，机构会较为臃肿，人员会较为冗余，上级与下级、平级之间等整体的协调效率就会比较低，最终导致管理效率低下。缺少变革更新的制度由于不适合时代发展的要求，慢慢成为一种桎梏，导致高校行政系统为了遵守制度而遵守制度，致使他们较难适应内外部环境的发展变化，在应对较为紧急的问题时无法有效解决，使高校行政组织陷入僵化。

（二）后勤保障管理缺乏整体规划

多校区高校后勤保障管理面临诸多现实困难，包括合并高校间不同的校园文化，新校区距离远、资源分散、运行成本高，基础设施的配置情况存在着较大差异，管理服务内容更加多元等。面对多校区管理服务和保障，很多高校采取走一步看一步的方式，缺乏前瞻性的发展规划的制定，出台的后勤保障改革方案缺乏创新，未能考虑各校区的实际情况和独特性。在学校整体发展布局及远景规划、资源调配及校区运行等方面缺乏顶层设计，依然是各校区“独自为战”，极大增加了高校管理和运行成本，也制约了多校区高校改革发展的前进步伐。缺乏整体规划导致的另一个结果是，各校区后勤管理整体配套条件参差不齐，后勤保障质量有高有低，在学生住宿、餐饮服务等多方面均存在较大差异，校园文化也难以得到统一呈现。不同校区后勤保障的差异又分为两种，一种是分校区落后于主校区，一种是全力新校区建设忽视了老校区的更新。总之，无论是哪一种情况均严重影响了后勤管理工作的良性循环和发展，最终影响到不同校区师生对于学校的认同感和归属感。

（三）后勤保障从业人员的能力亟须提高

由于历史原因，很多高校后勤保障部门所采取的用人制度是“老人老办法，新人新办法”，即原来为学校事业编制的后勤员工身份保持不变，新员工实行合同制招聘，这在职业晋升和福利待遇方面就会有较大悬殊。不同身份人员在实际工作中，因不同原因缺乏工作积极性，有编制人员是由于工作是“铁饭碗”，无编制人员是由于没有向上的晋升通道，这不利于选拔优秀人才，难以为大批优秀人才提供公平竞争的机会。到达退休年龄后，由学校人事部门按当时在编教职工的有关规定办理退休手续并计发养老金。这种人事管理制度依然存在计划经济体制的烙印，有着不小的弊端。这种办法虽然起到了稳定原有人才队伍的作用，但带来的员工年龄结构不合理，管理者能力水平参差不齐，管理观念难以跟上时代发展，使得高校后勤改革的进程缓慢，改革成效不够显著。同时，由于高校后勤保障工作所处的特殊位置，高校的其他人员到后勤工作的意愿不强，也无法吸引到更多的高层次管理和经营人才，从而制约了后勤保障工作的发展。

二、多校区高校后勤保障能力现代化的意义

分析以上问题产生的原因，归根到底是由于对高校后勤保障工作的意义未能有着深刻认识，认为后勤工作谁都可以做，后勤工作做好做坏差别不大等传统观念依然广泛存在。要解决以上问题，必须打破对于高校后勤工作的传统观念，充分认识后勤保障工作在高校治理中的重要意义。

（一）后勤保障能力的现代化是高校治理能力现代化的重要组成部分

一流的高校需要一流的后勤保障作为支撑，如果缺乏高标准、高效率、高质量的后勤保障服务，无论是一流大学还是一流学科建设均将成为空谈。因此，后勤保障能力的现代化作为中国特色高校治理能力现代化的重要组成部分，其定位和发展需要向国家教育现代化看齐，要充分领悟《中国教育现代化2035》文件精神，一以贯之。要坚持后勤社会化这一大的方向，坚持服务育人宗旨。要遵循大学发展的客观规律，让市场在资源配置中起决定性作用。妥善处理好高校后勤保障市场化与公益性的关系，妥善处理好高校后勤体制改革与高校安全稳定的关系。推进高校后勤治理体系和治理能力现代化，助推我国高等教育现代化顺利向前。

（二）后勤保障能力的现代化建设是提升新校区吸引力的有力抓手

由于新校区基本在郊区，郊区的基础设施建设较为落后，尤其是文化类设施更为少见。除了学校外部环境的约束外，新校区自身的建设和管理往往还处于起步阶段，无论是校园内硬件设施，如大型实验室及各类实验仪器、图书馆、社团活动场所等可能尚未建立和配置，还是管理的主体——人，大家对于工作及环境的熟悉程度也都需要时间去摸索和优化，这就将带来一个问题：新校区开始建了，师生都不愿意过去，怎么办？仅靠政治动员、行政命令，会让教职员工、学生等产生较大的抵触和负面情绪，不利于学校的长期稳定、健康可持续发展。如何使新校区建设得比原有校区更好，如何提升新校区的吸引力？后勤保障现代化、一体化建设是解决这一难题的有力抓手。

新校区有其显著优势，即人口密度小，空间资源丰富，无论是科研实验室资源还是教学、生活等空间都有所改善，只要将后勤保障工作做好，解决老师同学们的后顾之忧，就完全可以将新校区变成颇具吸引力的地方。崭新的学生公寓、可口的校园食堂、美丽的校园环境为新校区建设画上了浓墨重彩的一笔。除了这些硬件设施，后勤的日常管理水平如何，能否做到高效、优质、经济，是衡量后勤保障现代化的三个指标。高效管理，即后勤保障工作要适应一流大学建设的步伐，其服务保障的速度要跟得上大学开展教学科研的节奏。要实现管理方式上的统一，即推进相关服务统一受理，设置“一站式”服务平台，“一条龙”服务流程，服务对象只需要一部电话、一个网络、一个联系人即可实现事务的办理，高效保障教学科研工作的开展，让师生体会“最多跑一次”的便捷服务。优质的服务，需要依靠建立与主校园相同的标准。通过建立统一标准，建立健全一套目的性、协调性、动态性为一体的科学的、全面的、系统的和前瞻性的标准体系，逐步实现各校区在科研、教学、生活服务等保障内容方面的标准全覆盖，确保服务质量在同一等级。经济是从成本和收益的角度看，用更少的投入获取更多的效益，同时也是高校后勤保障中“节约”理念的体现。以统一公寓管理、机关食堂、物业管理等内容，形成规模效益，降低运行成本。

（三）后勤保障现代化建设是校园文化建设的重要载体

不同校区师生对于学校的认同感和归属感都有所不同，这必然会存在。如何在最大程度上能够对此进行统一，这与校园文化建设关系密切，但校园文化建设也是需要载体的，后勤保障部门在此过程中是可以有所作为的。校园文化应包含两部分：物化形态内容和精神形态内容。物化形态内容又包括校园景观及建筑、校园绿化等内容。精神形态内容包括学校的历史传承以及在大学发展过程中形成的校风学风、价值观念、行为准则等精神总和。校园文化在促进学生的全面发展方面，有着不可替代的作用，它可以振奋精神、陶冶情操、启迪心智。校园文化能够以一种高度的观念形态和约束力影响着校园师生的知、情、意、行，这种影响既包括理性因素又带有感性因素，这种影响力难以计算，是潜在和无形的。校园文化虽是隐性的，但毫无疑问是一种能量巨大的教育资源，将在潜移默化中对身处其中的师生的思维习惯、行为方式等各方面带来积极影响。这种润物细无声的教育性不仅是通过课堂教学、校园活动等有组织的方式来教育学生，而且优美的校园环境本身，就是一种熏陶和教育，这是一种自觉主动的教育。

在校园文化的构建方面，后勤保障工作至关重要，以劳动育人，以服务育人，为师生提供舒适的工作学习场所，比如与主校区有着某种联系、风格相近的校区规划设计、干净明亮的教室、安全整洁的活动场所、卫生标准的食堂；除了硬件方面，优质的服务如水电的保证、宿舍的管理、基础设施的维修、体育器材的维护等都是在构建物化的文化教育平台，保证着校园文化建设的顺利开展。通过在后勤保障管理工作上的持续深化改革，充分适应和满足青年学生快速发展的多元校园文化需要，推动后勤管理人员更新观念，以服务育人为宗旨，不断思考后勤保障工作的未来发展方向，以后勤人的担当推动良好的校园文化建设，增进各校区师生对于学校的认同感和归属感。

以北京大学为例，北京大学餐饮中心探索劳动育人新举措。通过与学院合作打造校园“第二课堂”，首创“燕园味道劳动课”；成功举办“味”你而来学生厨艺大赛和“肴肴领先”食堂“双十佳”评选，充分发挥服务育人功能，传播校园餐饮服务正能量，努力营造“树德、增智、强体、育美、创新”的劳动教育氛围。在交流空间建设方面，将交流空间作为校园环境和校园文化建设的重要组成部分。交流空间是大学老师与同学、同学之间相互沟通交流的重要场所，是青年学生形成良好三观，健全人格的重要纽带。大学交流空间将为同学之间、师生之间的轻松讨论、娱乐互动、思维拓展与碰撞等交往活动提供便利，在设计良好的交流空间中，每个人的思想会得到最大程度的传递，跨国文化也因在此互鉴而繁荣，在此交融而生辉；所以交流空间建设对于培养富有思想性、开创性的人才有着重要意义。良好的校园环境能够带来饱满的精神状态，广泛的交流和讨论将会激发出师生的思想灵感和智慧。为此，北大加大交流空间建设，为师生提供更多舒适甚至“自由散漫”的自由空间。包括建设农园咖啡交流、第二教学楼双创空间、第二教学楼学生协作学习空间和电教楼师生活动空间建设，这些空间主要定位于师生学术交流互动使用，形成北大“新三角地”活动区域。

三、多校区高校后勤保障现代化的路径分析

（一）制度层面

规范性是制度的内中含义，效率性是现代化的目标价值，建立一个合乎

法规、规范统一、行之有效的制度体系是高校后勤增强治理能力、提升运行效率的重要途径，甚至可以说是最有效途径。经济和社会影响着管理制度和个人行为，制度也将塑造社会和经济秩序。推进后勤保障治理体系和治理能力现代化，应着重在高校后勤保障管理制度的制定上下功夫，应加强顶层设计，从校级层面建立一套宏观性的后勤保障管理制度，再辅以各后勤部门（实体）的具体管理制度、操作规范。要完善决策机制，建立健全高校党委领导下的行政负责制，做好党政决策会议的督查与催办制度，提升决策水平和实施效果；要优化组织结构，界定部门职责，明确各方责任，突出职能部门和院系的融合发展；要树立高质量发展理念，引入精细化管理、系统性管理、个性化管理等先进管理理念，持续深化改革；要坚定后勤社会化改革这一方向，建立准入、退出机制，明确市场退出条件，建立规范市场退出实施办法；要加强管理制度的统筹协调，理顺各部门、各环节工作内容和要点，将改革推向深处，扎牢制度的笼子，对于涉及的固化利益要坚决打破，不断提升工作的透明度。

后勤保障管理制度建设，要遵循高校的基本属性，即要实现公共利益、提供公共服务、履行公共职能。因此高校后勤要做好公益性和营利性的平衡，坚持服务性和保障性，服务好师生的同时，要将保障工作紧扣学校发展的规划和布局；要优化后勤保障系统职能定位方案，明确各部门工作职责，避免权责不清带来的效率低下和腐败问题；要强化内部监督，制定统一的问责规定或制度，提高问责制度的刚性，真正发挥后勤保障部门的管理效力。后勤保障管理制度建设还要以建设和繁荣校园文化为目的，要将优秀后勤保障文化融入制度建设中，形成一套适合自身特点、彰显优良传统的制度文化体系，为继承和发扬所在高校的校园文化做出贡献。

为了使各项管理制度得到有效实施，用人制度又是制度建设中的重中之重。首先应着眼于优化人才队伍结构的制度，良好的人才队伍结构应包含合理的年龄结构、知识结构、学历结构、能力结构等有利于发挥组织效能的其他结构，以实现职能与组织的科学分工与有效协同。其次是着眼于培养人才的制度，能够根据不同类型如复合型领导与管理人才、经营管理型人才、专业型人才等制定出对应的人才培养制度，遵循不同类型人才成长的客观规律。最后着眼于建立人才队伍激励制度。要充分发挥后勤系统业务能手和骨干的带头作用，一方面要给他们压担子，鼓励他们放手拼搏、勇于开拓；另一方面，还要通过制定、落实各项具体政策和措施在福利待遇、职业发展和晋升等方面给予业务骨干以大力支持，在系统内形成一种积极向上、干事创业的良好风气，全面激发人才创新活力。

（二）机制层面

1. 处理好统一管理与分散管理的关系

高校后勤保障管理工作，特别是多校区的高校后勤保障管理工作，要充分处理好统一与分散的关系。后勤保障管理工作在服务保障教学科研、师生工作、生活的过程中，其服务保障内容具有很大程度上的同质性，例如对于公寓管理、餐饮管理、物业管理等，不管是从事理工学科的研究，还是从事人文社科的研究，师生们在后勤保障领域的需求是相似的，因此高校后勤保障管理部门可以统一管理和提供，从而通过扩大规模效应，提高效率和节约运行成本。后勤保障工作进行集中统一管理的优势在于有利于统一保障标准，有利于配置保障资源，有利于解决共性需求。[1]但具体而言，需要对服务保障的各项内容做不同层级的划分，比如生活服务类的保障，同质性最高，应该完全可以进行统一管理；对于涉及教学科研的办公用房、实验室以及与之对应的物业管理（含水、电、暖等应急维修），应根据不同校区、不同学科特点进行分散管理，比如化学学院的实验室安全是防护重点，应重点加强实验室安全管理，提高防火处置应对能力。因此，高校后勤保障管理部门在制定管理制度和服务保障标准时，应充分考虑到各学院的不同需求，有所变化，对有特殊需求的学院予以特殊考虑，充分兼顾统一管理带来的成本节约性和分散管理带来的保障精准性。

2. 大力开展高校后勤保障标准化建设

标准化是国家治理体系现代化的基础，离开标准化，各领域的治理现代化都将成为空谈。将标准融入高校后勤保障管理的各项工作，将标准化的规范、调节、约束、控制功能发挥出来，提高管理效能，是推动高校后勤保障管理实现现代化的必由之路。标准作为各项法规政策的延伸，可有效传导上级的政策精神，有利于基层更好地开展和落实具体工作，发挥“上传下达”的桥梁作用。通过对高校后勤保障涉及的公寓管理、餐饮管理、物业管理等各项工作及其涉及的环节、步骤和流程进行标准化，以实现各个岗位工作的科学化管理，从而履行好服务和保障教学科研一线的职能。

后勤保障标准化是通过以标准来推动高校后勤保障各项工作实现规范性和高效性相平衡的一种管理过程。高校后勤保障标准化有利于后勤保障工作进行科学管理，可以减少工作中的重复劳动，将好的经验、应用数据固化下来，将会促进后勤保障工作的统一、协调、高效，有利于优化工作中的资源配置。国家治理体系与能力现代化背景下，高校后勤保障管理需要更加科学化和规范化，这就需要以标准化为基础。标准化将为科学化的治理提供量化指标[2]，是当代高校后勤保障治理的新方向，是打开高校后勤保障治理能力现代化新局面的一大突破口。

3. 着力加强高校后勤保障数字化建设

通过推进信息化建设，将高校后勤保障工作内容转换为线上服务产品，将服务的供给转变为处理产品订单的过程，从而以服务内容的订单化、服务评价的数据化和沟通反馈的常态化，在处处“留痕”的网络平台上实现权责清单的透明化管理，从而以程序的透明化促进高校后勤保障部门履责的规范化，以平台的精准分配机制实现专人专管和权责一致，避免了中间环节上可能造成的部门间推诿现象。推进信息化建设，利用物联网、云计算、大数据、区块链等信息技术打造“互联网+高校后勤”平台，能够促进高校后勤保障管理的各项业务的技术精确化与知识专业化。同时，“互联网+高校后勤”平台还能够以精确化、低成本的自动程序，取代部分低效人力岗位，改善高校后勤部门的人力资源状况，提升人员综合能力，最终提高管理效能。随着数字化时代的到来，信息化技术将会倒逼后勤管理工作，推动高校后勤保障部门持续深化改革，以适应数字化时代的大学建设与发展。

通过运用“互联网+”等创新手段，可以充分用好市场化力量，建立涵盖商品、工程与服务等后勤保障重要工作范围内的数据库，推动高校后勤保障部门与市场化企业消除信息壁垒，实现无缝对接。通过建立信息发布系统，推动各项招采信息公开透明；要明确考核监督要求，确保信息公开取得实效，最终发挥好市场力量对于高校后勤保障工作的促进作用，为高校稳定和发展提供建设性力量。

参考文献

[1] 彭宗超，曾学华，曹峰. 我国机关事务集中统一管理改革的理论与实践分析 [J]. 理论与改革，2020（1）：110-119.

[2] 俞可平. 标准化是治理现代化的基石 [J]. 人民论坛，2015（31）：44.

大学美育现状及提升校园文化软实力路径探索

马冬妮，杨晓雨，李春亮①

一、大学美育现状研究

“美育者，应用美学之理论于教育，以陶冶感情为目的者也。”[1]美育的直接目标即为“育美”，就是用“美”来感化人，提高人的审美情趣，它是对人的情感的一种陶冶，对人的精神世界的一种升华。新时代的高等教育改革，目标是培养人格健全、综合素质全面的大学生。通过美育提升大学生感知美、品鉴美、创造美的素养与能力，有助于其塑造正确的世界观、人生观和价值观，丰富精神世界，使其保持积极乐观的生活态度，拥有更加完善的性格、更富情趣的人生和更高的精神境界。同时，在外来文化冲击和文化多元化趋向增强的今天，足够的审美能力和对美的内在追求也将推动大学生积极探索中华民族独特的审美和文化传承，增强其历史文化意识，这也是建立文化自信的重要基础。

1999年，中共中央、国务院在《关于深化教育改革全面推进素质教育的决定》中第一次正式将美育写入国家教育方针，并与德育、智育、体育并列共同成为素质教育的重要组成部分[2]。党的十八大以来，虽然高校美育工作得到一定加强，但仍然相对薄弱。在很长的历史时期里，我们更多地关注了对知识、技能的传授，在某种程度上忽略了对美育重要价值的开发与利用[3]。通过对大学美育实施过程的走访调查，我们发现目前我国较多大学美育建设仍存在一定瓶颈。主要表现在以下三个方面。

---

① 马冬妮，北京大学会议中心
杨晓雨，北京大学会议中心
李春亮，北京大学会议中心

（一）重视程度不够

美育在我国教育体系中一直都不占“主流地位”，以经济建设为中心的社会发展模式中，教育领域也长期视文化、科技类的科目为“主科”，艺术、审美教育却一直未能受到关注和重视。受到社会的固化思维的影响，审美教育也难以融入系统性的教育内。在某大学发放的400份问卷调查中发现，在问及“你是否了解美育”时，很了解的仅仅占1%，了解一点的占42%，共计168人；听说过的占36.25%，共计145人；完全不了解的占20.75%，共计83人。[4]而在某些不发达地区和理工类院校未有足够的美育课程设置和项目引进，且美育课程对于非艺术专业几乎都是选修课；图书馆美育方面的书籍资料偏少，美育教材总数很少，适用性强的经典教材更少，且抽象性高，缺少感染性和形象性；研究“美”的较多，落实“育”的偏少，很少有从事美育理论研究的学者走向学校，走进课堂，走入学生当中，研究具体的美育教学问题[5]。

（二）美育环境建设不够完善，存在硬环境建设不足，软环境重视不够的问题

长期以来，由于资源配置的不合理和经费的短缺，美育投入严重不足，硬件环境上难以得到支持和发展，美育课程和活动开展所需要的艺术设备和器材、师资力量、活动经费、场地保障等往往受限，使美育发展受到较大制约[6]。而软环境则包括美育氛围、校园文化建设、大学生精神风貌等，具有潜移默化影响学生成长的作用。这方面往往因为高校美育意识薄弱，缺少有效评价机制和效果，从而成为高校美育建设的一块短板。

（三）缺乏审美实践类课程的研发和实施

美育不仅需要理论基础，而且需要结合学生的实践体验。理论知识是美育的基础，而审美实践可以加强学生的直观理解和体验。在课程的选择和组织上，要遵循理论与实践相结合的原则，帮助学生在审美实践活动中培养审美能力，丰富感性世界，从而实现人格的完善。根据对部分院校课程调查和参加课程学生的反馈，目前高校美育课程大多是针对所有大学生开设的公共基础性课程，主要以基础理论和赏析类课程为主，缺乏对艺术实践类课程的研发和实施。美育教学中尚存在方向不明确、教育形式化、课程单一化等问题。

此外还有美育教学评价单一、资源挖掘整合不足、学生自身认识不够等问题。这种发展瓶颈一方面源自我们当前还处于发展中国家的国情，一方面也源于大学建设的顶层设计，需要引起更多的重视和多方资源的投入。

二、文化软实力提升路径探索

党的十九大报告中明确指出，“要全面贯彻党的教育方针，落实立德树人根本任务，发展素质教育，推进教育公平，培养德智体美全面发展的社会主义建设者和接班人”。近年来，国家进一步加强了对美育工作的指导，出台了《关于全面加强和改进新时代学校美育工作的意见》《关于切实加强新时代高等学校美育工作的意见》《关于开展体育美育浸润行动计划的通知》等文件。随着大学审美教育观念的不断更新，新时期大学美育教育也应紧跟时代步伐，结合社会主义新时代特征，探索出适合大学环境的可持续发展道路。

大学校园文化是美育的重要形式和载体。丰富多彩的校园文化可以让大学生感受美、体验美和欣赏美，通过校园文化又可以为大学生展示美、体现美并且创造美提供平台，从而引导大学生自觉地、自由地接受美育的观念和习惯。高校美育也是校园文化建设的重要内容和目标，二者相互影响、相互促进。时代的发展要求高校美育必须实现与校园文化建设的有机结合，推动提高美育的实效性[7]。校园文化大致可分为物质文化和精神文化。物质文化是校园文化建设的基础保障，而精神文化是校园文化建设的核心，也是文化“软实力”的体现。提升文化软实力，营建能滋养人心、提升大学生生命价值或生命品位的精神文化，是高校美育的重要依托。为推动校园文化软实力的提升，进一步加强高校美育工作，需要从以下方面拓宽路径：

（一）加强文化生态环境建设

校园整体环境对学生的影响是潜移默化的，对人格品质的塑造发挥着重要作用。文化生态环境的建设一方面需要从校园建筑设计、校园景观、绿化美化等物化形态着手，以外在优美环境和先进基础设施实现“以美育美”；另一方面需要高校通过组织和开展积极向上、形式多样、适应大学生认知和需要的校园文化活动，深化校园文化活动内涵，在活动中提升审美能力和审美素养。同时高校在广泛开展美育课程的同时，要挖掘专业课程的美育潜力，通过形象化的教学方法和手段，体现教学内容的审美价值，让大学生在掌握专业知识的同时得到不同领域、不同层次的美的感受。

（二）加强高校与专业艺术院团的联系与合作

开展艺术活动是繁荣校园文化、促进美育教育的重要方面。专业艺术院团，特别是国有院团有较强的艺术素养和艺术展示力，其艺术活动能够让学生得到更直观的美的体验。当前因国有院团存在转企的压力和发展资金需求，商业活动比进校园能获得更多的经济来源。这为高校引进高质量的专业艺术活动造成了困难。希望有关部门加强顶层设计，加大国有院团进校园的考核指标和政策扶持，对国有院团高雅艺术进校园活动提供更多的便利条件，整合各方育人资源，加强学校和院团合作，拓展当代大学生的视听渠道，用正能量的艺术活动去浸润、影响大学生的审美观和精神文化取向。

（三）加强美育的实践性和参与度

蔡元培先生指出："所谓美育，则不仅包括音乐、文学等，而且自然现象、名人言行、都市建设、社会文化，凡合于美学的条件而足以感人的，都包括在内。"[8]可见，美育是多方面、多层次的，具有实践性、生活化等特征。课堂教学传授的是理论和间接经验，最终能否深入人心，并影响人的言行要取决于实践的检验。美育要全员参与、全过程指导和全方位关注，从主教学转向主实践，通过课程设置调动同学参与的积极性，切实保障美育实施的覆盖面。在开展美育实践项目时，要重视学生的参与感，通过正式课程的形式，将兴趣发展为特长，让学生提升艺术实践能力，开拓艺术视野与思维方式，从而激发他们的创造力，增强自信，提高综合素质。

三、艺术教育助力大学美育和校园文化建设

艺术是人的感觉、感性的外化形式，是对美的欣赏与创造。艺术能够表达人的思想感情，提升人的洞察力、理解力、表现力和创造力。因此，艺术教育

是实现人的全面和谐发展的不可或缺的一部分，是促进高校美育，提升校园文化软实力的重要途径。为全面贯彻党的教育方针，落实立德树人根本任务，近年全国各高校都高度重视艺术教育，开展了一系列行之有效的工作。下面以北京大学为例进行简要论述。

北京大学的艺术教育有着深厚的人文底蕴和历史传统。蔡元培校长当年在提倡和实施美育与艺术教育领域，进行了大量开创性的实践：在学校组织“音乐研究会”“画法研究会”“书法研究会”等，并聘请萧友梅、刘天华、徐悲鸿、陈师曾等艺术大家到北大授课和指导学生艺术活动，他本人还亲自在北大开设美学课，并编写《美学通论》。

立足百余年的传统积淀，近年北京大学围绕普及艺术教育和专业艺术教育两个重点，进一步完善课程教学、实践活动、艺术展演“三位一体”的普及艺术教育推进机制，持续引领学生树立正确的审美观念、陶冶高尚的道德情操、提升青年学子综合素质。

（一）构建大学艺术教育的多种载体

多种载体包括专业学科、相关课程、经费投入、文化艺术类社团、文艺类活动等。在通过艺术学院、歌剧研究院等加强专业艺术教育的同时，学校注重对不同学科学生的艺术教育，逐渐形成了包括专业教学、通识课程等在内的多层次艺术教育课程体系，扶持了涵盖声乐、器乐、文化等各领域的文艺类学生社团40余个，坚持举办新年联欢、纪念一二·九运动师生歌会、校园戏曲节等品牌性文艺类活动，为青年学子提升综合素质创造了良好条件。

在学科建设和课程设置领域，学校坚持理论性与应用性并重，素质教育与专业教育并重的总体方针，努力探索综合性大学艺术人才培养的新模式：艺术学院将优化艺术人才培养工作落实到招生录取、学生培养、学位授予的全过程之中，在音乐、美术、电影、广播电视等领域招收硕士研究生，并针对人才培养环节，进一步优化课程体系，实行“导师工作室”和“艺术工作坊”的实践培养模式，以专业为依托、以实践创作为主导，提升学生跨学科拓展和跨媒介艺术交融能力；歌剧研究院把以知识学习和技能训练为主的常规课程与获取表演创作经验、提升实践能力为主的舞台演出有机结合，自主研发剧目实践课、音乐行动课等，通过艺术实践极大促进了学生在有效时间内迅速提高技能。品牌活动中的北京大学新生“爱乐传习”项目暨纪念一二·九运动师生歌会，每年均在一二·九运动纪念日唱响，已成为校园思政教育和美育教育的重要载体，也是铭心刻骨的爱国主义与集体主义熏陶，流淌的歌声承载着一代代北大学子珍贵的燕园记忆，彰显着新时代美育教育成果。

（二）建设举办艺术类活动的保障性场馆

在上述众多载体中，保障性场馆是直接呈现艺术教育成果的重要平台。多年来，北京大学投入大量经费、组建专业管理及运行团队，不断完善百周年纪念讲堂、塞克勒考古与艺术博物馆、新太阳学生中心、邱德拔体育馆等场地软硬件设施，使其成为配合学校开展艺术教育的重要阵地。

上述场馆中，赛克勒考古与艺术博物馆是全国高校第一座现代化博物馆，现收藏有数万件藏品，包括中国考古学各时期的典型标本和世界级西方艺术收藏，通过馆藏展览内容不断充实、更新与完善，形成了自己的特色，并不定期承接其他重量级特展，确保学术与艺术价值兼备，丰富校园生活的同时，助力提升青年学子审美情趣。新太阳学生中心可供社团开展传习教学、节目排练、乐团练习、讲座演出等活动，根据学生社团的活动需求调配场地设施资源，为校学生会文艺活动、院系一二·九排练、联欢晚会排练等艺术活动提供日常保障，并对艺术学院部分教学展演活动提供支持。

（三）探索北大讲堂模式

作为北京大学举办艺术类活动的主要保障性场馆，百周年纪念讲堂自2000年5月运行以来，始终自觉传承蔡元培老校长美育教育理念，将打造“高雅艺术殿堂”和“素质教育课堂”双重品牌作为明确目标，在“独立核算，自负盈亏”的运行模式下，坚持“服从学校大局，服务广大师生”根本宗旨，为寻找“高雅艺术常驻校园”的规律不断进行探索实践，二十余年在弘扬高雅艺术、服务素质教育、繁荣校园文化等方面做了大量工作，持续引进高品质演出、电影、艺术课堂、展览等，促成各类艺术形式在校园内百花齐放。在自主策划艺术品牌活动的同时，讲堂还为学生艺术团体提供活动舞台，并发挥自身专业优势，积极拓展美育实践平台，探索建设思政教育课堂，从后勤保障角度服务于学校立德树人核心任务，为校园文化建设作出应有贡献，成为独树一帜的高校校园艺术文化中心。

讲堂的功能定位和运行模式既不同于单纯意义上的校园礼堂，也不同于一般社会剧场，它所承载的大学校园内艺术教育功能，是其区别于上述二者的独有特色。为此，讲堂策划的艺术活动坚持“高品位，低价位”原则：低价位，让更多大学生在经济承受能力之内走进讲堂，拓宽高雅艺术的覆盖面；高品位，严格把控艺术活动品质，让大学生观众足不出校就可以与一流艺术作品接触——一场场精彩纷呈的活动带给青年学子的，不仅是艺术的熏陶，还有审美的享受、思想的碰撞、心智的启迪，在潜移默化中凸显美育价值。

讲堂舞台是丰富多彩的，戏曲、曲艺、歌剧、音乐会、舞蹈、话剧等各门类中外艺术均得到展示。通过策划引进演出项目，讲堂多年来和中央芭蕾舞团、国家话剧院、国家京剧院、国家交响乐团、中国爱乐乐团、北京京剧院、北方昆曲剧院等高水平艺术团体建立了良好合作关系。为了凸显高校校园剧场的特色，在弘扬高雅艺术、繁荣校园文化的同时，讲堂与众多艺术团体主动服务大学生美育教育：演奏家在音乐会现场进行对乐曲和乐器的生动讲解；将现场观众请上舞台，示范芭蕾的基本动作；推出“素质教育课堂”系列，对歌剧、戏曲等艺术形式进行深入解析；邀请师生与艺术大师进行面对面的对话交流；新剧目推出后，组织演职员与大学生一起探讨作品主题……演出、讲座、互动、交流等各种形式多角度开展过程中，在校园内已培养出各个艺术门类的大量知音。

经过讲堂与众多一流演出团体共同努力，二十余年来陆续打造出一系列精品演出，均已成为校园文化品牌，诸如和中国国家交响乐团联办的“北京大学新生音乐会”、与中国爱乐乐团合作的“北京大学五四交响音乐会”、和中央芭蕾舞团共创的“新年芭蕾音乐会”、与北方昆曲剧院共建的“北大昆曲剧场”、与北京京剧院联合的“北大京剧专场”、与江苏省演艺集团昆剧院携手打造的“春风上巳天”展演系列等等。同时，讲堂注重和艺术类院校共同挖掘美育育人的契合点，不断拓宽深度合作，共同开展艺术教育，与中国音乐学院合作启动“中国音乐学院中国乐派高精尖创新中心北京大学百周年纪念讲堂实践基地”，邀请艺术名家开设系列“燕园弦歌——中国乐派名家讲坛”，推出中央音乐学院中国青年交响乐团北大专场音乐会、春之采——中国经典管弦乐作品音乐会等项目。

在此基础上，讲堂将多年积淀的艺术资源和艺术活动经验，融入学校美育体系，自主策划推出艺术课堂，邀请艺术名家和专家学者开设专题讲座，把讲演结合的方式打造为固定艺术知识传播模式，借以开拓青年学子艺术视野。

精彩纷呈的演出、讲座之外，讲堂还从电影放映角度发挥艺术育人的作用。新老三代讲堂近七十年电影放映传统，在北大形成了厚重的电影文化氛围，讲堂也不同于社会影院乃至一般校园影院，以此体现责任担当。在随时根据bbs呼求帖和国内外专业网站评分、合理安排2D和3D电影放映场次的基础上，为彰显服务高素质观众的特色，讲堂几度通过多方努力，引进欧盟电影展优秀作品，汇聚三大电影节顶尖佳作，从电影艺术的角度为学生开阔眼界创造了条件，使之更好了解欧洲各国文化。此外，讲堂多次组织电影首映、点映及主创人员交流，让师生全方位感受到光影的艺术魅力。

在做好艺术引进工作的基础上，讲堂也在探索创建常驻演出团体并独立制作演出项目，为热爱艺术的师生搭建一个实现梦想的舞台，为广大观众提供更多感受艺术的平台。2015年，讲堂组建室内合唱团，面向社会公开选拔成员，几年来以“音乐那点事儿，用合唱来讲述”为主题举办多场系列音乐会，先后应邀赴集宁师范学院、哈尔滨音乐厅演出。讲堂室内合唱团曾参加第四届“北京之声”首都市民合唱周暨第七届北京合唱节，获得小合唱组混声合唱金奖、男声合唱银奖，以及中青年组金奖三项大奖，展现出优秀的专业实力。2016年，讲堂推出原创话剧项目，致力于结合青年创作者与专业制作的优势。讲堂剧团的主创团队全部是北大人，建立在北大学子的学识、阅历和思考之上的艺术探索，无不带有强烈的精英意识和现实关怀；根植于“思想自由、兼容并包”精神的校园文化，则滋养出活跃而个性多样的原创能力。讲堂剧团推出原创话剧《九月悠长》，并参演第十届北京青年戏剧节。2017年，讲堂剧团在北大曹文轩教授的支持下，将小说《根鸟》改编为话剧，并不断打磨，在2018年作为献礼百廿校庆的作品，勉励北大学子以梦为马、不忘初心。

为进一步助力学校美育教育和人才培养，讲堂与校内院系和单位联合，推出大讲堂艺术实践课，先后开设轻松歌唱、歌唱艺术入门、单簧管演奏入门、数字雕刻到3D打印等课程，邀请来自中央歌剧院、中央美术学院等艺术团体和院校的知名艺术家作为任课老师，向选课同学系统教授艺术技能，让艺术从舞台走进课堂，直接发挥美育教育功能，使美育的落脚点从欣赏走向真实的认知与体悟。

2020年以来，为了配合疫情防控大局，讲堂在做好线下文化项目策划引进的同时，加大线上艺术普及和传播力度，在微信公众号推出了艺术视听栏目“云上艺境”，让师生足不出户就能欣赏到精彩演出。“云上艺境”一经推出便大受好评，被北大官微转载。此外，讲堂还整合以往活动素材，推出纪念柴可夫斯基诞辰180周年系列、经典昆曲赏析系列、经典电影赏析，并策划推出“艺术大家谈”栏目，邀请名家名团进行线上艺术讲座，普及艺术知识，拓宽艺术受众，提升讲堂文化服务的广度和深度。2022年，在全国文艺界纪念《在延安文艺座谈会上的讲话》发表80周年之际，讲堂于5月29日正式上线专属北大师生的直播平台。师生可以在线欣赏名家名团的精彩演出，体验画脸谱、捏面人等非遗手工艺术实践，还可以看到歌剧、打击乐、昆曲、评弹、电影等不同领域的艺术家和专家学者化身“网络主播”，带领师生赏析艺术作品，讲解文化艺术背后的故事。直播借助多元化的形式，突破了疫情防控给线下艺术体验带来的限制，让师生的校园文化生活更加多彩。

以艺术促美育，需要大量成本投入，特别是对于北大讲堂这样承担着运营任务的校园艺术文化中心而言。为此，自讲堂运行之日起，便充分考量大学校园这一特殊的艺术市场，力求在开展美育教育过程中，在市场运作与艺术普及两方面求得平衡，即需要靠市场来实现收支平衡。一方面坚持“高品位、低价位”的原则，确保面向学生的10—60元的低价位票为主流票价；另一方面，逐步尝试划分一部分票区面向社会出售，惠及周边居民，扩大了艺术受众，也相应提高了票房收入，减轻学校经济压力。北大讲堂的校园市场运行模式，对之后投入运行的清华大学、中国人民大学、北京航空航天大学等高校的剧场，都起到了不同程度的积极影响。为借助更多社会资源推动实现自身美育教育功能，讲堂近年来多方汲取外部有力支持，并积极回馈社会。例如，2012年讲堂作为“海淀区演出联盟”重要发起单位，成为联盟常务副主席理事单位，对联盟运行提出诸多建设意见，将部分国内外高品质节目纳入海淀区金秋演出季和新年演出季系列，以惠民票等形式丰富居民文化生活，实现了校园文化和区域文化的互相支持。2017年，在校友工作办公室的协助下，讲堂争取到1987级校友李莹支持，获捐1000万元用以支持讲堂多功能厅改造和讲堂原创文化艺术活动，为更好地打造美育平台提供了更佳条件。通过多年多方不懈努力，讲堂承接的艺术活动实现了社会效益和经济效益的双丰收，逐步确立起良好的市场秩序和健康的发展趋势，为北大校园内以讲堂为载体的艺术教育搭建起长效保障平台。

美育不同于传统格物致知为主的知识教育，它更加需要依托具有体验性、参与性和实践性的审美活动触发人的情感，通过感性认知的长期积累培养审美意识和能力。2020年10月，中共中央办公厅、国务院办公厅印发《关于全面加强和改进新时代学校美育工作的意见》，提出要逐步完善“艺术基础知识基本技能+艺术审美体验+艺术专项特长”的教育模式，在学生掌握必要基础知识和基本技能的基础上，着力提升文化理解、审美感知、艺术表现、创意实践等核心素养，帮助学生形成艺术专项特长[9]。这是国家推动艺术教育发展的鲜明信号，也给高校美育工作提出了新要求。在此契机之下，我们应继续积极探索，丰富艺术教育内容与形式，不断提升校园文化软实力，将新时代美育工作推向前进。

参考文献

[1] 蔡元培. 蔡元培美学文选［M］. 北京：北京大学出版社，1983：174.

[2] 廖丽丽. 成人高等教育中美育体系的建构［J］. 中国成人教育，2020（23）：62-66.

[3] 霍磊. 改善我国大学美育现状的哲学思考［J］. 新乡学院学报（社会科学版），

2008，22（06）：111-112.

［4］张静怡. 高校美育实践现状调查研究［D］. 四川师范大学，2019.

［5］肖乐. 浅谈如何加强当代高校美育教育中的音乐审美教育［J］. 科教文汇（中旬刊），2020（05）：50-51.

［6］王军莉. 寓教于乐，潜移默化——高校美育实施路径［M］. 北京：九州出版社，2019.

［7］张超. 大众文化冲击下的校园文化对高校美育的影响［J］. 艺术百家，2014，30（05）：249-250.

［8］蔡元培. 蔡元培教育名篇［M］. 北京：教育科学出版社，2007：231.

［9］蔡静. 音乐展演助推艺术核心素养形成［J］. 中国音乐教育，2022（04）：24-28.

［10］郭峥，周奕含. 高校美育理论与实践路径研究［M］. 重庆：重庆出版社，2019.

［11］金昕. 当代高校美育新探［M］. 北京：商务印书馆，2013.

［12］王风雷. 高校美育课程发展及演变研究［M］. 长春：吉林大学出版社，2019.

［13］郭勇. 蔡元培美育思想研究［M］. 武汉：华中师范大学出版社，2011.

［14］马芹芬. 越文化视野下的蔡元培及其美育思想［M］. 北京：中国社会科学出版社，2017.

［15］胡清清. 叶圣陶生态美育思想的启示——论美术教育与环境教育的融合［J］. 美术大观，2021（04）：111-113.

［16］任春红. 从两版“学校美育工作意见”看美育发展的趋势［J］. 开封文化艺术职业学院学报，2021，41（07）：178-180.

［17］刘桂珍，李景玉. 综合性大学艺术学科建设：历史与愿景［J］. 当代教育与文化，2012，4（04）：92-99.

［18］黄旭东. 蔡元培美育思想与目下之艺术教育［J］. 音乐艺术（上海音乐学院学报），2010（01）：6-10，6.

［19］刘云云. 高校美育工作的时代境遇与路径探索［J］. 巢湖学院学报，2020，22（05）：140-145.

高校公务车辆管理系统建设思考

陈贵兵[①]

车辆运送服务是高校后勤服务的重要组成部分，高校公务车辆为学校教学科研、会务活动、班车通勤等提供了必要的服务保障。近年来，我国高等教育事业快速发展，高校的办学规模不断加大，分校区、多校区办学愈趋普遍，在高校公务车辆改革的背景下，面对严格的公车规范管理、紧缺的公车资源、庞大的用车需求、烦琐的车辆调度和精细化管理的要求，传统的人工公车管理方式已经远远无法满足车辆管理的需求，建设高校公务车辆管理系统，提高公务用车服务高校事业发展的能力和水平，显得尤为重要和必要。

一、高校公务车辆管理现状

（一）严格的规范管理要求

自党的十八大以来，党中央、国务院大力倡导节约，反对铺张浪费，高校公务车辆管理愈趋规范和严格。随着《中央公务用车制度改革领导小组关于印发〈中央事业单位公务用车制度改革实施意见〉的通知》（中车改〔2015〕35号）、《教育部关于印发〈教育部直属高校和直属单位公务用车制度改革实施方案〉的通知》（教办〔2016〕5 号）等文件的出台，高校公务车辆的数量、类别、配置、购买、使用、预算支出、报废、司勤人员等各方面都有了管理规范，各高校都提出了厉行节约、反对浪费、合理配置公务用车资源、确保公务出行、降低行政成本等要求。经过公务用车改革后，高校保留的公务车辆可分

① 陈贵兵，北京大学餐饮中心

为专业性用车、业务性用车（包括教学科研业务用车，运行保障、业务用车，其他业务用车）、高层次人才用车等需求，其中满足教学、科研、运行保障等的业务性用车是主要需求，也是管理的重点和难点。高校公务车辆一般由资产管理部（设备管理部）管理，经费预算与收支由财务部门管理；业务性用车由后勤车辆运输部门管理，各院系及机关部门保留有少量公务车自用；专业性用车有相关职能部门使用管理。其中后勤车辆运输部门承担了高校主要的教学科研和运行保障用车服务保障，包括固定服务于教职工或学生的通勤班车及一般的临时用车服务，保有高校大部分的大型客车、中型客车、小型客车。

（二）传统的人工管理方式

公务用车改革后，高校后勤车辆运输部门也进行了改革，机构级别、编制、经费、人员及车辆数量等大幅下降，盈利能力减弱，效益大多下滑。由于管理人员相对文化层次较低，主要依靠传统的人工管理方式，通过电话预约和派车，车辆使用、维护、管理及财务结算大多停留在纸张或EXCEL管理阶段，效率较为低下，成本较高，与高校高层次人才基地及多样性的需求难以匹配。党的十八届三中全会提出“推进国家治理体系和治理能力现代化”，高校后勤也需要进一步推进治理体系和治理能力的现代化，而高校公务车辆管理也需要逐步向信息化、现代化、社会化、规范化发展，要求常规管理更智能、档案管理更环保、服务响应更快速、成本管控更科学、监督管理更透明、工作方式更贴切。

（三）管理面临诸多问题和难点

虽然高校对公务车辆进行了严格的管理，但也仍然存在一定的问题，如公车得不到充分使用甚至公车私用，车辆经费管理不善，分配调度不合理，使用维护成本过高，司机管理不善等。特别是与社会上的车辆运输企业如滴滴、高德等用车服务软件相比，高校业务性公务用车管理主要存在以下难点：① 约车派车难，包括用车时间具有不确定性、需求易变化；微信、口头传达任务速度快，但同时可能遗漏；费用计算人工工作量大；涉及第三方合作单位管理；驾驶员需要随时待命，随时执行。② 通勤排班难，包括排班频次相对固定，有一定重复性周期性；纸质派车单，简易但易损毁；微信或口头传达易遗漏；驾驶员多处于外出工作状态；收发车数据可能缺失或失准。③ 日常管理难，包括基础资料数量多，但相对稳定；证照等资料数量多，且需要按一定周期维护；材料的归档管理主要是纸质；费用计算工作量大，且需按一定维度进行筛选计算；数据量大但缺乏科学利用。这些问题的存在，极大影响了高校师生的用车体验感、后勤车辆运输部门服务保障的能力、效益和形象。

二、建设高校公务车辆管理系统的思路和目标

（一）建设高校公务车辆管理系统的思路

应用先进的信息技术，建设信息化、科学化的车辆管理系统，促使公务车辆使用情况更加透明、科学、便捷、高效。① 建设公务车辆管理系统，统一、规范公务车辆管理、使用流程。② 整合、完善管理系统，实现数据共享、资源共享；减少人为因素干扰，提高车辆管理水平。③ 数据开放，透明化。方便第三方及其他部门的监督和检查。④ 利用信息化手段，把以前需要专人进行的数据整理、收集工作分散到各个具体执行人手中，确保数据准确性、及时性，提高工作效率。⑤ 通过信息化系统的运营情况分析、成本的变化趋势、及时的预警信息与提醒，持续不断地指导管理人员对管理方法的完善。⑥ 采用合理的电子化成本核算方式，及时计算每辆车的油耗、支出情况，并根据实际计算结果出台相应管理措施，创建绿色、环保育人环境。

（二）建设高校公务车辆管理系统需要重点解决的问题

① 统一调配，车辆预约使用与调配业务需要规范流程，全过程留痕留据；② 数据流通，数据不流通、业务不互通，导致信息重复性手工输入，出错率高，效率低；③ 财务管理，需要按照特定的维度进行相应的财务核算，便于日常的结算工作；④ 信息档案存量巨大、查找使用困难，且传统纸质较不环保，不稳定；⑤ 工作方式，工作方式和信息传递受到设备、位置等限制；⑥ 智能

辅助，需要综合、智能的数据统计，辅助管理决策需要更具人性化的贴心功能，如消息提醒、到期预警、实时车态等。

（三）建设高校公务车辆管理系统的目标

建设高校公务车辆管理系统，目的是通过使用信息化的软件管理平台，提升车辆管理工作的效能与水平，让公务用车管理更加系统、规范和高效。系统需要重点实现以下目标：① 建立完整的线上档案信息库，实施科学的分类管理；② 提供PC端、移动端多端口，提高工作方式灵活性；③ 形成实用简明的数据统计，辅助管理分析与监督控制；④ 实现数据资源、业务功能的共享与流通，避免大量重复工作及失误；⑤ 提供友好简洁的操作系统，个性可配的功能设置。

三、高校公务车辆管理系统技术要求

（1）主要功能模块。系统要方便用车人、管理者、驾驶员使用，贯穿公务车辆使用管理的全过程。① 用车人：预约用车，灵活修改，行程提醒，订单评价等。② 管理者：统一排班调度，基础档案管理，财务管理，多人协同管理，数据统计，日常营运、行为记录监管等。③ 驾驶员：任务提醒，任务查看，收车/发车，加油、过路过桥停车费信息等。

（2）主要功能结构。包括基础信息管理，系统管理，财务管理，运营信息、数据统计，电子台账，日常管理，预约审核派车，通勤车调度等。

（3）主要功能优势。包括云储存，消息即时同步通知，协同办公、移动办公，数据共享、业务流通，简单易用、智能可视化，更新迭代快且稳定等。

四、高校公务车辆管理系统功能要求

（一）整体功能要求

高校公务车辆管理系统要依托于高校智慧后勤大平台，做好数据的开放和共享，确保数据的机器可读性以及明确赋予数据使用者的开放与共享权限。避免形成数据的封闭岛屿（数据孤岛）。系统浏览首页是公众应用系统的首页，是公车管理系统对外的一个“窗口”，在界面设计上要力求简洁直观、美观大方。可以按照业务需求拆分或合并，并且支持嵌入未来统一的本校智慧后勤大平台，方便用户查找和使用。

（二）主体功能要求

1. 驾驶员客户端

① 行程管理。当师生完成了车辆预订并经过调度审批后，驾驶员将会收到新的行程安排，确认后即成为驾驶员行程。② 行程提醒。在行程即将开始前，驾驶员将会通过客户端、短信收到行程提醒。③ 行程执行及行程费用报销。驾驶员通过手机操作行程的开始与结束。行程结束的最后一个步骤是提交驾驶员费用报销，如高速公路费、外埠加油费、停车费（以上都需要支持票据的拍摄、上传）等，该功能执行报销流程，也计入车辆、行程成本。④ 评价查看。驾驶员可通过该功能查看乘坐评价打分情况。

2. 基本信息管理

车辆的基本信息、司机的基本信息、收费标准等，车辆管理部门将这些资源信息发布到系统中，便于用户查询。驾驶员信息管理要包括驾驶员基本信息、健康状况、驾驶证、年审信息等。用户登录验证即可查询司机、车辆的信息情况。

3. 车辆预约管理

① 预订流程。预订流程是用户使用系统预订的一个流程说明，用户通过该说明可以快速准确地操作该系统进行预订。② 预约车辆查询。通过直观的日历、周历车辆预约状态（已预订、可预订）显示，可以通过以用户用车角度定义的筛选条件进行精准筛选。③ 车辆预约。当查询到可预约车辆后可以进行预约操作，预约操作会提示输入目的地，系统会通过目的地里程估算用车费用。④ 车辆预约管理。调度人员可以查看所有预约行程，并可对预约行程进行驾驶员、车辆的指派及调整工作。

4. 安全管理

① 车辆GPS监控。通过系统可监控车辆的实时位置、车辆运行轨迹。② 视频监控。可以对运行车辆的司机、乘客实时视频监控，增加对加油站、停车场、中心办公区的视频监控。③ 监控大屏。建设监控指挥大屏，显示车辆运行动态及综合数据。

5. 监督管理

包括主要行程评价、收支报表、驾驶员考核、准点分析、运行路径等车辆运行监督功能。

6. 财务管理

① 驾驶员行程补贴。根据行程计算驾驶员里程数补贴，并记录补贴发放情况。② 应收账款。管理外埠加油、车辆维修，以及院系、处室车辆使用应收账款。③ 单车成本核算。以单辆维度统计围绕该车辆的维修费用、保养费用、油料费用等，以统计车辆运行成本。④ 单人成本核算。以个人维度统计围绕该司机的违章情况、补贴情况，以计算单人成本。⑤ 单行程成本核算。以单独行程维度核算行程的收入与支出。

7. 加油管理

① 安全检查记录。管理加油站安全检查记录。② 油料采购计划。依据库存情况提醒、生成油料采购计划。③ 加油记录。记录所有车辆加油情况。④ 库存管理。根据购油、加油情况动态增减库存，管理人员可以实时掌握油料库存情况。⑤ 加油报表。以图表形式综合呈现加油、购油、油料采购价格变化等情况。

8. 第三方监管

设置监管账号，由指定第三方社会管理部门、专业机构、主管领导对安全管理、系统运营、财务收支情况进行实时监督。

9. 系统维护

主要完成系统参数配置、对接校级统一身份认证平台实现用户管理、权限的管理。

10. 报表管理

系统需提供丰富的报表，包括各种明细报表和汇总统计报表，如：车辆档案表、驾驶员档案表，车辆运行记录表，车辆加油记录表、车辆维修记录表、车辆违章记录表、车辆年检记录表、车辆保险记录表、车辆费用明细表、车辆费用统计表、车辆油耗统计表、年终收入汇总表和年终支出汇总表。系统提供查询、报表打印、数据导出和报表自定义功能。

建设高校公务车辆管理系统，需要紧密依托高校智慧后勤大平台，结合高校公务车辆的使用和管理实际情况，重点围绕使用人、管理者和驾驶员三大主体，贯穿车辆管理使用全过程，充分运用现代科技和信息化手段，实现公务车辆管理各项功能，让高校公务车辆管理更加规范、便捷、科学、高效，更好地服务于学校中心工作。

参考文献

[1] 涂勇科. 公务车智能化管理系统的设计与实现 [D]. 南昌航空航天大学，2019.

[2] 王青青，秦贝，郝园媛. 车辆信息化管理系统设计 [J]. 电脑知识与技术，2020，16（02）：97-98.

[3] 秦余钢. 信息化在高校公务车管理中的应用研究 [J]. 高校后勤研究，2018（02）：56-57.

[4] 陈洁. 协同办公环境下高校公车的信息化管理 [J]. 科技资讯，2018，16（31）：20-21.

[5] 柏晓冬. 互联网环境下车辆调度系统的设计与实现 [D]. 南京理工大学，2018.

[6] 查日苏. 公务车辆信息管理系统的设计与实现 [D]. 西安电子科技大学，2017.

[7] 鞠津京. 融合GPS和GIS的车辆管理系统 [J]. 北京测绘，2020，34（11）：1653-1656.

[8] 李飞，孙轩，马春红. 基于互联网公交调度管理系统的设计与实现 [J]. 地理信息世界，2014，21（04）：69-73.

[9] 杨荣华. 浅谈公务用车信息化管理 [J]. 管理观察，2017（04）：98-99，103.

[10] 王传清. 高校公务车辆管理模式探究 [J]. 中国管理信息化，2016，19（14）：78-79.

高校后勤服务质量监督体系建设路径研究——以北京大学燕园校区总务系统为例

陈刚[①]

一、引　　言

2000年，高校后勤社会化改革工作正式启动，北京高校后勤改革在摸索中不断前进，取得了巨大的成绩。2010年《国家中长期教育改革和发展规划纲要（2010—2020年）》发布，高校后勤改革以此为契机，在队伍建设、标准化制定、服务质量监督等方面成效显著。

随着社会发展，高校师生对后勤服务需求呈现多样化、个性化等特点。高校后勤服务的主要矛盾，已转变为师生日益增长的对美好校园生活需要与后勤服务不平衡不充分的发展之间的矛盾。[1]作为学校教育改革发展的重要保障，后勤管理水平和服务质量要与学校新发展阶段、新发展理念和新发展格局相匹配。

课题组对本课题进行了充分论证，阅读了大量参考文献，对北京大学、中国人民大学、兰州大学、北京交通大学等多所高校后勤部门进行了调研，搜集整理了中国高等教育后勤协会、北京市教委及北京交通大学等相关政策材料。课题组在分析北京大学总务系统服务及监督现状的基础上，总结兄弟院校所取得的成绩，结合当前的形势，找出薄弱环节，探索出从制度体系、组织体系、标准体系和考核评价体系四个方面推进北京大学总务系统服务质量监督体系建设的路径。

① 陈刚，北京大学公寓服务中心

二、课题研究背景及意义

（一）课题研究背景

1. 理论研究方面

目前国内相关研究不多，以“高校后勤服务质量监督”为主题搜索全文期刊数据库，近十年相关理论研究成果仅有10余篇文献。现有文献研究主要集中在高校后勤服务质量监督的现状、问题以及监督方式、考核体系等方面，如西安建筑科技大学赵珊等的《高校后勤服务质量监督管理体系建设》和四川大学田佳等的《加强后勤服务质量监督与考核提高后勤服务水平和质量》。对于相关监督检查标准、监督队伍等方面的研究涉及不多，部分学校建立了质量监督体系并持续运行，如北京交通大学初汉明等的《对后勤监督检查工作的探索与实践》。

2. 标准体系建设方面

中国教育后勤协会于2017年成立了标准化技术委员会，在各高校后勤领导、专家的共同努力下，涉及高校公寓管理、食堂管理、物业服务、快递服务、信息化建设等各个领域的标准和规范先后出台。这些标准和规范的出台为细化高校后勤管理服务，推进后勤服务质量监督管理提出了新的要求。此后，中共中央、国务院于2021年印发了《国家标准化发展纲要》，《纲要》提出“标准是经济活动和社会发展的技术支撑，是国家基础性制度的重要方面。标准化在推进国家治理体系和治理能力现代化中发挥着基础性、引领性作用。”同时提出，到2025年，实现工业、农业、服务业和社会事业等全域标准全覆盖及深度发展目标。

3. 监督体系建设实践方面

为提高学校后勤管理精细化、服务标准化，化被动为主动地解决后勤服务与师生需求存在一定程度不匹配的问题，许多高校后勤管理部门探索建立质量监督检查体系。据调查，上海交通大学、中山大学、四川大学、兰州大学、北京交通大学、江苏大学等高校后勤管理部门纷纷成立了质量监督科、质量监督办公室等后勤服务质量监督检查部门。其主要职责有：负责服务质量体系和管理标准建设、服务质量日常监控；对各中心的服务进行日常监督检查和专项检查，并督促、落实整改情况；负责组织实施对引进社会企业服务质量监督抽查工作；负责后勤服务满意度调查；负责校园论坛、校长信箱、师生座谈会等有关后勤服务意见建议的收集和落实整改等等。这些高校在推行后勤服务质量监督后，后勤管理服务水平得到较大提升，师生对于后勤服务满意度也逐年提高。

（二）课题研究的意义

1. 理论意义

作为学校教育改革发展的重要保障，后勤服务水平和质量要与学校新发展阶段、新发展理念和新发展格局相匹配。因此，全面提高服务质量是后勤部门各项工作的出发点和落脚点，要在如何建立后勤服务监管体系相关理论方面下功夫、做文章，进一步探究和完善后勤服务监管体系建设理论研究，为高校后勤服务质量监督体系的实践提供参考和借鉴。

2. 实践意义

高校后勤服务工作是保障高校教学、科研和师生员工生活的一项重要工作，高校后勤管理部门要围绕学校发展大局，采取有效措施，建立并完善服务保障的监管体系。完善的后勤服务质量监督管理能着力解决好广大师生最现实、最关心、最直接的基本生活保障问题，不仅可以使后勤服务更加全面、更加细致，达到规范化、精细化管理的要求，还可以进一步提升服务水平，提升师生校园生活的满意度和幸福感，助力“三服务、两育人”及和谐校园建设。完善的服务质量监督体系能够通过检查、考核、整改对后勤服务的各项工作形成闭环管理，促进后勤管理服务水平螺旋上升。所以说，后勤服务质量监督体系的建立是必要的。

三、建立服务质量监督体系的必要性

高校后勤服务涉及水电暖供应、餐饮、住宿等多个方面，如果缺少监督和统一的标准，一旦出现后勤服务质量问题，伴随而来的是师生对后勤服务的“吐槽”甚至质疑。面对师生的投诉意见，高校后勤各级负责人乃至分管后勤的校领导成了“灭火队员”，疲于应对和处理。投诉意见通过校园论坛、网络逐渐发酵蔓延，部分高校甚至陷入“论坛治校”“知乎治校”的舆论危机。[2]北京大学作为国内一流学府，也面临着类似的“烦恼”和更高的要求。

（一）有效的监督方式是总务系统自身发展的内在需要

虽然北京大学存在服务质量监督组织，但是没有形成一套科学系统的监督体系，所以监督难免会存在一些不足。在实践过程中，监督检查没有形成体系，检查手段也比较单一，很难反映后勤服务中的痛点问题，对检查发现的问题也难以进行有效整改。因此，建立北京大学总务系统服务质量监督体系，可以使管理者获取总务系统服务的全面信息，对各项工作进行更全面的掌握、实施更有效的监督，及时解决师生关切，促进北京大学总务系统服务质量的提升，确保北京大学总务系统健康稳定持续发展。

（二）有效监督方式是服务师生和学校发展的必然要求

后勤服务保障工作要随着学校的改革发展不断自我革新，以更高的标准来为建设双一流大学保驾护航。北京大学师生思想活跃，对学校各项管理服务工作有着较强的参与意识和话语能力，对学校后勤管理服务期盼也更高。然而，由于北京大学总务系统服务项目多，范围广，相关影响服务质量的因素越来越多，如人员素质、基础设施等。这就要求北京大学总务系统不断提高员工素质和服务能力、规范员工个人行为，完善管理制度。通过建立有效的服务监督体系，系统性地预防和制止可能导致服务质量下降的各类因素，进行严密有序的监督管理，不断提高后勤服务满意度，及时解决师生“急难愁盼。”

四、北京大学总务系统服务及监督体系现状

（一）北京大学后勤服务概况

北京大学创办于1898年，初名京师大学堂，校园分为燕园校区、学院路校区、大兴校区、昌平校区、万柳学区、圆明园校区等多个校区。燕园校区占地面积1.95平方千米，校舍建筑面积（不含附属医院）276万平方米。包括畅

春园、承泽园、蔚秀园、朗润园等多个园区。截至2020年12月，北大有教职工（不包含博士后）11694人、附属医院教职工11879人、离退休人员7309人，在校学生46113人，其中本科生16372人、硕士研究生17277人、博士研究生12464人，成人教育学生4003人，网络本、专科学生21163人，外国留学生4369人，博士后在站人数2317人。[3]

北京大学总务系统由总务部和会议中心、餐饮中心、动力中心、公寓服务中心、校园服务中心构成，总务部履行管理监督协调各服务中心的职能，各中心按照职责分工承担具体工作，共同做好学校各项后勤服务保障工作。目前，北京大学总务系统管理服务人员近3000人，其中事业编制人员占比约10%，劳动合同制人员占比约40%，劳务外包和劳务派遣占比约28%，合作经营人员占比约9%，劳务人员占比约7%，季节工占比约6%。

（二）总务系统部门职责

1. 总务部

北京大学总务部是学校教学科研中心工作和各项日常工作正常运转的后勤保障部门。其主要职责是坚持“为教学科研和师生员工提供优质服务”的宗旨，以“做好保障服务和实现安全稳定”为根本目标任务，根据学校建设和发展的需要，制定后勤保障服务规划和总务系统工作计划；按照“小机关、多实体、大服务”的管理运行模式，协助学校管理监督协调服务总务系统各中心做好各项后勤保障服务工作；做好和政府有关部门及校外业务单位的接口衔接工作；[4]密切配合总务长、后勤党委，支持后勤分工会、后勤团委开展工作。总务部下设综合办公室、计划管理办公室、运行管理办公室、房屋维修管理办公室、人事办公室共五个办公室。同时，北京大学爱国卫生运动委员会办公室、北京大学绿化委员会办公室常设于总务部。

2. 会议中心

会议中心于1999年9月在学校改革过程中决定设立、2000年初正式组建运行，主要负责组织承办各类国际国内会议，开展多种形式的对外学术文化交流活动；管理经营文化活动场所，组织校园文化艺术活动；为外国专家、留学生、部分国内学生和其他中外宾客提供住宿、餐饮等服务，是集多种功能于一身的专业化服务实体。会议中心采用企业化管理模式，日常决策机构是中心党政联席会；下辖对外交流中心、百周年纪念讲堂管理部、勺园管理部和中关新园管理部，设有综合办公室、工程管理办公室、人事办公室和财务办公室。会议中心现有建筑面积22.6万平方米，拥有一个2063座位的礼堂和39个大、中、小型会议室，各类不同风格特点的餐厅6个，接待床位5000多张及其他综合服务设施，员工1000余人。[5]

3. 餐饮中心

餐饮中心是学校重要的服务保障机构，运行历史久远，历经膳宿组、膳食科、伙食科和伙食处等组织机构变迁，于2000年6月正式采用现名。餐饮中心承担全校师生员工的餐饮服务保障任务，提供基本伙食供应、特色餐饮服务，并负责学校部分大型学术会议和重要活动的供餐服务。目前，餐饮中心下设综合办公室、财务室、食堂管理与质量监督室、运行保障室、生产采购部五个职能科室，12个校内食堂、3个校外委托代管食堂，燕园校区食堂总建筑面积达6.4万平方米，就餐座位数近千个，现有职工千余人，日均服务师生5.6万人次。

4. 动力中心

动力中心主要承担全校水、电、暖的供应和服务保障工作，内设综合办公室、财务办公室、水管科、电管科、供暖运行科、节能收费科、工程技术管理办公室、物业管理办公室、计划修缮科九个职能科室。动力中心负责全校水电暖的运行、水电暖管网的检修维护、防汛抗洪、零星维修、水电暖费用的收缴、浴室的管理服务、校内公共区域的物业管理服务等工作。包括4.5万米给水管道、5.5万米排水管道、1万米雨水管道、8座水泵房、6处消防泵房、3座集中大浴室、117个宿舍浴室、1座地热井等全校水网的运行管理维护和水管网检修、零修；9座10千伏开闭站、14座10千伏配电室、14台10千伏箱变、8座水泵房电气设备等全校电网运行维护和巡视检修；4座燃气锅炉房、11台燃气锅炉、2台燃煤锅炉、24座换热站的运行管理，以及约9万米室外供暖管网检修维护。

5. 公寓服务中心

公寓服务中心由原房地产管理部教师公寓管理服务中心和学生宿舍管理

服务中心合并组建，并统筹管理特殊用房管理中心。内设综合办公室、学生公寓办公室、教师公寓办公室、万柳公寓办公室、财务办公室五个职能科室。按照学校招生计划，中心统筹国内学生（包括港澳台学生）的住宿安排。截止到2021年底，燕园校区有学生宿舍楼34栋，建筑面积23.6万平方米，宿舍7482间，住宿学生约计21000人。教师公寓（含博士后公寓）1800余套（间），居住教职工（含博士后）1200余人。万柳公寓建筑面积10万平方米，住房953套（间），住宿研究生3000余人，教职工近400人。

6. 校园服务中心

校园服务中心是学校2012年底新组建的、综合性的后勤服务机构，由原校园管理服务中心、原运输中心、原幼教中心和原电话室合并而成。2018年3月原附属幼儿园从校园服务中心剥离，同年12月原电话室撤销。校园服务中心承担全校多项后勤服务工作，包括校园绿化美化、环境清扫、校园环境修缮、教学楼及部分办公楼宇保洁、会议服务、饮水机日常维护、车辆运输服务、校园环境及公共卫生间巡查管理、重大活动服务保障等。目前，中心现有在职员工140人，劳务外包及劳务派遣人员103人，离退休人员294人。

（三）北京大学后勤服务质量监管现状

1. 后勤服务监督组织建设情况

在学校层面，北京大学督查室作为学校综合协调重大事项的督办落实机构，其主要职能包括综合协调全校各单位，督办落实学校各项方针、政策、决定、重要工作部署和上级党政机关责成学校贯彻实施的重要指示和决定；负责校领导网上信箱、未名BBS校长信箱的回复和落实等。

在总务系统层面，后勤党委牵头成立后勤巡查督导小组，主要针对学校后勤重点工作、疫情防控等落实情况进行检查，督促整改。在学校图书馆改造、家园食堂建设等重点项目中，后勤党委牵头组建临时党支部、战斗专班，以及党员先锋队，确保工程建设及使用阶段各项重点工作得以有效落实。

在后勤各中心层面，部分中心设立了质量监控相关科室，如餐饮中心设有食堂管理与质量监督室，负责中心所属食堂的食品安全卫生、伙食质量、餐饮服务等工作，履行日常检查、监督和管理职能，跟踪并反馈就餐者的意见。

在服务对象层面，北京大学学生会权益部设立学生监督员，致力服务于学生权益，促进学生与学校间的信息交流，构建更好的就餐、校园生活服务的环境与秩序。目前学生监督员的工作主要在于解决同学们在就餐、校园商铺消费时遇到的具体问题和投诉。

2. 后勤服务平台建设及投诉意见处置情况

为提高后勤服务工作质量，持续推进后勤治理能力现代化，及时解决师生关切，自2020年8月起，总务系统开通“燕园微后勤51500全天候服务热线”，公寓服务中心设立“56163二十四小时服务电话”。此外，动力中心设有3319校园环境与后勤报修平台（水电暖报修）、学生公寓楼设立2529楼管组服务监督电话等。

目前，学校师生主要通过网络反馈意见建议。北大未名论坛、北大树洞等是服务对象投诉的主要网络渠道，学校督查室、学生工作部青年研究中心负责网络舆情的关注和协调处置，各相关责任部门负责具体回复和整改。总务部每学期举办2～3场师生座谈会等，征求意见建议。

3. 后勤服务质量监督工作中存在的不足

建设世界一流大学需要有一流的后勤服务保障与管理水平，从北京大学总务系统现有的服务质量监督工作开展情况看，目前还存在服务质量监督工作不够全面系统，质量监督主动性不够；监督体系有待完善，体制机制尚待健全；服务质量监督内容不系统等不足。[6]

五、服务质量监督体系建设的思考

（一）强化建立服务质量监督体系重要性的认识

高校后勤系统服务的对象主要是学生，而且与学校学生的学习、生活息息相关、紧密联系。因此，建立服务质量监督体系，提供安全、优质、高校的后勤服务，越来越受到社会和学校的重视。后勤系统服务质量监督体系作为一种先进的管理手段，是对后勤系统日常管理、服务等方面工作的综合考核与科学评价，是高校后勤必不可少的重要环节，是实现高校后勤工作“三服务、两育人”宗旨的必然要求。

北京大学是培养国家创造性、高素质人才的摇篮，科研创新的前沿基地和对外交流的重要桥梁和窗口。后勤服务是后勤工作的核心和第一要务，是学校科研、教学和其他各项工作及广大师生员工学习、生活的重要保障，其服务水平和服务质量的高低将直接影响学校各项工作能否正常运行，同时它也是实现学校育人工作的另一个重要阵地。后勤服务保障作为高校可持续发展中不可或缺的一环，需要与时俱进，不断提高管理的科学化、精细化、规范化水平。因此，需要加强北京大学总务系统服务质量监督考核力度，从而促进后勤系统服务质量的进一步提升。

（二）把握建立服务质量监督体系的主要原则

1. 师生为本、服务至上

后勤服务要从师生的需求和期待出发，维护师生的切身利益，提供安全、方便、快捷的服务产品，以师生满意为前提。“后于学教、勤尽在前”，总务系统作为学校后勤服务保障部门，始终以“师生为本，服务至上”为工作理念，以“精细化管理、优质化服务”为工作目标。

2. 实事求是、客观公正

监督检查工作应当坚持公平、公正的原则，按照规定的内容和程序进行检查，确保监督检查工作透明和考核结果公正。应当根据现行的国家各类标准、规范性文件以及高校相关规章制度的要求，确定监督检查条款标准。检查标准应当科学合理，突出重点。

3. 公益性兼顾经营性

高校后勤服务必须坚持公益性，把学校的利益和师生的利益放在第一位，努力提供物美价廉的服务产品。高校后勤服务又必须考虑经济效益，以维持后勤服务的正常运转，使后勤服务的公益性和经营性相协调。

4. 因地制宜、切合实际

考虑到总务系统各中心服务内容、范围、种类，以及人员的复杂性、特殊性、不一致性等现状，监督检查工作要因地制宜，切合实际。在原则既定的前提下，各中心的考核指标运用、分值标化和考核档次的确定等可结合工作实际予以细化、调整和完善。

5. 定性评价和定量评价相结合

由于总务系统服务涉及面广，服务质量评价因素多而复杂。其中，关于后勤经营活动等经济效益的评价指标应尽可能量化考核，用数据来评价。而关系到师生满意度、社会效益等用描述的方法进行评价比较适合。后勤服务质量监督要在坚持公益性基础上，兼顾经济效益，做到定性评价与定量评价相结合。[7]

六、服务质量监督体系建设的主要路径

（一）上下联动，建立健全服务质量监督制度体系

推动后勤系统治理体系、治理能力现代化，就要加强对后勤服务的监督，提高对后勤服务监督工作重要性的认识，成立由总务长牵头的服务质量监督体系建设领导小组，有助于自上而下推进相关制度体系建设。

1. 总务部应根据学校后勤服务工作特点和实际，深入调研了解总务系统各中心服务内容和服务质量监督现状，参考借鉴兄弟高校在后勤岗位职责认定、各中心职能划分以及质量监督检查方面的成功经验和成效，制定出台后勤服务质量监督管理制度。

2. 协同各中心对现有工作职责、管理服务内容、重点工作等进行梳理，结合实际情况制定各中心质量方针、质量目标、服务承诺。与各中心签订服务质量目标任务书，明确其服务内容、服务对象满意度等要求，进行目标监督管理。[8]

3. 各中心要结合自身业务建立日常工作与质量监控机制、安全检查制度、服务质量检查制度，加强内部监督检查制度。如餐饮中心建立餐前、餐中、餐后安全卫生及菜品质量检查制度，公寓服务中心建立宿舍环境卫生及违规情况双报制度等。这些制度的建立和完善将为学校后勤服务监督评价工作提供有力的制度保障。

（二）内外结合，全方位构建服务质量监督组织体系

1. 着力打造三支校内服务质量监督队伍

（1）设立总务部服务质量监督检查办公室。北京大学总务部作为协调总务系统各中心的职能部门，履行管理、监督、协调、服务各中心的职责，代表学校和广大师生对各中心的工作开展情况进行监督考核。应当建立服务质量监督检查办公室，打造一支专业团队，全面负责学校后勤服务质量监督体系建设相关工作。

（2）成立各中心服务质量监督考核小组。要充分发挥各中心内部的日常监督考核作用，成立服务质量监督检查小组，有条件的中心可设立办公室，负责对中心的日常服务和内部管理工作等实施监督、检查和考核，及时协调处置师生关切，向党政联席会报告服务工作完成情况及改进措施。

（3）充分发挥服务对象——师生的监督作用。北京大学校园面积较大，后勤工作涉及面广，后勤管理服务工作需要师生的共同参与。在总务系统监管力量有限的情况下，可充分发挥和调动服务对象进行监管。联合学工部、校团委、人事部、离退休工作部、保卫部等部门共同建立后勤服务监督志愿者服务队。如聘请学生监督员、热心教师及离退休职工等群体参与监督，从多领域、多角度、多层面开展监督工作，从而使后勤服务质量监督工作遍地开花，及时高效。

2. 善于有效利用校外监管力量

（1）依托政府职能部门对学校后勤服务情况进行监督。后勤服务部分领域具有较强的专业性和政策性。要积极配合政府职能部门，如教育部、市教委后勤处、食品药品监督管理局、消防、环保等部门开展的各类常规检查，甚至可以主动邀请其定期对学校后勤服务过程中的重点工作，如食品卫生安全、消防安全、垃圾分类、特种设备运行情况等开展专项检查，提供培训指导，确保后勤服务依法依规进行。

（2）可聘请第三方专业机构开展设备定期检查、服务质量评估、质量体系认证等工作。主动查找后勤管理服务工作中的薄弱环节，有针对性地进行整改，提升管理水平和服务质量。

（三）点面互补，协调推进后勤服务标准化体系

1. 加强校园后勤服务场所标准化建设

目前，北京市教委已颁布《北京高校标准化学生公寓标准》和《北京高校标准化食堂标准》等相关标准，中国教育后勤协会标准化技术委员会也出台了《全国高校标准化学生公寓创建指导标准（试行）》等一系列的团体标准。学校总务系统各中心可以此为依据，推动标准化食堂、标准化公寓、标准化教室、标准化配电站等标准化场所的建设。

2. 完善重要时点和服务过程标准

后勤服务涉及学校的各个角落、各个时点，在做好日常管理服务的同时，学校重要时点的后勤服务保障水平更是对后勤服务能力的检验和考核。如新生入住前，学生公寓中心应统一各公寓楼、宿舍布置等的标准；迎新、国庆、校庆、特殊人物到访等重要时点，校园花卉、彩旗、灯光、喷泉等布置的标准；食堂开餐前、开餐中、收餐等环节菜品供应数量、卫生、纸巾、筷勺等服务过程细节标准。

3. 建立后勤服务监督检查标准

任何制度和标准的实施落地离不开监督，有效的监督就需要一套与之匹配的监督检查标准。针对高校后勤提供的各类服务，应结合前述两项标准提炼整理一套行之有效，可量化分级的监督检查标准。如针对具有共性的管理工作推出通用检查条款，针对保洁、维修等不同类型的服务行业整理出专项条款，以便于各级监督检查人员对各项服务内容进行全程、实时跟踪监督及评价，为量化考核提供依据。

（四）奖惩兼备，统筹规划服务质量监督考核评价体系

1. 形成定期汇报机制

形成由总务部质量监督检查办公室向总务长办公会，各中心质量监督检查小组向党政联席会定期汇报质量监督检查和考核情况的机制。便于管理层关注和了解服务质量工作，及时主动解决师生关切。

2. 推行通报整改机制

各级质量监督检查组织要及时对检查发现的服务质量问题、收集的服务对象反馈意见进行整理汇总，以质量检查情况通报的形式发送给相关责任部门、班组，督促落实问题整改。对网络意见回复情况、投诉处理和整改情况，及时进行复查，并加强与服务对象的沟通互动，督促整改到位，减少二次投诉，降低舆论发酵影响。

3. 开展服务评价机制

应由质量监督检查办公室牵头，面向师生定期开展后勤各中心服务质量满意度测评，及时了解和掌握后勤服务工作与师生需求之间的差距，为后勤服务质量改进提供依据和参考，同时也让师生感受到总务系统为改进工作、提升后勤服务水平所做的努力。

4. 落实奖惩机制

加强服务质量监督检查结果以及满意度测评结果的有效运用，以此作为日常考核、年终考核的重要依据。在每月绩效考核、评优评先、年终绩效发放等相关激励政策中作为参考。对于工作表现突出受到服务对象表扬和因工作失误造成损失、形成舆情的，奖惩措施及时跟进，形成良性引导。

参考文献

[1] 初汉明，项雪峰，王京虎. 对后勤监督检查工作的探索与实践 [J]. 高校后勤研究，2013（06）：68-69.

[2] 傅益南.基于“知乎治校”现象的网络舆论研究 [J]. 新闻研究导刊，2019，10（06）：38-39.

[3] 北京大学2020年基本数据 [EB/OL]. [2023-06-07]. https://xxgk.pku.edu.cn/docs/20210322150626571964.pdf

[4] 王东梅. 高校后勤社会化的模式探究 [J]. 高校后勤研究，2015（05）：61-63.

[5] 北京大学会议中心简介 [EB/OL]. [2023-06-07]. https://www.pkucc.pku.edu.cn/zxgk/zxjj/index.htm

高校既有宿舍楼设备设施更新的难点及策略研究①

王旭朝，李鹏②

一、引　言

高校宿舍楼的设备设施，在整栋楼的日常运行及保障中占有极其重要的地位。如同人体的心脏和血管一样，为整栋大楼提供各种后勤保障工作，以满足师生学习和生活的各种需求。一般在经历约10—20年的运行后，宿舍楼设备设施的磨损、老化、腐蚀等逐渐严重，报修率、故障率、维修费、运行费用等均显著增加。为确保大楼正常运行，管理者需对楼宇设备设施进行科学的管理，对设备设施进行维修保养，当维修不能达到设备的基本功能或不经济时，就需要对设备设施进行更新改造，满足功能需求。

本文以某高校宿舍楼为分析对象，研究宿舍楼内设备设施亟待更新改造的原因，包括设备老化、新旧标准不一、建设质量以及生活需求等方面；进而分析全部更新设备设施在实施操作中的难点，提出设备设施改造应遵循安全性、经济性、适用性的原则。经过对建筑物内设备设施寿命不同的分析，结合高校管理大环境的特点，探讨设备设施更新策略，要求准确把握重要设备的寿命，通过积极统筹、科学决策、安全高效、政策引导等策略，运用多方案比较法、专家论证法、LCC法（生命周期成本法）、年平均成本法、增量投资收益率法5种方法对设备是否更新进行科学分析并决策。

---

① 注：本文摘自《中国建筑金属结构》2022，(7)：128—130

② 王旭朝，北京大学公寓服务中心

李鹏，北京大学公寓服务中心

二、某高校学生宿舍楼概况

本次研究的项目为北京某大学生宿舍楼。建筑物地下两层，地上十五层，地下为设备用房，设有锅炉房、空调机房、中水机房、生活用水和消防泵房，2个配电室等；地上为学生宿舍、教师公寓等。总建筑面积10万平方米，本宿舍楼2002年投入使用，由北京某房地产开发公司代建。大楼集住宿、餐饮、商业、健身为一体，服务师生4000余人，后勤服务保障工作多次获得好评。大楼运行到近20年时，设备设施故障显著增加，亟待改造更新。

三、设备设施更新改造的原因

（一）老化腐蚀严重，故障率高

配电设备老化严重，表现在断路器绝缘层老化引发局部停电3次以上；低压主断路器在进行预防性试验或定期倒闸后，因断路器内部塑料机械结构老化变形导致不能及时合闸。室内外污水管在使用近20年后，多处腐烂，造成地下一层超市及重要设备间漏水。中水管、暖气管、自来水管等每年出现数十次以上的砂眼漏水。

（二）新旧规范标准不一致

任何规范都不可能是完善的，在使用过程中都会发现问题，需要不断地完善。新规范一般比旧规范更严格，执行标准更高。新旧规范标准不一时，按照强制性条文，必须执行新规范，不符合规范要求的须进行整改。

（三）建设项目交付质量差造成后期维护成本高

由于大楼在代建制模式下建设完成，开发商代替高校对建设项目质量监督，造成大楼节能保温效果差，室内暖气系统管径较细导致系统阻力大散热效果差，给水管、排水管材料质量差容易漏水等一系列问题。

（四）师生日益增长的需求与现实情况之间的矛盾

新时代大学生的日常生活需求较20年前标准不可同日而语，如对空调、生活热水、大功率电器的需求。这些需求，使得大楼的电力设备在夏季几乎满负荷运转，存在较高的安全隐患。

四、宿舍楼设备设施更新改造的难点

（一）改造影响范围大

由于宿舍楼常住人口近4000余人，凡是涉及水电暖气通信等各个专业，首先需考虑施工对日常生活的影响程度。为教学科研提供便利条件，为师生提供更好的服务，是高校后勤人员的基本责任。如何在不影响师生日常生活的情况下，快速完成楼宇设备设施的更新改造任务，是摆在管理者面前的难题。

（二）改造资金缺口大

对于涉及宿舍楼内大型设备的改造，如锅炉改造、中央空调改造、消防系统改造、配电室更新等重要设备设施改造，经费需求较大，一般都从学校的基础设施改造经费中支出。但是，全校待升级更新的建筑物及附属设施较多，改造经费需按计划逐年上报，排队等待资金落实，往往修购资金需排队3年以上，易造成维修改造不及时出现设备运行故障，增加安全运行风险。

（三）施工协调难度大

在设备设施改造施工时，师生对工程改造的意见不统一、不配合，是工程实施的一大难点。譬如室内暖气系统整体更新，涉及全部暖气片和立支管的拆除和安装，施工时需要工人进入宿舍，腾挪暖气片周围的家具，并对上下立管支管进行连接，对管道穿楼板处进行扩孔和封堵，这些工序会产生大量粉尘和垃圾，对室内环境造成较大伤害。若在有较多师生正常居住的宿舍楼内进行供热系统整体更新改造，则根本不具备施工条件。

五、设备设施更新改造原则

宿舍楼的设备设施更新改造须结合高校特点，遵守安全性、经济性、适用性的三个原则。安全性原则是第一衡量标准，没有设备的安全运行，没有消防系统的正常功能反馈，就没有安全保障；经济性原则要求不论改造方案如何，都应围绕节约投资，减少成本，选择关键因素加以控制；适用性原则要求改造后提供的产品或服务必须能满足实际需要，达到或超过改造前的水平。对于设备更新后的技术先进程度，要在经济性和先进性中进行取舍衡量。

六、高校宿舍楼设备设施的更新策略

建筑物的使用寿命与设备设施的使用寿命不尽相同，这就导致了在建筑物的全寿命周期内，设备设施需要进行适当的维修、更新、改造等各项工作来保证建筑物的正常运行。这要求管理者应系统全面了解宿舍楼整体运行情况，对各个专业的设备设施的服务年限、技术参数、设备性能、磨损程度、技术进步等有区别、有重点地摸排和掌握。

设备设施的更新改造，要本着节约资金提高经济效益的目标决策方案。对于修复比较合理的，不宜过早更新；可以在修复中改进的，通过改进后满足生产生活需求；若更换个别关键零部件可以满足要求的，则不必更换整台设备。通常优先考虑更新的是：① 设备损耗严重，大修后性能、精度仍不能满足规定工艺要求的；② 设备耗损虽然在允许范围内，但技术已经陈旧落后，能耗高，使用条件不好，对环境污染严重，技术经济效果不好的；③ 设备服役年龄长，大修虽然能恢复精度，但经济效果上不如更新的[1]。所以，高校宿舍楼的设备设施的更新，要结合高校大环境的特点，注重策略，做到以下几个方面：

（一）重点掌握，心中有数

要维护好运行安全，保证设备正常运转，就要对其运行情况了如指掌，特别是对重要设备的寿命有较为准确的计算。设备寿命常用的测算方法有折旧率法、成本法和动态分析法[2]。如常压燃气锅炉设计寿命为5—8年；承压锅炉使用20年以上，通过大修或者更换锅炉烟管，可延长锅炉寿命；电梯的强制报废年限是15—25年；水泵属于磨损设备，其寿命应根据磨损程度决定是否更新；《火灾探测报警产品的维修保养与报废（GB 29837—2013）》规定火灾探测报警产品使用寿命一般不超过12年。高压开关柜使用年限一般为25年；配电箱寿命在8—15年之间；楼宇内的管道寿命跟管道材质、管道内流动的介质有密切关系，镀锌暖气管寿命可达30年以上，铸铁管寿命虽然可达50年以上，但是如果作为污水管寿命降低到10—20年。

（二）明确目标，积极统筹

明确目标，要求物业管理人员对更新设备可达到的经济效益和社会效益有明确的认识，对更新产生的经济效益和社会效益进行准确的计量。制定“近期计划”和“长远规划”，利用ABC分类管理法，有重点、有步骤地对设备进行技术更新与改造。更新改造需要学校投入大量资金，期望学校随时投入大规模资金实施更新是不现实的。设备的更新、采购、使用、大修以及报废等都有一个过程，物业管理者需有统筹规划方案，从安全性、紧迫性、经济性、可实施性等方面分解更新目标和更新进度，根据学校整体资金安排，逐年推动楼宇设备更新，使规划方案落到实处。本公寓楼改造中，电梯、锅炉、配电室、中央空调均需进行更新改造，我们根据各设备的运行情况综合考虑，按照设备更新原则，从安全性方面先更换了对师生出行影响最大的12部电梯，再安排对锅炉设备进行大修，以解决锅炉安全性问题。通过5年左右的计划性改造，逐渐完成配电室、中央空调等所有需要改造的项目，避免过度集中更新给学校造成资金压力。

（三）科学决策，严谨务实

改造方案、设备选型等必须经过严格考察，充分可行性论证，以严谨、科学的态度认真把关，严防发生重大项目决策失误。要落实项目管理责任，指定项目责任人，加强过程质量监督、使用效果评价，确保更新改造顺利实施并达到预期效果。科学决策，可以采用的技术方法有专家论证法、头脑风暴法；本宿舍楼如按照现行规范将承压锅炉更换为常压锅炉，则可能出现锅炉与室内暖气系统不匹配、供暖效果下降等风险。故须进行技术性论证，调查研究找出最优方案。

（四）争取理解，安全高效

设备设施更新改造施工，离不开师生的支持配合，务必处理好施工与师生生活学习之间的关系。施工前，要做好师生的思想沟通工作，争取师生的理解和配合，大力宣传更新改造的必要性、现状存在的安全隐患、改造可带来的好处等等。在施工时，管理单位要加强施工安全管理，做好相关施工现场的封闭工作，提醒师生注意安全，避免造成人身伤害。

（五）政策引导，先进规范

在决策方案时，务必要进行讨论研究，对国家相关政策、最新相关规范的要求、方案的先进性等方面进行反复论证。在碳达峰及碳中和政策下，锅炉更新要以国家政策为导向，采取符合规范要求的改造方案。随着消防规范的逐渐精细化，消防等级越来越高。在消防改造时，必须熟悉摸透消防规范中的强制性条文，做到达到或超过相关消防标准。对新技术、新材料的应用，要做好咨询及数据研究，在安全性第一的条件下，采用先进设备，使建筑物的使用功能得到最大的发挥。

七、设备设施更新的常用方法

设备设施的更新，一般要经过维修、大修理、设备原样更新、更新新设备四个阶段的措施。维修是对于设备性能较为完善，通过一般日常维修保养能使设备发挥功能采取的措施。大修（旧设备改造）适用于经过原设备的局部更换主要部件便能满足精度要求，且大修费不高于更换设备所需的资金时采用的措施。设备原样更新是在大修不能满足设备发挥功能要求的情况下，不需要对设备进行性能提升采取的原型号或原样更换替代的方式。更新新设备是指现有设备即便更换，也不能满足未来使用需求的形势下采用的旨在提高设备性能采用先进技术、提高效率带来经济指标或技术指标显著提高的措施。在实施时具体采用哪种措施，应采用科学方法进行判定，以数据作为分析基础，在安全性、经济性、适用性等方面进行综合衡量。

（一）多方案比较法

多方案比较法是对设备设施更新提出几个可行的技术经济方案，通过技术经济效果的指标体系，进行计算、比较、分析和论证，选择经济合理的最佳技术方案。通过技术先进性、经济合理性、安全耐久性等指标，评估高层宿舍楼改造整体方案。设备发生故障时，更新设备的初始费高、维护费低；维修则维护费高。在决策时，应权衡利弊，全面比较，以综合经济效益的高低作为判断的基础。

（二）专家论证法

在研究设备更新方案时，应广泛听取专家的意见。通过专家对方案可能出现的问题进行具体分析，判断设备更新是否有必要性。由评价专家按照各项指标的评价标准进行评价打分，技术方案的各项指标评分值加权平均后，如设备更新方案的综合指标得分较高的，则考虑更新设备，否则反之。

（三）寿命周期费用法（LCC 理论）

全寿命周期成本管理的设备设施更新决策方法，是对设备寿命周期内的使用与维护费用方面的对比分析，通过对设备的经济寿命和设备维修费的计算，采用成本限制分析方法进行维修决策的一种方法[3]。

（四）年平均成本法

当设备设施原始购置成本较高，每年维护费也处于较高水平的情况时，影响设备设施更新的主要指标是经济寿命。经济寿命的确定方法，就是在不考虑资金时间价值的基础上计算设备的年平均使用成本$\overline{C}_N$，使$\overline{C}_N$为最小的年份N_0就是该设备的经济寿命，该设备应在N_0年之后考虑更新[4]。

$$\overline{C}_N = \frac{P - L_N}{N} + \frac{1}{N}\sum_{t=1}^{N} C_t$$

式中$\overline{C}_N$为N年内设备的年平均使用成本；P为设备目前的实际价值；C_t为第t

年设备的运行成本；L_N为第N年末的设备净残值。

（五）增量投资收益率法

在新旧方案比较时，新技术方案的一次性投资额较大，但年经营成本较低；而不更新设备的旧方案的一次性投资额虽然较低，但经营成本却较高。此时可通过计算增量投资收益率判断新旧方案的效果。如I_1、I_2分别为旧方案和新方案的投资额，C_1、C_2为旧、新方案的经营成本，如$I_1>I_2$，$C_1<C_2$，则增量投资收益率为$R=(C_1-C_2)/(I_2-I_1)\times 100\%$；当$R$大于基准收益率时，新方案可行，应采取更新设备的措施；当R小于基准收益率时，不应更新设备。

八、结　　语

通过对既有宿舍楼内设备设施的更新再改造，让老旧建筑重新焕发活力，适应社会发展，满足师生不断增长的学习生活需求，有利于提高高校建筑物的使用功能，节约资金，更好地服务高校科研工作，提升学校的整体竞争力。实践证明，高校宿舍楼设备设施的管理，要求不断加强相关责任制度的建设，落实细则，逐步推进实施计划，并与时俱进推进设备更新改造，提高宿舍楼安全舒适性，满足师生的日常生活需求，才能健康可持续发展。

参考文献

［1］吴康宁. 建筑企业施工设备更新决策分析［J］. 安徽水利水电职业技术学院学报，2013，13（01）：47-49.

［2］全国一级建造师执业资格考试用书编写委员会. 建设工程经济［M］. 北京：中国建筑工业出版社，2018：56.

［3］张晓明，柳文勇，李永芝，等. 设备更新决策中的LCC理论应用［J］. 经济师，2004（10）：257.

［4］熊卫国. 设备经济寿命的确定方法分析［J］. 科技广场，2017（03）：37-39.

基于类型学的燕南园、燕东园物质空间遗产价值识别及保护利用策略研究

李宁汀，唐伽拉，宋峰①

燕南园、燕东园最初是燕京大学于20世纪20年代末为本校教职工建设的住宅区。院系调整后，北京大学长期将其作为教工住宅区使用。在建成至今的近一百年时间里，燕南园、燕东园留下了诸多知名学者生活工作的印迹，见证了燕京大学与北京大学的历史，独具纪念意义。除此之外，燕南园、燕东园的价值还在于其中西杂糅的独特建筑风格，这一风格反映了近代时期东西方文化交流沟通的背景，展现了近代时期住宅和居住区的演化过程。在保护与利用燕南园、燕东园时，也需对其物质空间的遗产价值有充分的理解。然而由于缺乏资料和适当的分析方法，当前关于燕南园、燕东园的研究集中在对住户及其事迹的梳理，涉及物质空间的研究较少。

基于燕东园、燕南园的物质空间特征制定保护利用策略迫在眉睫。北京大学燕园校区现已进入存量发展时代，需要妥善处理校园房地产管理与遗产保护之间的关系。在燕南园、燕东园的长期使用过程中，历代租户基于各自的空间需求，对建筑及其周边环境进行了不同程度的改造，其中不少工程措施使建筑本体产生了不可逆的变化，少数建筑甚至已遭拆毁。随着时间的推移，存世的近代建筑愈发稀少，燕南园、燕东园的价值将进一步彰显。然而，由于当前对燕南园、燕东园的物质空间特征不甚明了，也缺乏有针对性的保护利用策略，

① 李宁汀，北京大学党委办公室校长办公室
唐伽拉，北京大学房地产管理部
宋峰，北京大学城市与环境学院

两片园区面临遗产价值持续丧失的风险。

在物质空间特征的研究方面，类型学作为城市形态学的分支，提供了一种独特的分析视角，并建立了一套较为严谨的分析方法。类型学已应用到众多的遗产保护项目中，并取得了良好的效果，在街区尺度的研究中应用尤其广泛。依照类型学的分析方法，即便在缺乏历史记载的情况下，也能够根据物质空间本身的特征开展分析，并以类型为纽带，探索历史建筑满足现代功能需求的方式，正适用于燕南园、燕东园的情况。因此，本研究尝试基于类型学，对燕南园、燕东园物质空间的遗产价值进行识别，并制定对应的保护利用策略。

一、类型学视角及分析流程

（一）类型学的基本观点

类型学是研究城市形态的理论之一，可以被简单定义为按相同的形式结构对具有特性化的一组对象进行描述的理论[1]。类型学是一种结构主义的方法，“类型”不同于日常话语中的“形式”和“风格”，是形态背后的深层结构。也就是说，建成环境的类型应当按照其结构判定，而不是仅仅根据外观、功能等表象。当代类型学由意大利建筑师萨维里奥·穆拉托利（Saverio Muratori）开创，并经由卡尼基亚进一步发展、传播[2]。类型学虽然植根于建筑学，但穆拉托利、卡尼基亚等学者都不同程度采取了以建筑的逻辑出发观察城市的视角，是城市形态研究领域的重要学派之一。

类型学方法具有两个显著特征。其一，基于层级化的视角。卡尼基亚率先根据建构的视角，将城市形态分为从“材料”到“城镇”的多个层级，克罗普夫（Kropf）根据层级间的组构关系，构建了逻辑更严密的形态等级结构。在分析中，通过不同层级形态之间的比较，归纳出抽象的类型。其二，基于演化过程。不同类型的建筑反映了不同历史时期的社会、政治、经济和文化，一个阶段形成的建筑类型，为适合后续的社会环境需要，会在演变中逐步调整并直接影响下一阶段的建筑。类型学强调对不同时期建筑的分类和前后建筑类型间的嬗变关系的分析，构建类型过程[3]。

（二）类型学在遗产保护中的应用

在城市遗产保护实践中，修复和重建破败的遗产往往出现两极分化的结果：或是完全恢复历史形态，无视街区当前的使用方式，打断当地的发展进程[4]；或是大规模拆除重建，破坏街区原有肌理，导致千城一面[5]。面对这一困境，面向较大尺度空间现象的传统地理学，以及强调特殊建筑的传统建筑学都不适用。而类型学注重探究建成环境中相对稳定的“类型”，基于对时代、文化和历史形态等的分析，归纳提炼类型，再以类型为纽带，采取适当的设计手法，形成新的城市空间，从而在保留历史感的同时，为遗产赋予新的功能，使其得到恰当使用[6]。因为适于处理保护与发展的辩证关系，类型学在城市遗产保护领域独具优势。由于类型学的视角较微观，但又适合于处理一定规模的区域，因此，应用类型学方法的实践案例集中在地块以上、城市以下的尺度，在街区尺度的应用最多。

在具体的操作流程上，类型学方法以类型为核心，主要包括两步：类型的选择与类型的转换。前者是对历史模型的各种形态和要素进行分层归纳，并对其进行简化和抽象，去除各种变异，得到类型；后者是将所选择的类型结合具体场所还原为形式[7-8]，具体有重构、转译和类推等多种手法[9]。

（三）基于类型学的分析流程

关于如何应用类型学理论对保存较完好的历史街区进行再利用，目前尚无成熟的理论。在现有研究中，有学者提出对完整保存的区域，应注重保存原有的空间感，用新的设计思维进行再利用[6]。还有学者更加具体地提出“重构”手法，即在保留原始结构基本特征的前提下，对内部元素进行增减[9]。燕南园、燕东园虽然经过长期使用，已显得破败杂乱，但主体部分保存相对完好，对燕南园、燕东园的再利用须以完整保留原建成环境的主要特征为前提，可以参考“重构”思路构建具体方法。具体来说，首先需要应用类型学基本理论，详细地分析比对两片园区各个层级上的形态特征，识别类型，并梳理各类型的演化源流，作为制定保护利用策略的基础。其次，通过同类遗产的横向对比，识别燕南园、燕东园物质空间的遗产价值，以及构成这一价值的特征性形态要素。最后，基于对遗产价值的认识，明确需要严格保护的部分、允许植入的新功能，以及可根据新功能施加的改动。

在开展分析时，需要严格遵循形态等级结构。现代类型学的先驱卡尼基亚参考生物体的功能结构，将形态分为4个等级：要素—要素结构—结构系统—系统有机体。这一等级在单体建筑尺度上对应：材料—结构—房间—建筑；在城镇尺度上对应：建筑—肌理—片区—城镇。两个尺度前后连缀，形成7层级的完整体系[10]。然而在实际应用中，卡尼基亚的等级体系存在等级结构逻辑不自洽等问题。因此，克罗普夫根据层级之间的“部分—整体”组构关系，将其调整为逻辑更严密的9个层级[10]。燕南园、燕东园两片园区涉及其中的“材料”至“街段”6个层级。

表1　克罗普夫构建的形态等级结构

序号	等级名称	中文译名	对应实体
⑨	Complures	/	由sedes对象组合而成
⑧	Sedes	/	由肌理（平面单元）组合而成
⑦	Textus	肌理	或称平面单元，由街段构成
⑥	Sertum	街段	包括地块序列、街区等由多个地块构成的实体
⑤	Fines	地块	由地块内的建筑、空地、围墙等构成的三维实体
④	Aedes	建筑	由房间构成的单体建筑
③	tectum	房间	包括居室、客厅，也包括楼梯、走廊等特化“房间”
②	Statio	结构	由材料构成，包括门、窗、墙、桁架、屋顶等
①	materia	材料	包括木材、石材、砖、瓦等建筑材料

在克罗普夫构建的形态等级结构中，上一层级的对象由相邻的次一层级对象组成，次一层级对象的类型、数量、空间排布直接决定了相邻上一层级对象的类型，也间接影响更高层级对象的类型。划分某一层级对象的类型，可着眼于其下任一形态层级，不同的层级对应不同的具体度[10]。燕南园、燕东园现行保护策略仅规定建筑外观应保持不变，内部可根据功能做适当改造。实际操作中，部分使用单位大幅改变建筑内部结构，历史建筑仅剩一层表皮。现行策略也不涉及更高的地块、街段层级，对私自加建围墙、改变道路格局等建设行为缺乏约束力。上述问题可以借由基于形态等级结构的类型学方法解决。鉴于

燕南园、燕东园空间尺度不大，对两片园区涉及的所有形态层级均展开分析。

对类型过程的分析在形态等级体系的框架下展开，根据各层级形态变化确定类型演化的过程。社会经济条件以及人类需求的变化是建筑类型演化的动因，为适应变化的社会环境，建筑类型会逐渐调整和演变。因此，某个具体的建筑所呈现的类型，是某一特定类型演化过程的结果，反映了此前及当时的社会环境。在建筑的使用过程中，随着社会经济背景的变化，建筑类型随之发生演变，同样也记录了社会条件的变迁。

燕南园、燕东园最初为燕京大学建设，部分住宅由住户自建，其初始形态反映了当时燕大教职工的空间需求、社会地位和审美品位。北京大学后续使用燕南园、燕东园的过程中，根据学校实际情况调整了建筑的使用模式，租住的教职工也根据自身需要，对建筑进行了改造，反映了中华人民共和国成立之后的社会条件，凝聚了北大师生的集体记忆，同样具有保存价值。因此，类型过程的分析应当覆盖燕南园、燕东园从设计、建设，到后续使用、改建的全过程，充分认识类型演化过程反映的历史信息和遗产价值，在此基础上制定保护利用策略。

二、燕南园、燕东园建筑类型的认知和提取

（一）燕南园、燕东园的形态分层级分析

1. 街段层级

根据墨菲工作室1925年绘制的规划图，燕南园、燕东园均为一个或多个中等尺度的方整大地块，内部切分成多个小地块，并以环道和尽端路相连，环道内部布置中心花园。这一形态与20世纪美国郊区一种由农场地块切分形成的街段形态十分相似[11]。相比之下，以北京老城区为代表的中国传统街段呈现以胡同为中轴的鱼骨状肌理，与燕南园、燕东园的形态截然不同。由此推测，燕南园、燕东园的整体布局，很有可能取法自美国郊区。

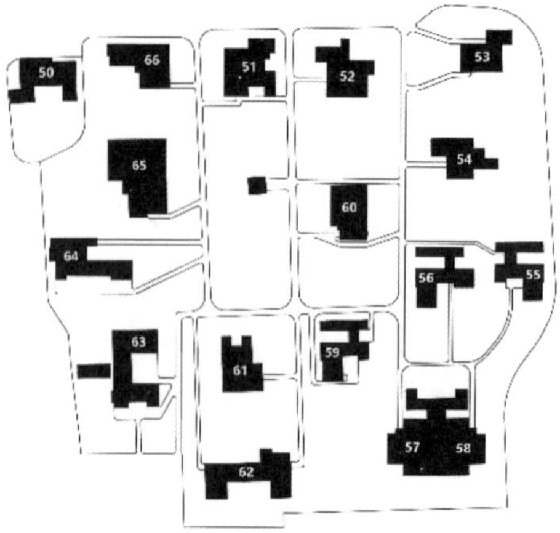

燕南园

美国西雅图郊区[11]

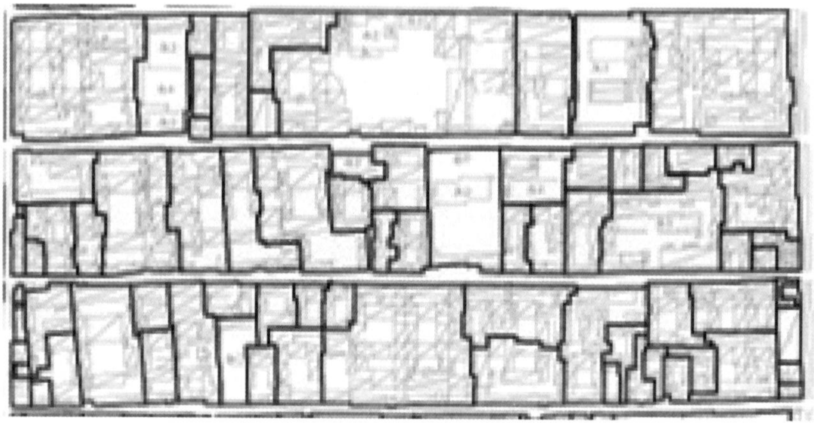

南锣鼓巷[12]

图1　燕南园、美国西雅图郊区、北京老城区地块格局对比（扫描件）

2. 地块层级

燕南园、燕东园与西方郊区住宅的地块布置形式相同，不论采用中式还是西式风格，建筑全部居于地块中间位置，建筑四周为开敞庭院。相反，传统中式民居以建筑围成的院落为单位，院落彼此组合，往往占满整个地块。院落最外侧的墙体与地界线重合。两相比较，燕南园、燕东园显然遵循了西方独栋住宅的空间模式，而与中国传统住宅不同。

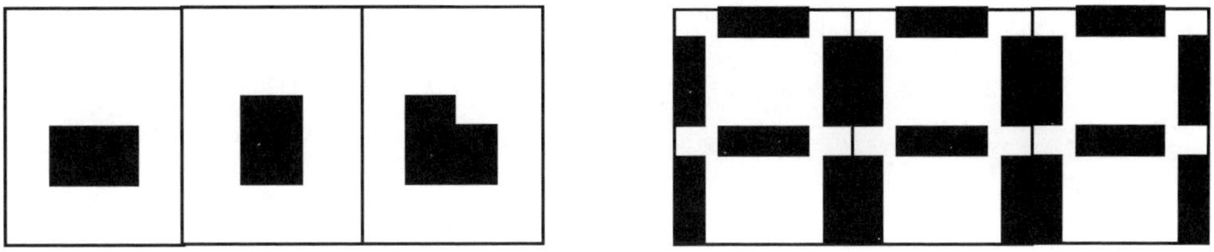

西方独栋住宅地块布局模式　　中国传统住宅地块布局模式

图2　中西住宅地块布局模式对比

值得注意的是，燕南园57、58号院镜像对称，拼成一个四合院，但两家完全分开，院落中央也有一道围墙相隔。此种形态在中国传统住宅中极罕见，古代即便是析产也多以院落为单位分割。这一包含两户的对称住宅，应当是化用了西方较常见的半独立住宅（semi-detached house）形式，但外观仍模仿中式四合院。在国内近代建筑中，尚未发现与燕南园57、58号形态相似的实例。

3. 建筑层级

大部分建筑为不规则平面，以门厅为中轴，串联两侧房间，厨、卫、储藏间位于门厅尽头的建筑后部，佣人房位于建筑边角位置，有单独出入口。上述特征都与20世纪初美国郊区住宅一致[13]。即便是采用中式外观的建筑，尽管建筑外立面乃至单体建筑的组合形式与传统合院式住宅相似，其内部结构仍然更接近美国住宅。相比之下，中国传统民居的厨房多位于朝向最差的东厢房，大多没有厕所，佣人房位于后罩房或倒座房，也需从院落正门进入，与主人的流线交叉[14-15]，与燕南园、燕东园住宅的平面布局有本质的不同。

4. 房间层级

建筑内部居室、客厅、厨房、备餐间、餐厅、卫生间、储藏间、门廊、门厅、楼梯间等不同功能的房间形态分化明显，此外还有专供佣人使用的卧室和厕所（图8），部分建筑下方有源自殖民地建筑的架空层（图4）。然而传统中式民居以屋架结构划分空间，形态上只有房、厅的区分，以及尺寸的差别，大部分中式传统民居没有分化出专门的卫生间[14-15]。

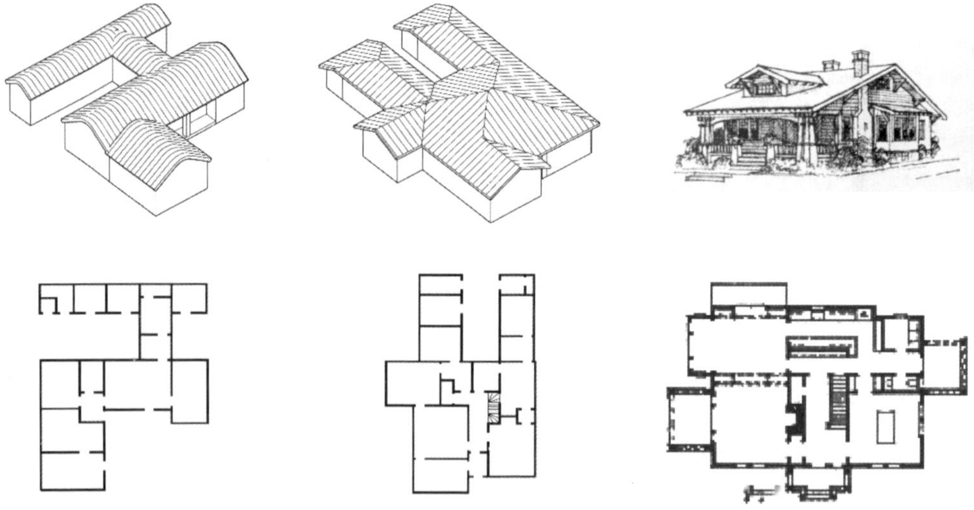

燕南园59号　　燕南园65号　　美国工匠式住宅

图3　燕南园、燕东园典型建筑与美国工匠式住宅平面布局、外观对比

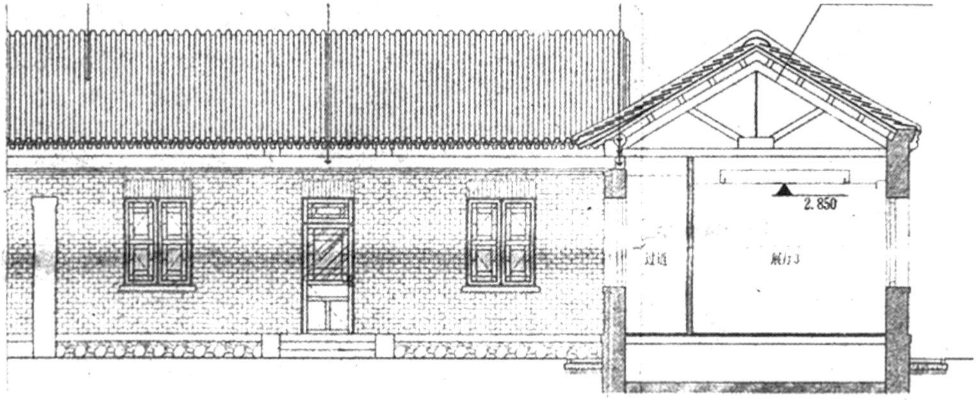

图4　燕南园57号的架空层

5. 结构层级

窗：西式外观的小楼广泛采用西式券窗和上下推拉窗（上窗扇带窗格，下窗扇为整面玻璃），部分窗户成对排布，这一做法在20世纪20年代美国城郊住宅中十分流行，区别于此前行列式均匀排布的门窗[13]。少数中式外观的平房也使用券窗，但窗扇为中式风格。

屋顶：不论中西外观，屋顶均以桁架支撑，而非中国传统的梁柱体系，尽管如此，中式外观的平房仍然仿造了传统卷棚硬山顶。西式外观的小楼出檐较远，檐口开放，檩条外露，带有明显的20世纪20年代美国工匠式住宅风格[13]。部分西式小楼采用了源自北美英国殖民地建筑的“盐盒式（saltbox）”屋顶，即建筑背面屋顶自屋脊直贯次顶层檐口。这一形式最初由主体建筑与其背后加建部分的屋顶相连形成，但燕南园、燕东园的盐盒式屋顶与建筑的结构无关，仅是外观上的复古，为20世纪20年代美国殖民复兴式住宅的典型做法[13]。此外，部分小楼为平缓的四坡顶，与一层带拱券的内嵌门廊结合，表现出美国意大利式建筑的意味。

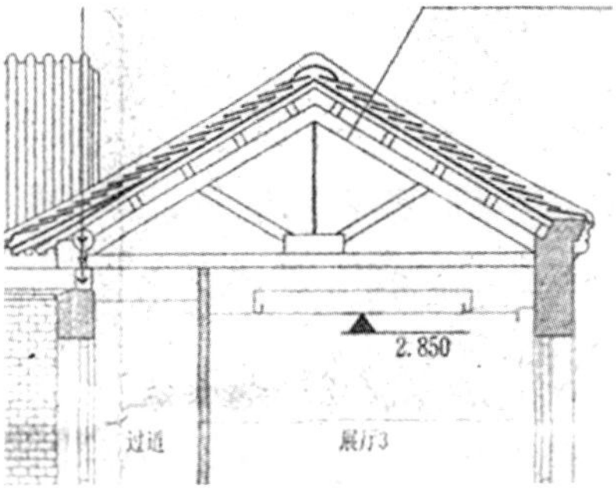

桁架体系（燕南园57号）

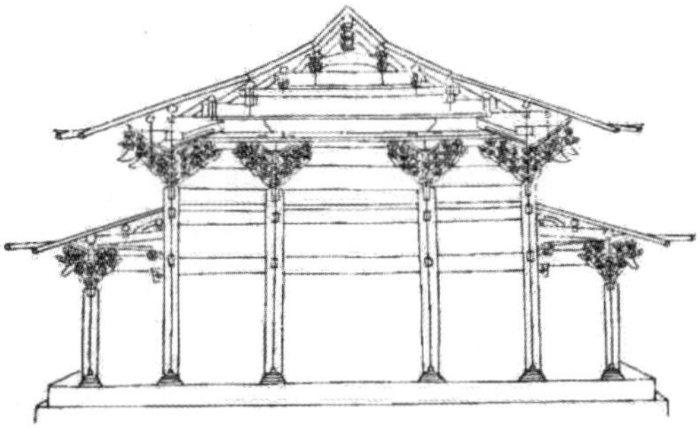

梁柱体系示意[16]

图5　桁架、梁柱体系屋顶结构对比（扫描件）

6. 材料层级

砖瓦使用中国本地生产的灰砖或青砖，部分砖上有中式砖雕；西式建筑的屋顶铺西式波形瓦、石板瓦或铁皮，中式风格建筑屋顶铺中式板瓦和筒瓦；木材使用进口的北美红松。除传统建材外，燕南园、燕东园建筑还大胆使用混凝土，使得砖墙面上开大跨度平窗等创造性的形态成为可能。

（二）燕南园、燕东园的类型及源流

根据分层级的形态分析，形态层级越高，燕南园表现出的20世纪初美国郊区形态特征越显著。由此可见，燕南园大体以20世纪美国城郊住宅区为类型范本，其中的建筑都属于近代美国城郊住宅的演化分支，在材料、外观等较低的

形态层级上广泛吸纳中美两种文化背景下各类历史建筑的做法，形成中西杂糅的折中主义类型特点。

燕南园、燕东园建筑之间的区别主要体现在等级较低的结构层级上，包括门窗、屋顶的形态等。根据具体做法的不同，两园中的建筑可细分为工匠式（craftsman）、殖民复兴式（colonial revival）、意大利式（Italianate）、仿中式传统民居4种亚类。20世纪20年代，工匠式、殖民复兴式、意大利式建筑几乎同时在美国流行[13]，而3种时兴风格都在燕南园中有所体现，在国内同类遗产中绝无仅有。20世纪20年代也是折中主义在美国盛行的时期，同一建筑混合不同风格的现象司空见惯。上述3种亚类的建筑檐口处理方式，以及不规则的平面都受到了工匠式住宅的影响。此外，燕南园中式平房的不规则平面、正立面突出厢房山墙面的形态也有工匠式建筑的意味。

从类型过程来看，中世纪英式建筑是殖民复兴式和工匠式住宅的共同类型源头，两种类型的建筑关联密切。工匠式住宅是模仿东方建筑风格的产物，较深的出檐、外露的檩条都仿自东方木构建筑。不过，工匠式住宅与东方木构建筑的相似仅仅表现在外观层面上，其空间构成、结构做法仍然延续了西方民居传统，与东方建筑分属两个类型。因此，仿中式传统民居由于杂糅了与西方住宅完全不同的建筑体系，与典型工匠式住宅的关系最远。

20世纪20年代末，“传统复兴式”建筑在中国兴起，建筑师（主要是外国建筑师）在北京古代建筑基础上进行了新探索，协和医学院新校舍、燕园建筑等都属此类[17]。燕南园55号至59号院中西杂糅的做法应当也是在这一背景下出现的。建设时间稍早的清华大学照澜院住宅也为“传统复兴式”[18]，与燕南园中式平房形态相似。由于中式平房单体跨度有限，可能是为了获得较大的空间，仿中式建筑采用了多个单体组合搭接的平面形式，典型的如55、56、59号院，南侧为倒L形，北侧通过连廊搭接另一排平房。此种平面布置可能造成屋顶防水、空间使用上的诸多问题，体现了这一类型建筑尚不成熟的结构手法。

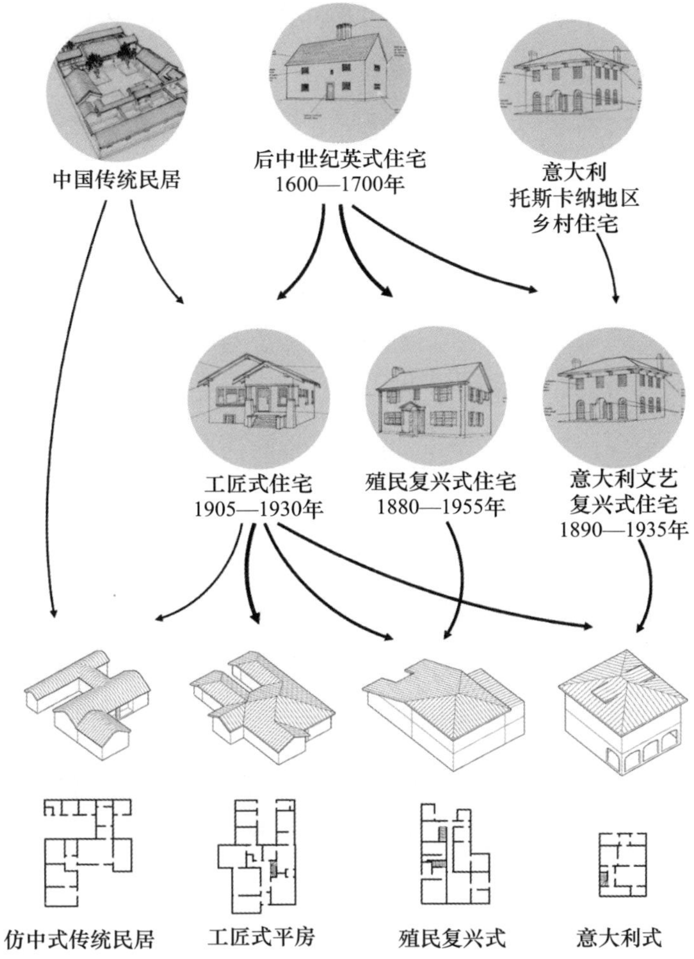

图6　燕南园、燕东园各类型建筑的类型过程

（三）燕南园、燕东园使用中的类型演化

在燕南园所仿照的美国城郊住宅区，为了容纳日益增多的人口，独栋别墅通过调整出入口和分割内部空间，改变建筑的空间组织逻辑，形成了“一宅多户”形式的公寓[11]。燕南园在后续使用中经历了相同的演化过程。北京大学迁入燕园办学之后，燕京大学面向少数精英的高等教育模式被社会主义制度下更加包容的高等教育体制所取代，校园内师生密度大幅增加。与此同时，北京市开展了房地产社会主义改造，建立公房管理体制，大学亦受此影响。在两方

面因素作用下，燕南园别墅群的使用模式及其类型逐渐发生了改变。

燕京大学校园资产由北京大学接收后，为了满足更多教职工的居住需求，燕南园内的大部分建筑都曾被分配给多户使用。为了使原本供单户家庭使用的空间适应多户家庭共用的需要，各个房间的功能发生了变化，建筑内部空间和各个出入口的使用权也在各家住户之间进行了分割，长久磨合后，形成了较为合理的空间格局。以燕南园65号为例，推测原本的书房、佣人房等与居住核心需求关联不大的空间转化为了卧室、起居室、公用水房，空间较大的客厅隔断为两间较小的卧室。在空间分隔和功能转换的基础上，位置相近的房间分配给一户人家使用，建筑原本的门廊、楼梯、厨房、厕所由各家共用（图8）。

不过，分割后的建筑空间并不能完全满足家庭生活的需要。此外，中国传统住宅以院落为单位组织空间，而燕南园、燕东园建筑原本没有围墙，与中国传统居住心理相悖。因此住户普遍私自围合空间，具体有两种形式：①围合建筑外立面凹角。比如燕南园55、56、59号，前后两排房屋之间的空间被围墙围合。② 沿地块边界搭建围墙，将院落半公共空间转化为私人空间。前者对空间的影响尚可，某种程度上还改良了此类建筑的空间问题，而后者致使燕南园空间日益破碎化，应在后续保护利用中，随着建筑功能的调整全部拆除。

燕南园59号西北角加建围墙

燕南园61号加建阳光房

燕南园60号加建院墙

图7　燕南园后期改建围合空间的实例

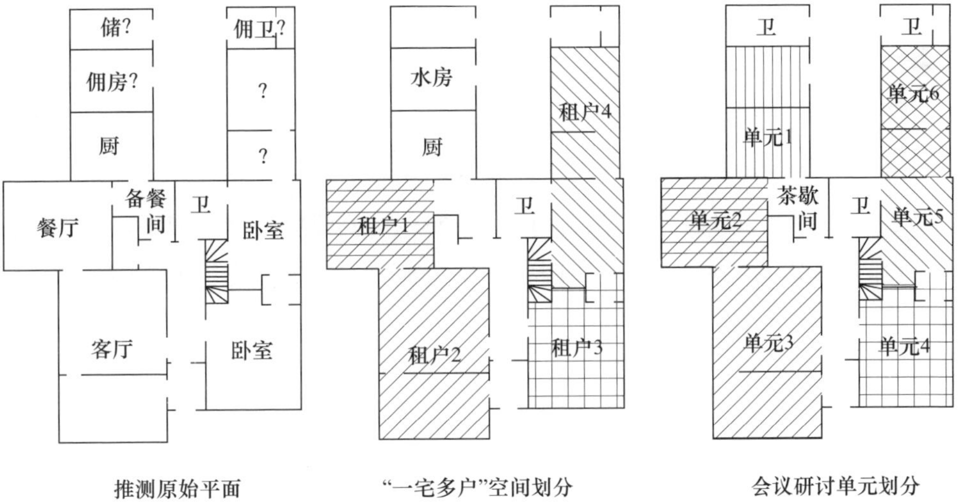

图8　燕南园65号会议研讨空间单元划分建议。

图中问号处代表不清楚实际情况，或为推测的使用功能

三、基于类型学的燕南园、燕东园保护利用策略

（一）基于类型分析判识遗产价值

从形态构成的角度看，燕南园、燕东园总体上体现了折中主义风格，但主要以20世纪20年代美国城郊住宅区为类型范本，两园的地块格局、地块内建

筑和庭院的布置、建筑内部空间构成模式等较高的形态层级参照同时期美国城郊住宅区的形态，而在门、窗、墙、屋顶等结构层级对象上，以及砖、瓦材料上，则吸纳了中国传统民居的做法。

从类型过程的角度看，燕南园、燕东园的初始形态、后续使用中的类型演化反映了近现代时期社会文化背景的变迁。燕南园原本奢侈的空间资源配置、直接效仿同时期美国城郊住宅区的做法，反映了近代时期西风东渐的文化背景，以及燕京大学精英主义的教育模式。随着社会制度的变迁，“一户多宅”使用模式的出现具有必然性，既是社会主义制度在校园内的体现，也是别墅内部私密居住空间向公共空间转化的初级阶段。正如四合院的更新改造不可能忽视人口密度以及居民社会关系变化，由“多家一院”退回到“一家一院”的传统格局[19]。燕南园、燕东园的保护利用也不应盲目追求退回到其建成之初的状态。

除燕南园、燕东园外，北京市内还有多处近现代时期高校为教职工建设的别墅群，包括清华大学照澜院、新林院，以及协和医学院近代住宅。相比燕南园，其他案例地的建筑类型基本统一，而燕南园建筑类型最为丰富多样，多种形式的杂糅、多种外观的建筑同处一园的现象，目前仅见于燕南园。燕南园57、58号院借用西方半独立住宅类型，采用中式建筑外观的建筑形式，目前尚未发现类似案例。

（二）基于类型特征建立形态约束

燕南园、燕东园丰富的建筑类型，以及中西杂糅的类型特点，在各个形态层级中都有反映，需重点保存（见表2）。特别应注意保留建筑的内部结构，避免简单的外观保护。当然，并不是说可以随意改变除此之外的其他形态。建成环境作为一个逻辑严密的系统，其中的每个层级都与其组成部分及其组成的更高级层级之间紧密相关，在适应性改造之时，需要在满足刚性约束的前提下，从整体、系统的视角思考具体的改造利用方案。内部增加、减少、替换的形态元素应注重与原始形态要素、环境整体风格之间的协调。

表2　不同形态层级需要保留的形态要素

<table>
<tr><th></th><th>工匠式平房</th><th>殖民复兴式</th><th>意大利式</th><th>仿中式传统民居</th></tr>
<tr><td>材料</td><td colspan="4">以灰砖、北美红松为主要建筑材料</td></tr>
<tr><td rowspan="3">结构</td><td>人字顶</td><td>盐盒式顶、半山顶</td><td>四坡顶</td><td rowspan="2">卷棚硬山顶、带中式窗扇的平窗/券窗</td></tr>
<tr><td colspan="3">推拉窗（上窗扇带窗格）、檐口开放、檩条外露</td></tr>
<tr><td colspan="4">屋顶桁架、壁炉及烟囱</td></tr>
<tr><td rowspan="2">房间</td><td>带人字顶的门廊</td><td>二层为露台的道院式门廊</td><td>意大利式带拱券的内嵌门廊</td><td>形态分化的厨房、卫生间、储藏间</td></tr>
<tr><td colspan="4">房间应其功能需要而有较大的形态分化</td></tr>
<tr><td>建筑</td><td colspan="4">西式平面布置：以门厅串联各处房间；厨卫位于门厅尽端；佣人房位于建筑边角位置，有单独出入口和独立的卫生间</td></tr>
<tr><td>地块</td><td colspan="4">绝大部分建筑位于地块中央，地块四周没有围墙；57、58号院左右对称，分属两户，但拼合成一形态完整的四合院</td></tr>
<tr><td>街段</td><td colspan="4">以环道串联各地块，建筑主入口位于建筑南侧或北侧，以小道或经过其他地块的路权通道与环道相连</td></tr>
</table>

（三）调整使用模式阻断自发演化

从类型过程看，燕南园建筑后续使用中的演化反映了当时的社会条件，也具有遗产价值，需要保护。但在客观上，“一宅多户”模式下住户的自发加建和改建行为难以约束，确实造成了建筑风貌的破坏以及燕南园整体环境品质的恶化，应当在后续使用中避免。

根据类型学理论，人类需求是塑造形态和推动类型演化的动力，而产权结构决定了使用方改变形态的自由度[10]。历史上，个人福利承租燕南园住房后，原则上可永续使用，实际成为承租人的半永久性空间，而住宅的私密属性又导致房屋内外的改动不便监管，由此出现了较多的私搭乱建行为。为了防止日常使用对建筑造成进一步破坏，妥善保存历史形态，需要改变燕南园的产权结构，由学校授权相关职能部门统一管理和使用燕南园建筑，每家单位只能临时性地使用燕南园空间，从而阻断不可控的自发演化。

（四）选择性保存和重构历史类型

在形态约束下，确定增减的内部元素，需要以类型为纽带，在空间功能、美观、历史遗存保护等各个目标之间进行权衡。根据学校最新规划，燕南园将建设成为学术文化中心。考虑到燕南园建筑内部空间较大，同时建筑内部结构包含了类型特征信息，不适宜做大幅度改动。因此，不宜将整栋建筑分配给一家单位使用，而应将建筑内部空间分隔，用做临时性的中小型会议研讨。在分配建筑内部空间时，可化用“一宅多户”模式：将原本一户的居住空间作为举办会议交流的空间单元，适当删减内部隔断；在厨房或备餐间植入会议茶歇功能；保留厕所，做适当的公共化改造，取消洗浴功能，以服务参会人员。在建筑外部空间，为保证园区的通透性，除了部分封闭建筑凹角的措施可保留和化用之外，后期加建的院墙，以及篱笆、绿篱等软性隔离应全部拆除。

四、总　　结

燕南园近代别墅群的类型范本源于西方，又为适应中国实际产生了变异和演化，形态较为复杂。而类型学构建了层级化的形态等级结构，基于类型过程开展分析，有助于解析复杂而多样的形态现象。首先，本研究应用类型学方法，对燕南园做分层级的形态分析，探析了其类型过程，识别了燕南园空间形态的类型源流和遗产价值。其次，基于类型特征，以形态等级结构为指导，建立了遗产保护利用过程中的形态约束，以期系统地保护遗产资源，尽可能多地保留历史信息，避免简单的外观保护。最后，以类型为纽带，参考历史上“一宅多户”模式下的空间划分，在保存历史形态的基础上，提出具体的空间利用策略。

以燕南园为代表的近代别墅群是一种特殊的历史街区。本案例研究提出的方法，或可为其他保存相对完好的历史街区提供参考，为历史街区的适应性再利用提供理论依据。相关方面有待进一步的研究。

致谢：本课题调研过程中得到了许多师生的支持与帮助，尤其是北京大学考古文博学院张剑葳研究员、北京大学房地产管理部文物保护与管理办公室原主任张通，以及北京大学考古文博学院在读本科生缴婧然、耶鲁大学在读研究生王可达、伯明翰大学在读博士生史艳慧，在此一并表示感谢。

参考文献

[1] 汪丽君. 广义建筑类型学研究 [D]. 天津大学，2003.

[2] Caniggia G，Maffeli G L. *Architectural Composition and Building Typology* [M]. Firenze：Alinea Editrice，2001.

[3] 田银生，谷凯，陶伟. 城市形态研究与城市历史保护规划 [J]. 城市规划，2010，34（04）：21-26.

[4] 夏青，杨星月，崔楠，等. 类型学视角下的历史地段保护更新模式探索——以陕西省彬县老城开元寺片区规划为例 [C] //中国城市规划学会. 城市时代，协同规划——2013中国城市规划年会论文集（11-文化遗产保护与城市更新）. 中国城市规划学会，2013：517-526.

[5] 李向北，杨星莹. “慈云老街”传统历史文化街区规划设计——一个基于城市形态类型学方法的实践探索 [J]. 城市发展研究，2019，26（04）：12-16，21.

[6] 叶强，吴梦怡. 城市近现代历史文化遗产保护类型学设计方法 [J].中国园林，2014，30（02）：16-21.

[7] 周俭，陈亚斌. 类型学思路在历史街区保护与更新中的运用——以上海老城厢方浜中路街区城市设计为例 [J]. 城市规划学刊，2007（01）：61-65.

[8] 聂真. 历史街区保护与更新的类型学方法应用研究 [D]. 西南交通大学，2008.

[9] 盛晔. 历史街区更新中类型学方法的研究与应用 [D]. 同济大学，2008.

[10] Kropf K S. The Definition of Urban Form in Urban Morphology [D]. Birmingham：University of Birmingham，1993.

[11] Moudon A V. The Evolution of Twentieth-Century Residential Forms：An American case study：Urban landscapes：International perspectives [C]. London；New York：Routledge，1992.

[12] 石春晖. 操作者与形态演进——1949年后的北京南锣鼓巷地段城市形态学研究 [D]. 北京大学，2014.

[13] McAlester V. *A Field Guide to American Houses* [M]. Alfred A. Knopf，1984.

[14] 贾珺. 北京四合院 [M] . 北京：清华大学出版社，2009.

[15] 业祖润. 北京民居 [M] . 北京：中国建筑工业出版社，2012.

[16] 侯幼彬，李婉贞. 中国古代建筑历史图说 [M] . 北京：中国建筑工业出版社，2002.

[17] 张复合. 北京近代建筑史 [M] . 北京：清华大学出版社，2004.

[18] 姚雅欣，董兵. 识庐：清华园最后的近代住宅与名人故居 [M] . 北京：中国建筑工业出版社，2009.

[19] 任晋锋，吕斌. 基于类型学方法的北京四合院的保护和再生 [J] . 城市规划，2010，34 (10) : 88-92.

历史校园地下管线改造方式方法探讨

汪一波，杜德华，蔡永庆，袁崇刚，刘熙[①]

北京大学是中国近代史上第一所国立综合性大学，创建于1898年。现燕园校区所在地先为明清两代帝王的“赐园”，后在1919年燕京大学创立时进行了大规模建设，1952年北京大学迁至此园后，随着学校发展，特别是近20年，校园建筑面积有了大幅度提升，基于校园的持续性发展以及实验室、公共实验平台、配套设施对各种能源的需求和可靠性的加大，同时为扩大使用面积，新建建筑物的地下空间进一步扩大，新的规范使管线种类更多，可以预见地下管线排布将更加紧张。近年来，重复开挖、地下空间拥挤、管道综合排布困难、管线老化、改造施工难度高等问题凸显。经调研，这些问题逐渐成为各高校历史较长校区运行中的通病。这种现象也使各类地下管线事故增多，给校内教学科研和生活带来安全隐患。因此，利用新技术、新理念，统筹、合理地敷设地下管线，具有现实意义。

一、历史校园地下管线现状及成因分析

经调研北京地区几所现址建校60年以上的高校（含综合类高校、理工类高校、文科类高校）地下管线情况，发现存在以下几点共性问题和困扰。

---

① 汪一波，北京大学动力中心
杜德华，北京大学动力中心
蔡永庆，北京大学动力中心
袁崇刚，北京大学动力中心
刘熙，北京大学动力中心

1. 存在地下管线分布存在资料不全、部分管线不明的情况。主要是早先图纸资料管理不严格，都是纸质资料，经过历史变迁，丢失较多；原有管理人员主要是技术工人，很多管网情况存在“活地图”脑中，一方面时间长久、建筑变迁，记忆不清，另一方面退休等人事变动，传承不清；维修、零修等小型变动没有资料归总；设计图纸和现场施工不能协调一致，施工场地情况复杂，因此设计图纸就得不断改变。此外，存在施工时擅自改变图纸的现象，在项目交竣时，竣工图纸已和设计图纸存在较大差异。在竣工验收的过程中，施工图纸也未认真核对；边建边用，新管线建设时老旧管线不能及时拆除，地下废旧管线厘不清，这种现象在上水管线中更明显。

2. 管线综合排布规划落后。老校园一般没有管线综合排布规划，水电暖、燃气、电信分属不同部门管理，基本都是有空地就用，埋深能过去就行。导致后期改造过程中旧有管线成了障碍，这又直接导致后建管线路径曲折，管线埋深多变。

3. 校区规划变化大。随着学校发展，校区规划在不停做修改和变动，地下管线也须随之进行变动。

4. 老旧管线多，运行状态较差。随着使用年限增加，部分管线材质老化；树根侵占、地下水位下降、地基不均匀沉降、路面车辆碾压等外部因素；管线电化学腐蚀；管理维护、维保不到位；施工破坏等诸多因素，导致地下管线一直存在维修率偏高的问题。

5. 维修改造资金不足，导致反复开挖。地下管线体量大，所需维修资金大，一般资金申请按项目申报，较难一次性改善某一区域所有管线，时常导致反复开挖，间接浪费路面反复翻修投资。

6. 规范标准、需求不断提升，管线数量不断增多。随着建设规范的更新以及高校学科建设不断发展，师生学习生活设施条件不断改善，对水暖电信气的需求越来越多，地下管线数量增长很快，直接导致地下空间不足。

针对上述不同原因，要改变这一困境，提升历史校园地下管线改造水平，结合近几年的改造经验，可从管理、规划、技术改造方面进行提升。

二、地下管网改造对策研究

（一）地下管网改造管理对策

1. 厘清责任，明确分工。开展校园地下管线统筹建设，牵头管理，完善协调机制。由学校一个部门牵头进行统筹控制监管，其余部门须进行方案审批后再使用地下空间，地下管线改造要进行方案论证和报批，在获批的范围、改造原则下进行后续工作。

2. 摸清管网现状，建立地下管网管理信息系统。

3. 验收规范，提升效率。验收不仅对安全质量进行管控，还要包含管线测绘等数据信息，同时要保证信息的准确性，并将测绘成果及时录入地下管网信息系统中进行更新管理。

（二）地下管网改造规划对策

1. 尽快完成校园总规，明确地块规划。地下管网归根到底是与地上建筑物进行配套。只有地块规划明确，地下管网才能做到变动小，综合排布合理。

2. 地下管网规划要有前瞻性。规划编制往往只考虑当前的管网容量大小，对今后的发展预见性不够。随着学校的发展，管线改建存在诸多瓶颈，特别是重力流管道，一旦建设完成，由于上下游的标高关系，基本无法进行局部调整。另外，在规划设计之初建设的要求与标准往往较低，很快就无法适用。

3. 地下管网规划要注重延续性。历史校园由于无法腾空、改造时间短等诸多因素影响，管网改造很难系统开展，因此规划要有延续性，分批分次按同一目标进行。

三、地下管网改造技术发展及应用

随着施工机械、工艺的不断发展，除了传统大开挖、管道直埋、管沟敷设等方法，地下管网改造的技术手段越来越丰富，下面就几种成熟技术进行介绍。

（一）综合管廊

1. 综合管廊建设背景。2013年起，国务院及建设部（现住房和城乡建设部）、财政部等部门连续发布多项政策、意见和相关技术规范，大力推进综合管廊的开发建设，国务院及相关部委密集出台《关于加强城市基础设施建设的意见》（国发〔2013〕36号）、《关于加强城市地下管线建设管理的指导意见》（国办发〔2014〕27号）、《关于开展中央财政支持地下综合管廊试点工作的通知》《国务院办公厅关于推进城市地下综合管廊建设的指导意见》（国办发〔2015〕61号）、《城市综合管廊工程技术规范》等。2015年9月29日，国务院常务会议上提出“今年起在城市新区、各类园区、成片开发区全面推进海绵城市建设”“在非机动车道、人行道等扩大使用透水铺装，并和地下管廊建设结合起来”。在国内，综合管廊建设已经是比较成熟的施工建设形式。

2. 综合管廊建设利与弊。综合管廊是指地下管道综合走廊，它是用于敷设公用管线的市政公用基础设施，通过建造一个隧道空间，将水电暖信等管线集于一体，并实施统一规划、设计、施工和维护。优点在于避免传统的管线直埋方式造成的道路的反复开挖问题；有效实现了管线的3D布置，淘汰了平面错开式布置，管线布置合理，减少了地下管线对地下空间的占用面积；发展冗余度大，由于综合管廊内部空间大，管线排布灵活，特别适合后期新增大量管线的敷设；管道检修方便，可直观看到管道状态，方便电缆温升测量，若增加智能传感设备，可实现远程监控管网状态。缺点在于一次性投资大；施工工期相对较长；由于施工面较大，涉及施工路段的导流；如原有地下管线较多，施工难度相对较大。

3. 综合管廊施工方式。① 明挖现浇施工方法，明挖现浇法工艺流程基本分为基坑开挖与支护—管廊基础处理—现浇管廊主体结构几步。优点在于造价较低，施工难度较低，质量控制难度较小。缺点是可能需要破坏地上道路、绿化等设施，且须在全作业面进行围挡隔离，基坑特别是深基坑作业时安全隐患较大，而由于综合管廊的尺寸原因，几乎都存在深基坑作业问题。② 浅埋暗挖法，优点在于几乎适用于所有地质类型，施工时噪声较小，对环境干扰小，目前在地下管廊施工中的应用已较为成熟。缺点主要是施工难度较大，施工过程控制要求高，工期相对较长，投资受具体情况影响较大。③ 预制节段拼装综合管廊，预制管廊在专业混凝土制件工厂生产，不受季节天气等条件影响，能缩短工期，同时还具有尺寸精度高、管廊接口严密、现场拼装快速高效的特点，施工速度有优势。缺点在于因需要架设龙门吊，现场对场地的要求高，同时受工程条件影响大，更适用于长度较长、直线段较多的综合管廊建设。

（二）非开挖方式管道修复技术

对于管道存在结构性破损的情况，以往须用明开挖更换管道或者新敷设管道的方法来修复。但人员活动越多的地方管道越密集，各类管道相互交错，很多管线敷设在路下，施工会给交通带来较大压力，也有可能对周边其余管线造成二次破坏。特别是历史校园，有些管道附近长有高大树木，开挖也存在树木倾倒风险，经测算，路面恢复等费用支出要占到整个维修工程的30%以上。面对这些难题，非开挖管道修复很有优势。

1. 等径压缩内衬拖管法。这是使用高密度聚乙烯管对破损管道内进行修复的方法，使用和待修复管道内径等同或稍大一点的高密度聚乙烯管，经过多级压缩暂时减小管的外径，压缩后将缩径的高密度聚乙烯管插入待修复管道，经过一段时间后高密度聚乙烯管自然恢复到原有尺寸。也可采用辅助手段使其恢复，插入的管道就和待修复管道紧密结合，达成管道修复目的。

2. 翻转内衬法。翻转内衬法的工序是用注水翻转的方式将浸满热固性树脂的毡制软管紧贴于已清洗干净的待修复管道内壁，通过加热固化树脂，完成管道修复。此方法优点在于施工工艺简便、工期短、效率高、施工面小，正常情况下8小时内即可完成一段管线的修复；同时适用于上水、雨污水等多型管道。缺点在于施工费用较高、施工期间需要停水；由于是在原管道内附加一层树脂，对管道的内径会有一定的缩小。

3. 内涂层法。将环氧树脂喷涂至管道内壁的修复方法。先使用除锈设备向管内喷射高压旋转石英砂进行除锈，通过石英砂的旋转和撞击管壁，去掉锈渣。然后，用高压水冲洗管道。完成后，用热空气干燥管壁，最后用环氧树脂进行喷涂管内壁并成膜。优点在于成本较低、施工速度较快。特别适用于小管径上水管道的修复。

4. 紫外光固化技术。通过紫外线的作用，树脂软管固化在待修复管道内壁。优点在于固化后的内衬层强度高、耐腐蚀、光滑度高，可改善水流情况，适用范围广，施工周期更短，管道内径几乎无损失，施工安全性更高，施工对现场需求低。

5. 碎（裂）管法修复技术。利用专业碎管设备对原管道进行破碎，再将碎片挤入原管道周围土体，以此形成管孔。最后拉入口径不小于原管道的新管。缺点在于对原有管道材质有要求，原有管道材质只能是塑料管、铸铁管、石棉水泥管、陶瓷管与不加筋混凝土管，同时要开挖工作坑，保证新管道能顺利穿进管孔。

（三）非开挖方式管道施工技术

1. 顶管法。管道施工中最常用的施工方法之一，主要是利用液压顶管机把外套管从工作坑内穿过土层一直推到接收坑，随后将需要的管道埋设在外套管内的施工工艺。

2. 定向钻进法。可应用于土质相对松软的土层中小口径管线的敷设。在探明地下情况的基础上先用导向钻机等工具沿着预先计划好的路线打一个导向孔，然后更换合适尺寸的钻头对导向孔进行扩孔，同时再回拉要铺设的管线。导向钻进法以斜面钻头来控制钻孔方向，并用手持式地表探测器和孔底探头来实现方向监控。这种方法施工速度快。缺点是由于转孔的入射角度和出转角度，管道在土层中为下弯弧型，不能保持水平，对重力流管道适用性较差。

四、地下管网改造技术应用场景探究

（一）综合管廊在校内的应用

1. 适用条件：校内的综合管廊和市政综合管廊相比，有着自身特点。一是受管线直径、规模等因素影响，管廊内径普遍偏小；二是单位段内出线口多；三是受市政出口标高等影响，雨污水等重力流管线较难入廊。因此，如果满足某一路径内电力、弱电、上水、消防、暖气管线密集，同时能有时间段进行交通导流的条件，即可试行建设综合管廊。如有新建校区或重建校区，综合管廊是综合投资最佳的选择。

2. 管廊各项施工方式比较：为方便比较，以北京地区为例，地质条件为人工堆积层、新近沉积层、第四纪沉积层，埋深-4.5～-5.5 m，管廊标准段纵剖面6.5 m × 2.5 m。

表1　管廊各施工方式比较

施工方法	标准段单米造价（万元）	工期（基准1）	绿色施工	场地需求
明挖现浇混凝土	4. 5	1	土方量大，噪声较大，环保性较差	一般校内道路基本需要断路
浅埋暗挖法	7	1.6	土方量小，对地面基本无影响，噪声小	对道路交通影响较小
预制节段拼装综合管廊	5	0.6	土方量大，噪声较大，减少了混凝土浇筑污染较大的环节	需要场地大，基坑边上要有安装龙门吊的位置

（二）重力流管道非开挖维修方式选择

1. 老式缸瓦管或无筋水泥管。此类管线损坏原因主要是树根长入管道、管道材质酥松导致局部管道坍塌，如在草地或简易铺装地面下时，传统开挖更换管道还是最佳选择，施工难度低、造价较低。如在交通要道、埋深较深、周边高大树木时，可选择碎（裂）管法修复技术。

2. 带筋水泥管。此类管道由于内管壁不光滑，容易挂污物，时间长了容易堵塞。如需维修管道较长，可采用紫外光固化技术，对管径影响小，维修后增加管道内壁光洁度，后期不易堵塞。

3. 不适宜明开挖的地段。下水管敷设可采用微创顶管法，首先导向钻杆钻头从工作井出发，通过导向仪引导方向在土层钻进，使定向钻杆精确到达接收井；然后按设计管径回拖制孔；接着安装顶管设备进行顶进；最后进行管道外壁注浆，完成敷设。此方法坡度可控，安全性较高。

（三）有压管道非开挖维修方式选择

1. 铸铁管或镀锌钢管管道维修更换。小于DN100的管道，可采用内涂层法。DN100以上管道优先推荐等径压缩内衬拖管法，也可使用碎（裂）管法。

2. 新建上水管道。可使用定向钻进法，管材选择可选择钢丝网骨架PE管。

（四）电力管线施工方法

由于新建筑、新设备对电力需求越来越高，敷设电缆数越来越多，目前普遍使用的还是传统方式修建电缆隧道或电力管沟。修建电缆隧道和修建综合管廊存在同样的问题：开挖大，影响大。同时校园90%管线集中在-2 m范围内，对于电缆管线这种对标高要求不高的管线，可避让别的管线，往较深地层敷设。为减少影响，也可采用非开挖方式进行施工，对于敷设电缆数量在10～25条范围内的，可采用定向钻进法。电缆数量大于25条，可采用顶管法或浅埋暗挖法进行设计施工。

（五）综述

历史校园一般都存在校园人员密集、路面交通人流量大的问题，一旦管线损坏需要维修，或有新敷设管线需要穿路或沿路敷设，施工对交通影响、施工噪声影响，容易造成“工地大学”的印象。老校园在改造具备条件时，采用综合管廊的形式，减少远期开挖次数；如不具备综合管廊建设条件，尽可能采用非明开挖的方式进行，特别是管道维修。

五、历史校园地下管线改造施工几个容易忽视的重点

（一）要重视地勘的作用

不同于新建楼宇，许多学校对小市政管线改造历来不注重进行地勘，但近几年的改造过程中发现地勘能起到关键的作用。

1. 有利于整体投资控制。通过地勘，可以了解地质基本情况，可事先针对不同地质情况考虑不同的支护方式及施工方案，防止施工过程中方案的重大调整。

例1：某项管道施工拟采用定向钻进法施工，经地勘，发现钻进层为卵石层，使用导向钻机施工难度很大，及时将方案调整为明开挖。

例2：某雨水收集池工程。原设计边坡支护方案为土钉墙，经地勘，发现地下水位较高，将支护方案改为防水性较好的拉森钢板桩。

2. 防范施工风险，提高施工质量。通过地勘可了解地下水文等条件，采取措施保证施工安全，提高后期施工质量。

例：某管道施工采用定向钻进法施工，经地勘，发现钻进层为含水层，导向孔容易发生坍塌，导致路面塌陷等问题，在施工方案中调整为增加注浆管，管线敷设完后及时加注水泥浆，填充导向孔与管线之间缝隙。

（二）要做好安全文明施工和雨季施工措施

与新建楼宇工地不同，管线施工一般工期短、施工面狭长，因此安全文明施工难度大于楼宇施工，施工管理中要严格要求施工单位，搭建硬质围挡，做好警示灯带，防止出现安全事故。

雨季特别是大雨对在施地下管线影响很大。一方面是影响槽底，导致施工质量的下降和后期沉降；另一方面影响边坡稳定，对施工安全带来重大影响；同时沟槽积水，容易导致完工的管道浮起，需要重新开挖施工。因此地下管线施工尽量避开雨季，如无法避开，要有有效排水措施。

（三）加强工后管线信息的收集

历史校园地下管网情况复杂，改造过程中很难完全按照施工图纸进行施工，完工后及时进行测绘，可有效收集管道信息，更新资料，同时方便对施工量进行核算，顺利进行结算。

参考文献

[1] 陈殿军. 城市排水管道抢修工程中非开挖技术的应用研究［J］. 建筑技术开发，2020，47（12）：71-73.

[2] 何宁. 城市综合管廊施工工艺及控制要点——以陕西省安康市长春路西段综合管廊为例［J］. 工程技术研究，2020，5（03）：51-52.

[3] 周星. 市政工程非开挖技术运用［J］.工程技术研究，2018（10）：227-228.

[4] 许润. 非开挖管道修复技术CIPP翻转内衬法的研究［J］. 南通航运职业技术学院学报，2018，17（01）：50-53.

高校后勤保洁服务管理优化研究
——以北京大学公共教学楼为例

王亚南[①]

一、引　　言

（一）研究对象

公共教学楼保洁服务是高校后勤服务工作的一个组成部分，是学校正常运转必不可少的一项服务工作，其服务质量的高低关系到师生的使用体验和学校的形象品质。完善的保洁服务管理既可以提高保洁服务的专业度和服务质量，也可以降低管理成本。北京大学公共教学楼保洁服务管理正处于改革和优化的上升期，本课题在现有教学楼保洁工作开展的基础上，从标准规范、管理办法、管理制度、考核机制等多个层面探索保洁服务管理优化的方法。

（二）研究目标

北京大学公共教学楼保洁服务管理正处于探索市场化、标准化、专业化的上升期，研究管理优化的方法具有重要意义：从管理者的角度，优化保洁服务管理、明确岗位职责、掌握员工工作动态、合理组织培训、实施人性化考核机制、制定完善的操作规章制度，可以有效提高管理效率；从员工的角度看，明确的制度规范、良好的培训机制、透明的考核机制更能提高自身的工作积极性，进而提高工作效率和服务质量。本课题通过保洁服务管理优化研究为实现质量标准化、管理规范化、考核机制量化的高效管理模式提供研究基础。

① 王亚南，北京大学校园服务中心

（三）研究方法

1. 文献及理论研究法

通过文献研究，了解当前较为先进的管理理念和管理方法，为优化研究提供理论支撑。

2. 借鉴比较法

目前国内对保洁管理方法研究较成熟的多为医院和酒店，尤其在服务标准、考核制度等管理层面研究较深。通过对医院、酒店、写字楼等领域的同类服务管理进行借鉴和比较分析，探索教学楼保洁服务管理的优化方法。

3. 调查及访谈法

通过对一线人员参与式观察和问卷调查，进行普遍问题的收集和整理。此外，通过与相关行业专家、资深主管等专业人士访谈，获取关键性技术指导。

（四）研究内容

从工作标准、管理制度、考核机制等方面研究保洁服务管理制度实施过程中的重点、难点问题。工作标准层面进行工作的量化和标准化研究；管理层面从管理制度、人员管理、培训等层面进行优化研究；考核机制从绩效考核层面进行可实施性的方法研究。通过研究为公共教学楼保洁服务管理优化提供理论及实践支撑。

（五）技术路线

课题从质量标准、管理方法、考核机制三方面进行优化研究。首先，通过系统性研究、理论指导，自上而下进行全局审视、系统调整，从整体架构和系统机制层面进行优化。其次，在现有管理制度施行的基础上，通过调查、访谈、考核比较等形式发现问题，通过问题导向型方法，自下而上研究管理优化的内容。此外，横向比较和借鉴学校其他部门现行保洁服务管理方法。

二、服务质量标准化研究

服务质量标准化的研究主要依托精细化管理的应用。北京大学公共教学楼目前的服务质量把控主要依赖于班组长的技术指导和日常检查、科室的管理及不定期巡查。管理不够精细，实施改革和新的质量标准推行阻力大。要实现保洁服务管理的优化就要完善工作制度、细化过程管理、规范操作流程。通过明确标准、规范流程与实时评估，实现目标管理与过程控制。

（一）服务质量标准化研究

1. 精细化管理的应用

精细化管理来源于社会分工和服务质量精细化对管理的要求，包括工作细化、流程细化、管理细化，其核心是责任管理。在公共教学楼保洁工作管理中，可以依据精细化管理方法，从岗位职责量化、流程规范化、质量评估标准化等层面逐步提升服务质量，从而实现全过程管理。

2. 服务质量标准化策略

（1）岗位职责标准化主要是工作内容量化，包括服务区域、作业频次、作业时长等，同时参考行业人均服务面积、工作量标准的内容结合实际情况实施。

（2）流程规范标准化主要是工作流程规范化、工作成果标准化、设备设施使用标准化等。依据行业标准量身定制本单位的作业规范，以节约成本、提高工作效率。

（3）质量评估标准化，包括清洁质量、应急工作、报修及沟通三方面，主要从工作量、工作难度、验收标准多个层面进行分级，设计评价指标体系。

（二）工作内容量化

1. 研究的层次

工作内容量化主要研究作业空间和时间两个层面的内容，具体指工作区域、工作周期及专项工作量化。

（1）区域量化

根据《北京市高校物业管理服务及费用评估标准（2007版）》和《北京高校物业管理服务人员配置及费用测算指导意见（2019版）》的规定，教学楼保洁配置标准为1.5人/千平方米。但这只是平均数，区域划分还要综合考虑建筑布局、人流量、桌椅设施、陈列物、人员平均工作效率等多种因素，在此基础上根据服务质量标准进行区域划分。

（2）周期量化

保洁工作按照周期分为日常清洁、周期清洁、专项工作三部分。日常清洁工作指每日进行的高密度保洁及维护工作；周期工作指相对日常清洁频次较低、定期清洁的工作，重点研究每个岗位的“细活”周期量化，以更加明确岗位职责；专项工作则指独立专项或应急工作。

（3）专项责任制

专项责任制包括区域责任制和周期管理责任制。区域责任制指每一个区域的工作任务和该区域出现的相关问题由专人负责。实施保洁责任区划要全覆盖、无盲点，岗位区划和职责要有明确的划分和说明。周期管理责任制指每一项工作从开始到结束由专人负责。周期管理责任制需要对弹性排班、弹性调配进行统一协调，在固定的周期内对工作成果、质量标准进行把控。

2. 工作量化实验研究

为了进一步细化工作量，提高公平性，课题组依据已有的研究成果、参考学校相关业务部门的交流成果，通过跟踪统计的方法，对第二教学楼的保洁工作进行量化研究。

（1）工作岗位量化

首先对教学楼作业面积进行分层、分类统计，包括公共区域、卫生间、教室、电梯、楼梯等类别，尤其针对教学楼夜班的教室工作量进行详细的统计和跟踪实验。同时，对重要的区域实施专人专岗工作量化，根据人流量、工作频率、工作难易程度进行专岗设定，尽可能公平公正。

（2）工作区域量化

工作区域量化需要综合考虑各层、各时段的人流、天气、作业面基底等因素，综合考虑工作难度。在第二教学楼教室保洁区域量化的过程中，采用跟踪计时的方法进行统计。具体做法：由5名作业速度适中的保洁员分别对五个楼层依次进行教室清洁。另有5名调研人员全程跟踪，对每个教室桌椅—地面、窗台—衣架、讲坛—黑板的清扫时间分别计时。之后使用连续三次记录数据平均值计算教学楼所有教室清扫时间，再综合考虑教室环境影响因素和误差进行岗位划分，最终确定教室夜班的岗位数量。考虑每组教室距离工具间的路程、不同楼层教室之间的步行时间，按照楼层和最佳路径划分各岗位对应的教室群，实现精细划分工作区域。

（3）工作周期量化

公共教学楼日常清洁工作进行平稳，但周期清洁工作缺乏量化。周期清洁工作的区域为各岗位人员作业不易到达且不必每日清洁的区域，包括门窗玻璃、石材墙面、挂画、吊顶等。管理人员将此部分工作根据使用特点分为七部分，从周一至周日定时定岗列入岗位职责，并制定作业标准。

（三）工作标准规范化

在制定岗位职责的同时，要对工作流程、成果要求进行标准化和规范化设计，使员工对“做什么、怎么做、做到什么程度”有一个清晰的认识，再通过管理办法和规章制度进行约束，同时将设备设施的规范操作一并纳入，实现工作全过程的标准化。

1. 工作流程标准化

保洁工作虽然技术难度不大，但环节较为琐碎，如果没有规范的工作流程标准，清洁环节很容易遗漏或重复。课题组对第二教学楼教室区域保洁员进行单人单岗跟踪调研。通过全程跟踪发现，保洁员根据个人习惯安排作业流程，工作顺序几乎都不相同，虽都基本完成工作，但被抽查的5个保洁员中，有3个都存在作业区域重复或遗漏。

教学楼保洁工作流程标准化包括：地板清洁工作流程，电梯清洁工作流程，门厅玻璃清洁流程，教室桌椅清洁流程，教室讲坛黑板清洁流程，教学楼字画、铭牌清洁流程，烟柱清洁流程、室外空间清洁流程等。同时，还要加强值班室、值班台的日常工作流程标准化，主管、班长的日常巡查流程标准化。此外还要特别注意垃圾分类和疫情防控工作流程的标准化。

2. 成果要求标准化

工作成果是各岗位工作目标的重要组成部分，也是考核的重要依据。研究借鉴《高等学校物业服务规范》对教学楼、实验楼、教室等内部使用场所的保洁要求及《北京高校标准化物业服务标准（试行）》对实行标准化管理的教室（学）楼的评定标准，对公共教学楼保洁服务的成果要求进行标准化研究，对各项工作的成果进行标准化设定。以清洁工作为例，从大厅、墙面、吊顶、门窗、教室、卫生间、楼道及通道、建筑散水及楼台八个区域分别进行成果标准化设定。

3. 物料及设备设施管理标准化

物料及设备设施标准化管理也是工作标准规范化的重要一环。首先，在设备设施层面，做好设备管理维护、操作标准规范、人员持证上岗核查等工作。其次，做好采购计划、新型设备引进、库存管理、出库统计等。此外，做好物料用量统计分析，用量统计可以辅助制定下一年的预算。根据每学期、每个阶段的用量特点，综合考虑库房容量确定库存量和采购时间，从而制定较为稳定的采购和预算计划。

（四）质量评估标准化

质量评估主要针对工作流程、工作规范、工作质量进行评估。重点是依据工作流程、规范和标准制定各专项的评价指标和分级标准，依据指标对保洁工作进行评分。研究从清洁质量、应急工作、报修及沟通三部分进行质量评估标准化的研究。其中，应急工作、报修及沟通工作质量评定要定性与定量相结合、过程评估与结果评估相结合。

1. 清洁质量

清洁质量是公共教学楼保洁服务最本职的工作，按照工作标准、工作区域逐级设定检查指标，研究将教学楼分为大厅、墙面、吊顶、门窗、教室、卫生间、楼道及通道、建筑散水及楼台八个区域，每个区域单独设置质量标准，并对不同的质量成果进行分值设定，设计完成《公共教学楼清洁质量检查表》。严格制定评分标准，评分标准施行5分制，对工作质量进行量化评分。

2. 应急工作

公共教学楼人流大、使用频率高，应急事件多，日常需要根据学期工作特点对人员进行临时调配。应急工作质量评估要综合考虑人员的积极性、配合度、工作完成度、时效性等因素，评估标准要符合应急工作的本职特征。

3. 报修及沟通

保洁人员除了正常的清洁工作、应急工作，还要负责基础设备设施的巡查、报修、登记，同时为楼内师生提供导示、基础咨询等，需将报修的及时性、督促进度、沟通效果作为工作质量的评估要素。

三、管理方法优化研究

公共教学楼保洁服务管理优化研究层面包括：① 加强制度建设，作为所有工作优化改进的基础；② 依制度落实现场管理，优化管理切实落到实处；③ 强化系统培训，提升实施主体的综合业务能力和品格素养，做足增值项。

（一）管理方法理论研究

1. PDCA管理模式

PDCA管理模式是一种质量管理的基本方法，包括计划（Plan）、实施（Do）、检查（Check）、改进（Action）四个环节。PDCA是四个环节不断循环的过程，每循环一次可以解决一部分问题，稳定成果后在下一次循环中再解决新的问题，层层递进，不断提高工作质量。[2]对保洁服务工作来说，有利于稳步提升服务水平。

2. 精细化管理

精细化管理重点突出“精”和“细”两个层面的内容。“精”是核心内容和关键环节，“细”是量化、考核、执行。[3]在质量标准化应用的基础上，还应突出精细化在制度建设和监督考核层面的作用。实施精细化管理必然要有科学健全的管理制度与之相配套，同时还有明确的责任和监督机制，以期较大限度减少管理资源，降低管理成本。

3. “5S”现场管理方法

“5S”指整理（seiri）、整顿（seiton）、清扫（seiso）、清洁（seiketsu）、素养（shitsuke），主要用于现场管理方法的优化。[4]

（二）管理制度优化

管理制度是单位管理的工具，其意义在于协调、整合各种关系，保证组织正常运转。合理的管理制度可以简化管理过程，提高管理效率。在多年的工作实践中，教学楼保洁服务团队通过不断积累改进、代代相传、口头相授，形成了很多好的工作方法。工作中要将这些珍贵的积累和传承制度化、系统化，真正稳固住成果，并不断创新突破，取得更好的成绩。

1. 优化原则

（1）管理制度要“接地气”

管理制度要与现实结合，制度越具有针对性，管理实施起来就越能事半功倍。

（2）管理制度要简明化

管理制度拟定的过程要分离管理性和流程性条款，把岗位职责、流程标准、管理制度分开，避免彼此间内容重复、条款烦琐。简明化的管理制度更有利于提高管理效率，也可以使员工更专注工作过程、技术革新。

（3）管理制度要动态调整

制度的拟定要对实际已有的成果进行梳理，把原先有特色的、长处的内容固化成制度。同时，又要在工作过程中不断改进和完善制度，实现动态指导。

2. 管理制度架构

管理制度的架构依托于岗位职责、工作流程、标准规范。研究依托业务部门制度建设专项工作，梳理业务科室原有的制度规范性文字资料，根据业务流程、管理体系设置管理制度架构。补充缺失的、整合重复的、细化粗略的、废止失效的内容，将原有文字性的内容进行完善、细化，填充至制度框架的相应内容。把岗位职责、岗位责任区域、交接班记录要求等内容落实到文字上，形成一个架构完整的制度文件。

3. 管理制度的执行

公共教学楼保洁服务团队受传统粗放式管理方式的影响，新的制度颁布之初，制度是制度，工作是工作，不利于稳固管理成果。为了让制度实实在在服务于业务流程，要加强新制度的宣传和贯彻力度，从员工意识上改善现状。对于新颁布的管理制度，可以设定三个月到半年的试运行期。期间收集各方面的信息反馈，采取调研、座谈会等多种形式收集意见和建议，及时作出调整，强化制度执行。

4. 管理制度的定期评审

管理制度不是一成不变的，要根据新的政策要求、行业标准、服务需求、学校行政指导性要求不断调整，并在执行中进行制度检查，逐步完善。

管理者须每年开展一次制度检查，对发现的制度问题进行调整和完善，及时提炼、固化到管理制度中。对于制度施行过程中出现的较为严重的问题，要进行重点调整。同时要严格执行制度条款调整内容的起草、预审、审核等流程。

5. 重点优化内容

（1）拟定专项管理办法

根据各个专项工作分别拟定相应的管理办法，包括岗位职责、工作标准、工作流程、质量管理要求、培训考核办法、检查评分标准等。员工按要求上岗，专项工作有章可循，通过明确的岗位职责和工作规范保证教学楼保洁工作平稳运行。

（2）完善应用表单

保洁从业人员多数文化水平较低，对于工作的认知比较简单，而应用表单简单直接，既是考核工具又是管理工具。管理根据业务流程制定统一的架构，将已有片段化的应用表单有机组合起来，查缺补漏、合并梳理，形成全面、有机、精简、实操性强的应用表单体系。

（三）现场管理优化

目前，北京大学教学楼保洁服务的现场管理以经验为主，重点关注清扫、清洁的环节，但总体缺乏系统和联动管理。研究以“5S”现场管理办法为理论指导，形成整顿—整理—清扫—清洁—素养的管理体系。通过全面、规范的现场管理，提升服务质量。

1. 整顿

整顿主要是对值班室、休息室进行管理。

值班室包括值班人员办公区、休息区、更衣区、常用物品存放区等，通常情况下会有部分区域混用。在整顿时要进行有机划分，将休息区域尽量与工作区域进行空间隔断。使用频率较低的工具、办公用品以及到归档期的文件等物品，应及时归置入库，有序收纳。

保洁员的休息室作为较为隐私的区域，管理者较少检查，很多存在安全和卫生隐患。管理要对休息室的“死角”进行整顿，包括规范个人使用空间、规定存放物品类别等。通过营造良好的休息室环境保证正常的工作秩序，提升员工的精神面貌。

2. 整理

工具间的整理要分区设计和流线设计并行。分区设计要保证工具摆放互不干扰，药剂物品互不污染。真正做到固定位置摆放、固定颜色区分、标签粘贴到位。流线设计要根据每日的工作流程、工具及药剂使用频率等进行空间的流线设计。在有限的空间内秩序分区、顺畅流线，同时在醒目的区域张贴工具间的管理办法及相关管理制度。

3. 清扫、清洁

公共教学楼清扫、清洁流程管理包括清扫频次、清扫时间、垃圾定点倾倒、定时清运等，在实际工作中要按规定的工作流程，履行保洁员的岗位职责。同时，优化工作重点，做好流程标准、工作台账、应用表单等规范性内容。疫情防控期间，要按照防疫操作标准和流程把控相应环节，做到卫生保洁不掉分、疫情防控不放松。此外，噪声重、影响大的工作应充分利用教学楼封闭时间进行。

4. 素养

公共教学楼是学校的重要公共区域。为了使员工保持较好的精神面貌，要开展系统性的培训和教育，从沟通态度、仪容仪表、工作纪律等方面全面提升人员素养。

现场管理是一个不断改进、不断提升的过程，需要与PDCA管理模式相结合，形成螺旋上升的态势，在完成基本框架的构建后对重点问题重点突破。

（四）培训优化

公共教学楼的保洁团队基本延续以老带新、岗上实操的传统，系统培训环节较为薄弱，培训工作提升的空间较大。优化工作主要从系统性、针对性、考核反馈三方面研究。

1. 加强系统性

（1）明确培训目的，根据调查问卷、座谈调研、工作考核等多种形式确定培训需求和培训目标，合理制定培训方案，每年设置稳定的培训预算。

（2）设置培训组织架构：人力资源设培训专员，负责培训计划、执行督导，业务部门设置培训兼职主管，负责配合培训专员实施培训。

（3）制订培训计划：根据单位年度目标制订年度培训计划，并具体分解为季度和月度培训计划。培训计划要根据培训内容系统安排，防止重复培训，重点工作要重点培训。对于外界接收的新政策、新标准、优秀案例等要及时、机动地调整加入培训计划。

2. 强化针对性

（1）培训形式有针对性

根据培训内容和培训对象确定培训形式，包括集中培训、小班培训、一对一或一对多岗上实操培训、技术骨干外出培训等。根据空间和时间条件线上线下结合，线下集中培训或岗上实操，线上设置视频学习平台，同时可以采用技术骨干直播培训的方式增加参与性。

（2）培训内容有针对性

首先，针对不同的对象确定培训内容，强调培训内容的实用性。主管人员侧重管理能力的培训，技术骨干侧重技术能力的精进提升，普通员工侧重执行能力的培训。其次，设置适合岗位类别、工作流程的培训方案，将工作原理、流程标准、技术窍门等内容以简洁易懂的形式纳入培训课程。最后，动态调整培训内容，与行业标准、政策要求、服务需求等影响因素动态匹配。

3. 优化考核与反馈

（1）以口头提问、书面考核、现场实操等形式进行培训考核，考核成绩与当月绩效关联。

（2）制定学分制，建立员工培训档案，与绩效考核、职位晋升等因素关联。

（3）培训结束后设置考核期，通过跟踪考察、技能比赛、满意度调查的形式评估培训效果，根据评估结果调整下一阶段培训方案，实现精准培训。

四、考核机制优化研究

绩效考核的目的：核定成绩、发现不足、寻找原因、改进工作。完善的考核机制可以规范员工行为，发挥员工的积极能动性，提高工作效率。公共教学楼保洁服务管理工作要在质量标准化、管理制度化的基础上，制定更为公平合理的考核机制。

（一）优化原则

保洁服务是一种劳动密集型的工作，考核管理的优化应遵循以下原则：① 考核主体应具有权威性、科学性、公平性、合理性，同时要多角度观察和判断，避免偏差。② 考核结果客观公正、明确公开，作为被考核者下一阶段改进的依据。③ 考核标准、流程应有明确规定，并向员工公开。

（二）优化方法

1. 管理优化

（1）绩效积分制

绩效积分设置工作业绩、业务能力、工作态度三大项考评要素，对员工的工作表现进行量化。积分制的考核标准分为两部分：第一部分考核评估是否符合基本标准，第二部分考核超出基本标准的部分。根据考核标准，员工当月积分可能是正分，也可能是负分，以此作为绩效、奖罚的依据。

同时，积分制设为月度、年度积分两种形式：月积分的月初积分为0，根据相应的加减评分标准，月底积分排名，次月重新开始计分；年积分按照每月积分累积计算，年底进行积分排名。

（2）考核制度保障

为保障绩效考核的顺利实施，设置相应的制度、管理办法。例如《绩效管理实施办法》《绩效管理责任制度》《绩效考核实施办法》《绩效考核反馈及运用制度》等制度保障，通过绩效管理实施全过程的规范化，保证考核制度顺利施行。

（3）强化管理者的作用

考核评估除了对固有指标打分，还要在执行中细化过程管理，细化、调整指标和权重，加强考核评估的公平性，并将考核结果及时反馈和应用，最大限度发挥管理者的能动性。

2. 考核指标优化

保洁服务工作考核指标设计应从服务工作本身出发，选取关键性的、起制约作用的因素，制定精细化、精准化、差异性的考核指标。

本研究参考湘潭大学陈方关于绩效考核量化指标的设计研究，将保洁员的绩效考核指标分为服务质量、工作状态、培训情况、反馈与评估四项指标，在此基础上细化二级指标。根据对主管、班组长、保洁员分别开展问卷调查的形式进行指标权重赋值，同时结合专业人事意见修订，最后确定权重值（见表1）。

表1　保洁员绩效考核权重值设计

一级指标	二级指标	指标类型	计算方法
服务质量（0.5）	班组巡视考核成绩（0.6）	月度考核	对应保洁质量核查表，每周一次，取月积分平均分。二级指标得分=检查表得分 × 60%
	部门巡视考核成绩（0.3）	月度考核	对应保洁质量核查表，二级指标得分=检查表得分 × 30%
	中心巡视考核成绩（0.1）	月度考核	对应保洁质量核查表，二级指标得分=检查表得分 × 10%
工作状态（0.15）	出勤率（0.2）	月度考核	出勤率=月出勤天数/应出勤月总天数，二级指标得分=出勤率 × 100 × 20%
	事故率（0.3）	月度考核	过失一次，扣10分，30分封顶
	服从管理、服从工作安排（0.3）	月度考核	满分100分，二级指标得分=班组长评分 × 30%
	处理信息和应急反应（0.2）	月度考核	满分100分，二级指标得分=班组长评分 × 20%
培训情况（0.2）	培训成绩（0.5）	季度考核	二级指标得分=（N_1培训分数+N_2培训分数……N_n培训分数）/N × 50%
	培训学时（0.5）	季度考核	二级指标得分=完成学时/应完成学时 × 50%
反馈与评估（0.15）	师生评价（0.4）	年度考核	师生调研表，满分100分，二级指标得分=调查问卷分数 × 40%
	班组长评价（0.4）	年度考核	满分100分，二级指标得分=调查问卷分数 × 40%
	员工间评价（0.2）	年度考核	测评表，满分100分，二级指标得分=测评表分数 × 20%

3. 考核结果应用优化

绩效考核不是单独按照评估人的主观判断评判、打分、计算绩效工作，更是要对被考核人本人给予反馈和改进建议，进行有效的沟通。这样既可以使被考核人认为自己得到了平等交流，又能将绩效结果及时反馈给被考核人，进而改进不足之处，使绩效考核形成一个良性循环。

（1）考核结果与激励机制结合

将考核结果与激励制度挂钩，包括员工晋升、薪酬调整、岗位调配等因素。针对员工的考核结果，设置差异化的激励，使考核结果更好地为激励机制服务。同时，绩效考核要注重时效性，每月的考核要直接反映到月度绩效工资中，当月兑现。

（2）考核结果作为沟通和指导的依据

管理者及时将考核结果与员工进行沟通，让员工明白绩效不佳的原因及改善绩效的方法。使员工正视考核结果及不足之处，引导发挥员工的积极性和创造性，增强凝聚力和向心力。

4. 实施主体优化

（1）“裁判员”和“运动员”分开

评估是绩效考核的依据，业务科室作为实施主体不能既做业务又做评估，应将业务实施主体与监督评估主体分开，工作任务与各自的绩效挂钩，保证监督评估的意义。

（2）内部评估和外部监督结合

将监督评估主体及师生用户监督相结合，形成内外双层监督机制。内部考核通过分类考评、指标量化等措施进行评定。外部监督则听取师生的意见和建议，通过使用者的监督落实管理，提高服务水平。

（3）实施分级巡查制度

巡视检查分为三级：班组巡视考核，部门巡视考核，中心巡视考核。班组巡视考核，主要针对员工日常工作考核。部门巡视每月考核，主要完成全指标考核。中心巡视不定期执行，主要进行专项指标抽查。

五、讨论与总结

在市场化的背景下，先进的保洁服务管理制度和方法大多依托于更为完备的物业管理体系。北京大学公共教学楼保洁服务团队的体量较小，与学校其他物业服务类部门从管理体系上相对分离。因此课题仅针对现状下可实施的保洁服务管理优化策略和方法进行研究。如依托更为完备的物业体系，可以考虑多方优化技术：① 建设智慧管理系统，提高信息化水平；② 引入更为先进的考核制度、人力资源管理方法；③ 在进行内部考核、外部监督的过程中，依托公共教学楼全服务系统的满意度调查，实现更大范围的听证和意见；④ 多部门协作、协调，依托整体体系优化进行专项业务优化。通过加强制度建设、文化建设、安全建设、人事制度，紧跟市场趋势引进新的服务理念、持续优化工作模式。

参考文献

[1] 邱培彪. 高校后勤精细化管理的必要性及其实现途径 [J]. 广东广播电视大学学报，2012，21（04）：85-89.

[2] 桑彩娣，薛玉明. PDCA管理模式在保洁质量管理中的运用 [J]. 养生保健指南，2018（10）：273.

[3] 罗树琼. 高校后勤精细化管理对策研究 [J]. 中外企业家，2011（18）：164-165.

[4] 项瑞兴. “5S”在保洁管理中的应用 [J]. 现代物业（中旬刊），2016（04）：33-36.

[5] 杨士娟，张文利，宋晓安，等. 后勤8S精细化管理在后勤社会化保洁监管中的实践与体会 [C] //中国医学装备协会，《中国医学教育》杂志社. 中国医学装备协会第二十六届学术与技术交流年会论文汇编，2017.

[6] 何佳. 高校后勤物业管理模式研究 [D]. 沈阳建筑大学，2016.

[7] 李妞，李刚，李振江. 建章立制 规范管理 构建企业制度流程管理体系 [C] //中国金属学会. 第十一届中国钢铁年会论文集—S19，2017.

[8] 曹小琴，等. 综合干预措施提高医院保洁员环境清洁质量的效果研究 [J] . 中国消毒学杂志，2019，36 (04) : 261-263.

[9] 单华明. JT集团人力资源培训体系优化设计 [D] . 江西财经大学，2017.

[10] 祝志伟. S物业公司培训体系优化研究 [D] . 东华大学，2020.

[11] 王贞斐，陈红霞，郑珍香. 持续质量改进在基层医院保洁员管理中的应用 [J] . 中医药管理杂志，2010，18 (03) : 282-283.

[12] 李广宇. 高校后勤公司员工绩效考核现状分析及思考 [J] . 中小企业管理与科技 (下旬刊) ，2014 (09) : 22-24.

[13] 史伟峰. A物业管理有限公司员工绩效考核体系优化研究 [D] . 郑州大学，2018.

[14] 毛朝桦. 民办S高校后勤员工绩效管理优化设计 [D] . 郑州大学，2020.

[15] 程甫. 高校后勤服务人员绩效评价体系构建研究 [J] . 人才资源开发，2016 (24) : 14-15.

[16] 江艳华. 保洁服务外包项目管理研究 [D] . 南昌大学，2011.

[17] 康华，岳熙，黄辉. 高校后勤服务质量评价指标体系构建与研究——以新疆农业大学为例 [J] . 高校后勤研究，2019 (8) : 17-20，27.

[18] 穆仁龙. 后勤社会化改革新形势下高校后勤服务的开展与监管考核 [J] . 新校园：上旬刊，2018 (9) : 1.

[19] 王飞飞. 政府购买保洁服务绩效评估研究——以镇江为例 [D] . 江苏大学，2018.

[20] 祝云凤，潘卫东. 质量管理体系引入高校后勤系统的实践与探索——以苏州工业园区服务外包职业学院为例 [J] . 高校后勤研究，2019 (2) : 62-65.

[21] 邓益. 新加坡高校后勤服务模式的分析与启示——以南洋理工大学为例 [J] . 中国管理信息化，2017，20 (16) : 255-256.

[22] 胡占友. 餐饮酒店规范化管理操作全案 [M] . 北京：机械工业出版社，2014.

[23] 孙增旗，等. 企事业单位物业管理服务实用手册 [M] . 北京：机械工业出版社，2013.

[24] 中国教育后勤协会，中国物业管理协会. 高等学校物业服务规范 [S] . 2021.

[25] 北京市教育委员会. 北京高校标准化物业服务标准 (试行) [S] . 2009.

高校后勤系统劳务外包监督管理研究——以北京大学为例

熊蕾，母佳①

一、研究背景及意义

高校后勤系统主要负责高校内部的校园建设、后勤服务保障等多方面的管理与服务工作。目前，高校后勤的在编职工数量难以满足校园各项服务保障及现实发展的需求，很多高校逐渐采用多种用工模式，包括劳务外包、劳务派遣等。后勤系统的服务主要集中在餐饮、物业、维修、保洁这种基础性服务保障上，因此后勤人员中大部分为一线工人，人员的教育水平、文化程度、综合素质等参差不齐。[1]高校后勤在编职工数量日益减少，但服务需求不减少及服务质量要求不断上升已经成为趋势，劳务外包人员渐渐成为一线后勤服务工作的重要力量。

劳务外包的用工形式一方面补充了高校后勤的服务力量，为学校事业发展提供了支撑保障，另一方面也给对此类用工的监管工作带来了极大的挑战。因此研究高校后勤劳务外包的现状及管理机制，并提出监管措施，对促进后勤管理更加精细、不断提升后勤保障工作的科学化和规范化，促进服务质量不断提升具有重要的意义。

二、研究方法及结构

（一）研究方法

本文主要选取某高校后勤系统作为研究对象，对现有劳务外包的管理情

① 熊蕾，北京大学校园服务中心
母佳，北京大学校园服务中心

况进行分析，研究劳务外包用工管理存在的风险和问题，结合上述分析情况给出劳务外包用工管理解决方法。研究过程中主要采用理论分析和案例分析相结合的方法。文章系统地介绍了该高校后勤系统现行劳务外包用工管理模式所面对的内部环境和特点，并结合具体情况分析存在的风险和问题，为其规范管理提供分析基础，对用工人数、服务类型、合同签订情况等数据信息进行梳理汇总，形成结论。

（二）整体结构

本文通过对某高校后勤系统劳务外包用工现状的分析，研究了劳务外包用工管理的特征，探讨提出了解决方案，主要介绍了研究背景意义、研究方法及结构。通过分析某高校后勤系统劳务外包用工的情况，对现行管理模式面临的优势、劣势进行讨论，指出在对劳务外包监督管理过程中存在的风险和问题。最后，为各部门规范管理、改变现有管理方式提出一些建议。在高校后勤逐渐缩编、用工形式多样但身份存在差异的大背景下，探讨更有利于劳务外包用工管理模式的发展方向，从提高行政管理效能、维护人事管理秩序、完善制度办法、建全合同管理等方面进行阐述。

（三）创新点及不足

本文选取了对某高校后勤用工产生巨大影响的劳务外包为研究对象，结合后勤系统各部门用工特点，选取了几个后勤部门作为范例进行研究。本文主要创新处有以下三方面：① 分析了劳务外包用工的特点；② 通过分析劳务外包的优、劣势，整体叙述和分析现行劳务外包用工管理方式给各部门带来的风险和问题；③ 经过对风险和问题的剖析，提出了解决方案，进一步规范和加强对劳务外包的监督管理和后勤人员整体管理，促进管理效能及服务水平提升。

本文的研究还存在一些不足之处。文中所提的劳务外包监督管理办法是针对北京大学后勤系统的宏观性建议，但各部门情况有所差异，需区别对待，因此不同部门的具体监管措施要具体问题具体分析。希望在今后的工作和学习过程中，能够继续对各部门产生的劳务外包监管问题进行更加深入的交流、调查和分析。

三、高校后勤劳务外包的理论概述

（一）高等学校后勤的内涵

高校身兼人才培养和科学研究双向任务，与此同时还要为广大师生员工的学习和生活提供保障服务。因此，高校后勤在整体环境中的作用日益显著。学术界对高校后勤的概念大致有两种解释形式，一种是从宏观角度来说，指的是后勤部门为学校整体运行提供辅助性的公共物质服务保障；二是从微观角度来说，包括学校总务、后勤各种辅助性服务，如生活、商业等多种多样的基础性服务。随着学校日益增长的发展需求及功能的多样化，现阶段后勤服务包括有基建、修缮、水电、餐饮、公寓、会务与物业等多方面服务。[2]

（二）劳务外包的内涵及流程

劳务外包是业务外包中的一种，指的是用工单位将业务或工作发包给相关外包单位，外包单位根据情况自行安排劳动者，按照发包单位的要求，完成相应业务和工作。在多数情况下，指企业根据自身在生产过程中的实际需求，把非核心的、辅助性的、季节性强的、不定期性生产的生产环节或生产线进行外包，由外包公司按照计划和指标进行生产。

图1展示了高校后勤劳务外包的步骤和流程。

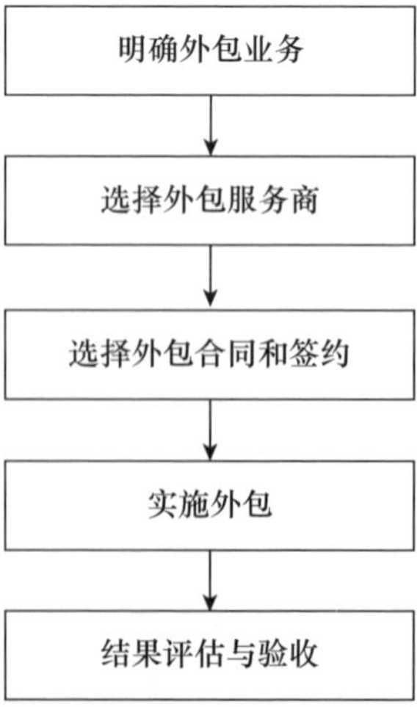

图1　劳务外包流程示意

四、某高校后勤系统劳务外包及监管现状

北京大学后勤系统用工主要分为事业编制、劳动合同制、自聘劳务人员，但事业编制和合同制的人员数量某种程度上不能满足后勤服务用工需求。为缓解基层一线的实际困难，近几年后勤逐步采用劳务外包员工的方式补充一线人员不足及年龄老化的问题。

为进一步对北京大学后勤系统劳务外包监督管理进行研究和分析，针对后勤系统各个部门进行关于劳务外包监督管理的调研，主要采用访谈、调查问卷、会议研讨的形式开展。

调查显示，后勤系统的劳务外包整体提供了良好的服务，较好地完成了职责。通过部分业务外包，各部门能够将更多的精力放到使其获得更多价值的管理活动中，减少了细小复杂的事务性管理；同时劳务外包企业能够负责部分人员管理中的招聘、培训等环节，在一定程度上减少了各部门的人员管理成本。通过劳务外包，一方面部分业务人员紧缺给各部门带来的紧张感降低；另一方面也防范了用工风险，劳务外包企业的服务人员基本都是长期从事该职位的熟练工人，能够有效保障服务水平和质量，在各部门为学校发展贡献力量的过程中提供支持和配合。调查显示，在后勤劳务外包中，外包企业较好地完成了本职工作。但也显示应加强对外包公司的监督管理，解决实际管理过程中的一些共通的具体问题和困难，比如对劳务外包公司的监督考核制度还不够详细；还未建立对外包企业的表彰激励机制；员工归属感不强，人员流动性大；信息沟通方面还存在一定问题等。

五、开展劳务外包的优势分析

当前，众多高校存在不同类型的后勤管理体制，社会化程度有所不同，有些高校依旧保留以事业编制为主要管理对象的形式，有些高校已经逐渐完成社会化，以后勤集团的形式为高校教学与科研提供服务。但高校后勤服务的主要任务没有发生改变，存在大量基础性、简单性服务和劳动，在为广大师生做好服务保障的同时也在致力为高校教学与科研提供更加优质、高效的服务。在这

种形势下，高校后勤队伍中的劳务外包的监督管理研究，需要对劳务外包现状进行深入分析，找到优、劣势，尤其是对劣势进行分析和解决，从而整体加强劳务外包的监督管理，充分发挥劳务外包的优势。现对开展劳务外包的优势作如下分析。

（一）减少人员管理时间成本，降低用工风险

目前开展劳务外包的流程都比较规范，通常程序为初步洽谈、考察分析、进行招投标、签署合同，能够从市场上引入专业性强、管理经验成熟的外包企业开展高校后勤的基础性服务工作，一定程度上降低了后勤自身的人员管理时间成本，也可以有效降低人力资源管理的风险和成本。

（二）降低管理难度，提升管理效率

劳务外包逐渐补充到高校后勤队伍，成为高校后勤一线服务的主要力量。专业的劳务外包公司会针对高校后勤服务的相关业务，通过相关程序承接相关服务业务，相比高校后勤直接聘用人员组成服务队伍，在一定程度上减少了后勤各部门人员管理在招聘、培训、日常管理环节中产生的费用，有效提升管理效率和服务水平，使管理者可以将更多的精力投入其他能给各部门带来增值效益的管理活动中。

（三）引入专业公司，提升高校后勤服务水平

由于外包公司长时间从事某一项或某几项业务，配备技能熟练的工人或专业的工作团队，将部分业务交由外包公司完成，一定程度上能够促进整体工作效率提升，将更多的精力放在更有价值的管理活动中，进一步提升后勤整体竞争力。另外，部分业务交由外包公司完成，可以达到精简人员总体编制的目的，减少管理单位层级管理的组织构架，各部门进行管理时，只需面对外包单位的管理者，从而进一步提高工作效率。

六、劳务外包监督管理存在的主要问题

本节通过对北京大学后勤系统劳务外包及监管现状分析，对后勤系统劳务

外包中存在的主要共性问题进行汇总，并深入分析其原因。

（一）选择外包公司存在一定困难，管理成效有所欠缺

后勤系统各部门实行劳务外包，首先要对接劳务外包公司。但是，从当前众多劳务外包公司中选择适合自身管理和发展的劳务外包公司并不非常容易。选择得当，劳务外包输入员工素质与各部门岗位相匹配，会促进各部门的健康运作；反之则会使相关岗位难以发挥其作用，甚至产生连锁效应，给各部门带来经济损失。

（二）员工流动性大，影响工作队伍稳定

在劳动关系日益复杂，灵活就业新业态蓬勃发展的趋势下，由于外包人员与在编员工在待遇上存在差别，极难在思想上产生主人翁意识，给外包企业及各部门的管理带来极大挑战，一旦发生劳动纠纷，不仅会降低劳务外包队伍的稳定，也会影响各部门整体劳动队伍的稳定性，同时给各部门劳动力接续带来困难，影响正常服务运行秩序，给整体带来负面影响。从目前情况看，外包公司的正规程度、管理能力程度和福利待遇程度会影响劳务外包队伍的稳定性。各个外包公司的培训和管理能力不同，一线劳务外包人员多是基层服务人员，若培训和管理不到位或专业理论知识、业务技能无法匹配自身岗位，就会造成极大的人员流动性，出现部分一线服务岗位空缺、用工不足的情况，从而影响后勤服务水平和保障能力的提高。

（三）文化认同感不足，外包员工归属感不强

从后勤系统各部门的内部环境来看，首先，由劳务外包输入的员工与各部门本身没有直接的聘用关系，仅存在实际工作关系，会影响其对学校整体文化的认知。其次，劳务外包人员在高校中的发展空间有限，和学校自聘人员不在一个体系，较难上升到管理岗位和核心技术岗位，没有形成有效的激励机制。由于缺乏有效的激励和约束机制，员工归属感降低。

（四）如何规避企业追求营利性的属性，做好高校服务工作

高校后勤部门以为教学和科研提供服务和保障为主要目的，但企业大多

以追求利润为主要目的。对于企业来说，提供服务只是一方面，通过服务争取更多的利润是企业主要追求的目标，因此引入外包后必须加强对劳务外包企业的监督管理，才能从根本上解决可能出现的问题和风险。一方面，可以充分发挥劳务外包企业专业的服务能力和水平，提升后勤单位管理效能，有效规避用工风险。另一方面，要持续不断加强对外包企业的监督管理，尽量避免企业因其追求营利性的天然属性，通过一些手段降低运营成本，比如减少服务人员数量，安排未经过培训、技能不高的人员等。这会影响后勤整体服务的质量和水平，也容易出现舆情和劳动争议风险，这与最初引入劳务外包的初衷背道而驰。因此，要结合实际工作情况，从外包公司的引入到外包公司的运行，都要建立相对完善的监督管理制度，选择与高校及本各部门相契合的外包服务单位，合作共赢，高校后勤服务有保障并不断提升，企业也能盈利发展。

七、规范后勤系统劳务外包监督管理的对策与措施

目前，某高校后勤系统将引入劳务外包作为后勤队伍补充的一种积极有益的探索和补充。这就需要各部门加强劳务外包用工监督管理，确保整体工作队伍良性发展，共同做好高校的后勤服务保障工作。

（一）对外包企业进行监管

1. 增强对劳务外包用工风险的防范意识

在后勤系统各部门决定对部分业务进行劳务外包的过程中，第一要树立风险防范意识，这种意识要从选择劳务外包公司开始，贯穿整个劳务外包业务合作的始末，以降低各部门在与外包公司合作过程中可能出现的风险。各部门在选择劳务外包企业时，必须根据自身的发展条件和实际需求选择合适的企业进行合作。第二，要结合市场环境，在备选合作企业时考察其之前的信用情况和资质。第三，要在学校相关制度要求下，经过合理合规的公开招标程序，选择正规、合适的企业。第四，外包公司招标完成后，重视合同的签订和履行，要在合同中注明相关要求和细节，包括人员管理规范化、业务服务标准和要求、安全生产相关要求及遵守学校相关制度等。

在后勤系统各部门部分岗位实施劳务外包过程中，要适时关注劳务外包人员的工作状态，关注与外包企业之间合作关系的进展程度。在此过程中，一旦发现相关问题，各部门及时向外包企业反映，使其能够及时调整策略，解决风险隐患，便于各部门和外包企业之间的长期合作。另外，各部门要树立风险意识，及时关注劳务外包进展情况；同时也要依据这些企业的运作模式和其他特征，预先判断可能在合作过程中产生的经济损失，并建立相应的应对机制，将彼此合作的风险降到最低。

2. 建立劳务外包企业考核评价体系

外包公司正式开始工作、履行合同后，为进一步加强对劳务外包的监督管理和不断提升服务水平的总体目标，还应建立监督管理长效机制。一是制定外包企业风险内容评估办法。对劳务外包企业可能存在的风险划分出等级，根据评估标准定期对外包企业进行调查分析，及时进行监督，发现问题实时进行整改。二是建立劳务外包企业考核评价机制。结合本校实际情况及外包项目社会同行业标准，各部门应根据外包项目的服务内容，制定相应服务标准；或者外包公司在承揽该项目时，应提供服务方案和达到相关服务要求的标准。在日常对外包公司的监督管理中，结合劳务外包企业的运营资质、人员管理能力、服务质量及执行相关服务标准的效果方面对劳务外包企业进行考核评价。通过提高劳务外包企业的考核评价要求或进行相应淘汰制选择，不断促使劳务外包企业朝着管理更加规范、外包人员综合素质不断提高、外包人员自身权益得到保障、提供更加优质的服务等方向转变。

3. 建立日常监督检查机制

高校后勤各部门应有劳务外包项目监督管理制度，同时根据本各部门实际情况，建立具体可行的监督管理办法，组建日常监督巡察队伍。第一种方式是加强日常监督巡查机制，分别从人事管理监督巡查和业务工作监督巡查的方面入手，加强对外包公司的监督管理。人事方面，监督巡查外包公司是否严格按照《中华人民共和国劳动法》规范管理劳务外包人员，避免产生劳动争议；业务方面，监督巡查要从外包业务实际出发，巡查外包公司的服务水平和管理水平、作业是否符合行业标准及合同要求、是否能够提供更优质的服务，并建立监督巡查长效机制，从而促使劳务外包公司加强规范意识，主动做好各项管理和服务工作。通过对外包公司服务内容进行监督巡查，若存在与合同服务标准不符的情况，可以直接指出问题所在，要求外包公司立即改正。定期召开会议，加强信息沟通和工作要求，从而不断提升外包公司的服务水平。第二种方式是加强与师生的互动和联系，针对外包公司的服务，可以通过对服务对象的调查问卷或者定期整理师生对服务投诉分析，进一步找出外包公司服务过程中存在的问题，要求外包公司及时进行整改并建立有效落实机制，从而进一步提升服务水平和管理。第三种方式是各部门可以根据实际情况，建立监督举报平台，邀请服务对象或者广大师生的参与。监督不是目的，最终是希望通过以查促改，不断提高后勤服务的水平和质量。

4. 增强合作共赢意识，提升服务水平

高校后勤系统各部门和外包公司的合作应以双赢为目标。就双方关系而言，更多的是合作关系，而非雇佣管理，二者存在多角度关系，良性发展则互利，出现问题堆积推诿，就会制约各自的发展。后勤系统各部门要为学校发展提供更优质的服务，外包企业要成长，要获取更大的收益，双方都要为各自的合作目标而不断努力。各部门应对外包公司进行监管，加深其认同感，提升其服务意识，将高校后勤的文化理念、服务宗旨与外包企业的服务理念相结合，逐步加强大后勤、供应链管理理念和学习意识，明确双方是合作伙伴关系，不断形成后勤系统和各外包企业间、外包企业之间相互学习、取长补短的良好状态，在各组织的紧密统筹和互相配合下，最大限度地提高后勤服务水平。

（二）对外包人员进行监管

1. 将劳务外包员工纳入总体规模管理

高校后勤的劳务外包人员，应当与在编人员一样，作为后勤整体队伍中重要的一部分，进行统筹管理和规模控制。各部门要制定劳务外包人员计划申报，对外包公司进行严格审核，建立严格的合作准入制度。要统筹管理在编与外包人员，将外包人员作为在编队伍的重要补充，加大对外包人员的管理力度，加强宏观调控，持续进行情况了解，根据实际需要，按照精简高效、科学合理的原则，对外包人员及时进行规范和梳理。要不断加强后勤系统人事制度改革，提升现有人员工作的积极性，促使工作能力和水平的提高，对于有些部门存在人浮于事的情况，要充分挖掘现有人员的潜力，对外包人员进行精简。

2. 不断加强劳务外包人员培训力度

对于提升高校后勤服务质量保障能力和服务水平，高素质、高技能的人才是至关重要的。后勤系统各部门的首要任务是为学校科研教学等任务、为学校全体师生提供高质量的服务保障，所以应不断健全外包人员培训体系，建立完善的培训制度，加强外包人员的培训力度。积极调动一切可利用的资源，不断提高后勤系统外包人员的学习能力，促进技能提升。另外要结合高校后勤的实际情况，充分利用高校管理文化和企业培训相结合的方式，采用有效的培训办法，提升外包人员整体服务素质和水平，保障后勤的可持续发展。同时要进一步加深对高校后勤工作的了解，加强与后勤员工的谈话，及时发现后勤管理服务的需求，对于研究发现的问题进行编排整理，制定针对性的培训内容，确保培训效果。实际措施如下：第一，依托高校的教育资源，由后勤统筹，加大对外包人员的文化素质、高校文化、单位荣誉感方面的教育和培训。第二，各部门结合本部门实际情况，制定科学有效的培训机制，加强适合本部门的培训体系，将外包人员纳入本部门的多项培训体系中。第三，充分发挥外包公司的作用，加强人员培训，包括但不限于安全、作业、制度等培训。

3. 加强有效沟通协调的长效机制

为进一步强化各部门后勤服务的执行力和内部的凝聚力，各部门应当进一步加强对劳务外包人员的思想教育和培训工作，使其能够充分了解高校文化，融入整个后勤团队，便于后勤各部门在运作过程中形成统一意见，形成行动共识。对于外包公司员工，要积极维护其权益，认真做好节假日送温暖、慰问等工作，不断改善员工住宿条件，扎实开展各类文体活动，引导外包公司职工健康生活、快乐工作，使其能够感受到为高校服务的使命感和身在同一工作环境的归属感和责任感，从而进一步提升幸福感和获得感。

八、结　语

近年来，随着高校后勤改革的不断推进，高校后勤进一步精细化管理的要求十分紧迫，高校应不断深化后勤改革，促进后勤管理更加精细，不断加强后勤保障工作的科学化管理，促进服务质量不断提升。

整体上来说，高校后勤将部分业务外包是趋势，这部分人员体量会逐渐增大，为了进一步加强对这部分人员的监管，规避劳务外包用工模式的劣势，充分发挥劳务外包用工模式的优势，需要不断讨论研究适合该高校、适合各部门的劳务外包监督管理制度。本文的研究建立在北京大学后勤系统劳务外包现实发展的基础上，提出的政策建议适用于当下发展阶段，对于其他高校后勤系统劳务外包管理研究，具有一定的借鉴性。但每所高校实际情况不同，还有不足之处。随着高校后勤社会化改革的进一步发展，许多问题还需要进一步思考和深入探究。希望在今后的研究中，能够不断完善和深入此方面的研究，为学校后勤制定相关对策提供参考依据和应用价值，以期促进后勤服务保障工作的发展。

参考文献

[1] 刘慧红. 论高校后勤物业管理工作的重要性 [J]. 科技资讯，2013（11）：186.

[2] 任广峰. 学校后勤服务外包监管与风险防范研究 [J]. 现代企业文化，2019（9）：192.

[3] 刘志雄. 高校后勤服务外包问题研究——以厦门三所高校为例 [D]. 华侨大学，2018.

[4] 邝梅英. 高校后勤服务外包存在的问题及解决对策 [J]. 科技经济导刊，2018（25）：2.

[5] 刘小琴. 高校后勤服务合同外包研究：以H大学为例 [D]. 华侨大学，2017.

[6] 鲁萍. 高校后勤服务外包的必然性探析及对策思考 [J]. 高校后勤研究，2016（6）：5-7.

[7] 刘小燕，左玲，陈琼. 劳务派遣与业务外包的对比分析及选用建议 [J] . 交通企业管理，2016，31 (12) ：46-48.

[8] 刘妙芳. 高校后勤服务外包的理论思考与完善策略研究 [J] . 才智，2015 (18) ：159-160.

浅议学生公寓管理系统在公寓全面信息化建设中的作用

管晓宁，尹瑜瑾，杨小炜，王永强，武平兵①

一、引　　言

学生公寓管理系统建设是高校后勤信息化及学生管理工作信息化建设的重要组成部分，极大地促进了管理的高效化、精准化，为科学决策提供依据[1]。公寓服务中心历来重视信息化建设在公寓管理中的重要意义，多年来一直在不断实践和积累经验，针对信息化建设和公寓管理不断提升的新要求，逐渐探索符合自身特点的信息化建设思路。

二、学生公寓管理系统建设的现实需要

学生公寓管理系统建设初衷是方便公寓管理部门对学生住宿信息的维护及管理，但随着校园及公寓信息化建设的大力发展，许多公寓智能设备都应运而生，因而信息化建设中涉及的公寓管理设施和内容是多元的。要建设好公寓管理系统，并实现各公寓设施在信息化建设中的统筹和联动，必须提前谋划布局[2]。

随着学生公寓信息化建设的持续推进，越来越多的智能设备设施会陆续进

① 管晓宁，北京大学公寓服务中心
尹瑜瑾，北京大学公寓服务中心
杨小炜，北京大学公寓服务中心
王永强，北京大学公寓服务中心
武平兵，北京大学公寓服务中心

入公寓管理工作中，如道闸系统、智能门锁系统、宿舍电控系统、门禁系统等等。我们会面临几个问题：第一，不同的系统如何联动？宿舍分配之后，数据信息如何实现在门禁、道闸、电子门锁等各系统的实时联动？如果手动分别在各个系统操作，效率低下不说，还难以保障数据的准确。第二，智能设备设施的进场难以一步配置到位，容易造成后续各控制系统的管理难度。如宿舍楼通道闸机的入场，难以同时在所有的宿舍楼点位布置齐全。综合考虑到管理模式试点、经费限制、实际场景需要、推行难度等因素，分期分批的布置似乎较为合理和操作性强。但必须面对不同时期入场的设备很有可能属于不同的品牌，拥有不同的管理操作系统的问题。如果各自为政，单就通道闸机一项来说就面临着不同厂家、不同管理系统并行的问题，更勿论门禁、电子门锁等其他的设备，为后续管理增加无限难度。

因此在信息化建设之初，应考虑如何实现学生公寓在全面信息化建设中，能够统筹兼顾，保障信息的统一、联动，实现管理的高效、便捷，而不是信息采集越来越多，信息利用杂乱无序。通过调研和实践，我们认为将学生公寓管理系统建设好，是解决以上问题的一个有效途径。学生公寓管理系统应该在公寓全面信息化建设中发挥更重要的作用。

三、学生公寓管理系统功能规划设计

想要实现上述功能，学生公寓管理系统应该在公寓全面信息化建设中发挥数据库的优势，同时起到整合平台的作用。管理系统除实现公寓“人”和“房”的基本数据管理功能外，还应具有兼容性和开放性。在公寓全面信息化建设中，促进数据使用效率，主动集成公寓的楼门禁、道闸、智能门锁等新增功能数据，实现功能联动。对于陆续入场并实施的功能设备，能够持续纳入，有序布置推进，如不同品牌厂家、不同时期入场的道闸、智能门锁、门禁等设备设施均能够完成数据对接，保障信息化建设的连续性和统一性。

北京大学学生公寓管理的信息化建设要基于北京大学的整体信息化建设要求，在技术、管理要求、数据库管理、接口权限等实现统筹。在北大计算中心的技术指导和密切配合联动下，建设以“公寓管理系统”为核心的新一代学生公寓信息系统和以“虚拟卡”为核心的自助服务系统，在入住人员、公寓资源上实现全生命周期管理，在管理层面上提供“抓手”给协同部门，在服务层面上实现提供多样化和便捷化服务给师生。

按照总体规划分，以下几个方面来推进实施。

1. 基础数据准确

学生公寓管理服务系统在公寓日常管理工作中使用频率较高，保证基础数据源的准确显得尤为重要，通过对数据进行收集、清洗、整合、应用、更新等一系列完整步骤，围绕公寓中心相关的业务建设基础功能，收集基础数据源，保证个人基础数据、个人住宿数据、门禁权限数据等重要数据源数据的准确。

2. 管理服务闭环

在学生、楼长值班室、公寓服务中心三者之间形成管理服务闭环，通过建设电脑（手机）端公寓，为学生提供便利的移动端服务通道，功能上实现个人申请网络流程化；通过开发楼栋电子化登记管理，提升公寓楼栋值班室的信息化水平，建设楼栋服务工作室提高公寓中心服务效率。

3. 跨部门协调管理

通过建设辅导员工作站、学院一览等功能模块，为辅导员划分相应的管理模块，便于辅导员协调其他部门管理；开发了宿舍费模块，根据房型、学生类型、收费类型灵活配置。住宿信息变更后，计算住宿费，并通过接口推送至学校计算中心财务接口，便于公寓中心与财务部之间协调公寓住宿费。

4. 软硬件联动

以公寓管理系统的基础数据为核心，通过联动宿舍电子门锁、楼栋闸机等硬件，更加科学地管理公寓住员；实现公寓管理的智慧化和人性化、提高管理人员的工作效率，软硬件联动，更加科学高效地管理公寓；同时更加方便进行数据留痕，让一切公寓工作有迹可查。

5. 数据的综合利用

通过数据的综合利用，以信息化的手段进行数据联动，在服务及管理的维度上进行拓宽，使得各个软件之间不再孤立，打破信息孤岛的局面，综合利用各个系统，并进行相应的数据分析，整合楼栋安全隐患、归寝时间、连续违规之间的数据，维持公寓楼栋秩序，在各个软硬件之间的联动、各个部门间的协调合作之下，综合利用数据，在公寓管理模式下进行提升，形成更加科学化、现代化的多部门群防群控的公寓管理模式[3]。

图1 功能规划

四、实现学生公寓管理系统软硬件联动的多维管理

（一）学生公寓管理系统实现软硬件联动有多方面原生基础

1. 业务方面基础

学生公寓管理系统建设初衷是方便公寓中心对学生住宿信息的维护及管理，但随着校园及公寓信息化建设的大力发展，学生公寓门禁、闸机系统、智能电子门锁等都应运而生。在此基础上公寓管理人员需要学习各类系统的操作，这无疑也是变相增加了信息化建设的管理负担和难度，有违建设信息系统的初心。所以在此基础上，如何利用现有的一套系统，解决传统多套系统才能解决的问题，也是信息化发展中需要处理的“拦路虎”。这也为联动的产生提供合理、有效的业务方面基础。

2. 技术方面基础

学生公寓管理系统具有开放性，利用本身数据高度准确性的特性，完全可以作为优质的数据接口提供方，在对接后为联动提供各类基础数据；而现有的各类对接方式包括但不限于的中间库表、API数据接口、软硬件对接的驱动等。也正是系统的开放性、基础数据的准确性、对接方式的高度成熟，给软硬件联动提供可靠的技术支持与理论依据。

（二）学生公寓管理系统软硬件联动现状及建设情况

学生公寓管理系统在公寓全面信息化建设的目标为“基于数据的综合利

用”。建设的功能模块包括综合数据分析系统等模块，实现对数据的高效利用，对晚归、不归、楼栋安全隐患、楼内秩序等因素综合分析利用，实现多部门群防群控的现代化公寓管理模式 。

学生公寓管理系统生成的基础数据，已成为信息化建设重要的数据源。学生公寓管理系统是后勤日常工作中重要的系统之一，日常使用频率高，主要原因在于它是学校最为基础数据的重要数据源。公寓管理服务系统可以包括学生个人基础信息数据、学生住宿数据、学生人脸数据、学生门禁权限数据、学校住宿楼宇数据、教职工基础数据等多种数据源。[4]它在数据方面重要性不亚于学校同类别的学工系统或教务系统。

公寓管理系统软硬件联动带来工作效率的大幅度提升。传统模式下解决某个学生单独权限问题需要涉及多套系统配合使用。例如学生在调换寝后，在未进行数据联动时，所需步骤往往烦琐复杂，需要先在公寓系统进行学生寝室信息变更，再回到门禁、门锁、通道等多套系统中进行学生通行和开锁的权限变更，这时候学生自己是感觉不到的，学生个体认为已经可以住到新楼新的寝室中，殊不知这是背后管理员老师进行过一番复杂操作的结果。而现在的模式只需要在前期将门禁、门锁、通道等多套系统与公寓系统进行对接，数据打通后，只需要一键操作实现权限变更。在公寓系统进行调换寝后，配套的硬件权限自动变更，对于管理老师与学生都是无感化，这正是联动在日常工作中带来的效率大幅度提升。[5]在智慧校园的建设中，随着数据整合和系统联动日益丰富，给校园的管理工作效率带来大幅度的提升。也将管理者从日益繁杂的管理工作中抽出来，避免因操作各个业务系统带来的琐碎工作，将更多的精力投入为师生提供优质的服务。

在数据对接的过程中，也出现过各种各样的困难。在学校计算中心老师和各部门技术人员的通力协助下，也都逐个克服了这些困难。相关单位、部门多次召开协调会，讨论数据流向和业务流程、接口代码编写与调试测试。在最后修改到第四版的时候，才最终上线试运行住宿费用对接模块。与学校计算中心顺利实现对接住宿信息和住宿费用后，实现了公寓系统一次前所未有的大跨步式升级。

与校园卡（一卡通）对接信息数据时，根据厂商提供的SDK开发包进行接口对接。当时系统对接工作正处于校园卡业务变动期，导致对接工作也走了不少弯路，增加了许多工作量。系统实现对接的初期就迎来了新生入学的检验，项目现场承担了较大的压力。在校园卡相关业务工作人员协助下，重新梳理业务流程和数据走向，并做好数据同步日志管理。经过多次测试调整后完成测试上线，目前系统平稳运行。

以上两个对接的案例是公寓系统在数据对接工作中的一个缩影。数据对接工作是一个细致并且烦琐的工作，但实现了数据对接环节后，能很好地解决“信息烟囱”等现象，从而可实现更高层次的信息处理。

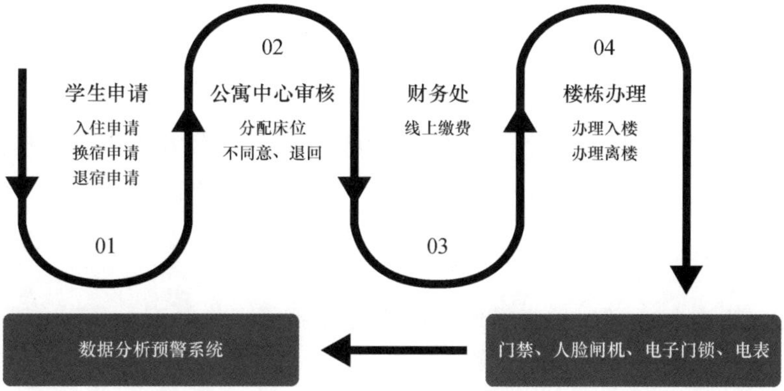

图2　建设情况

五、学生公寓管理系统建设的意义及启示

（一）学生公寓管理系统的建设对公寓管理具有重要意义

学生公寓住宿资源的动态建模，细化了数据管理层级结构，便于后期的管理开展和数据分析。通过对国内兄弟高校公寓资源的调研与分析，结合本校不同校区下不同管理层级结构的实际情况，以及未来管理规划可能涉及的情况，将公寓的住宿资源细分为：学校、校区、园区、楼栋、单元、楼层、套间、房间、床位九个层级。对住宿资源九个层级进行解耦，降低住宿资源层级之间的耦合度。根据各个校区内公寓实际住宿资源情况进行动态建模，适应不同公寓

内不同管理层级结构，增加系统的通用性和健壮性。

通过动态模型实现新生床位资源划分自动化。根据历年来新生床位资源划分的工作中的难点和重点，结合每次新生划分侧重点不同的情况，根据学院划分、根据专业划分、根据班级划分、根据团队划分建立动态模型，进行自动划分，并支持统一分配和网上资源两种方式的分配模式。增加新生床位资源划分的便捷性和可操作性，大大提升日常工作效率。

通过协同平台对接多方数据源，避免单一重复对接工作。近年来，我国教育信息化正从传统校园、电子校园向智慧校园迈进，智能锁、智能闸机逐渐成了智慧校园的需求之一，但是随着建设门锁、闸机越来越多，系统孤岛问题就越突显，造成浪费。校园内各系统各自为营，优质管理资源无法共享。学生宿舍变化、离校等不能快速打通门锁、闸机权限。针对系统孤岛的问题，通过使用协同平台对接门锁、闸机等多方厂商的数据源。使各厂商的数据共享，公寓资源集中管理，学生宿舍变化后权限及时下发，同时简化多套门锁、闸机系统管理方式。[6]

（二）建设中的学生公寓管理系统大幅提高了工作效率，示范作用明显

学生公寓管理系统的开发在高校后勤领域产生了较为深刻的影响，推动了相关管理工作的高效和进步。随着国内信息化的不断发展，依托于信息化建设的公寓管理系统，更加智能地为高校提供了学生公寓管理服务。在高校师生人数相对较多的情况下，人员住宿数据相对冗杂，单一的纸质化记录分配人员或者通过文档、表格进行记录容易丢失师生住宿数据，也容易遗漏人员的住宿分配，影响住宿效率。学生公寓管理系统的出现打破了人们固有的思维，不再依赖纸质化记录分配高校师生住宿，为国内高校的新生分配提供了全新的方法。管理系统的建设逐步实现了智慧化及人性化管理学生公寓的理念，联动了多部门进行学生公寓管理，通过学生公寓管理服务系统进行新生住宿分配和跟进住宿情况的方法，为学生公寓的管理水平提升打开了大门，大大提高了宿舍管理的工作效率，在高校后勤学生公寓管理领域示范作用明显。[7]

（三）通过学生公寓管理系统建设，实现了软硬件数据联动，同时丰富了高校公寓全面信息化建设的方式和策略

随着数据整合和系统联动日益高效，可实现数据资源高效利用，给公寓管理部门提供可靠的现代化管理手段和方式。针对北京大学学生公寓信息化建设的现状和规划，我们立足于将公寓管理系统建设成信息平台功能，实现逐步和分批次联动需要介入的软硬件设施，有效保障了信息化建设整体进展稳定、有序、可控，更加丰富了信息化建设中系统对接的方式和策略思路，为稳步推进公寓全面信息化建设提供多样模式。

参考文献

[1] 朱建宝. 论高校学生公寓管理服务信息化建设 [J]. 长江丛刊 · 理论研究，2016（10）：196-197.

[2] 费云生. 大数据时代高校信息化建设研究——以“智慧后勤”建设为例 [J]. 中国高校科技，2017（03）：57-58.

[3] 李凯，左登登. 大数据时代下高校后勤管理信息化建设探究 [J]. 经济研究导刊，2018（12）：157-158，165.

[4] 刘全明，王忠良，刘玉锁. 基于互联网的高校后勤服务信息化建设探究 [J]. 河北农业大学学报（农林教育版），2017，19（01）：20-23，42.

[5] 周士炜. 基于移动互联网应用的高校后勤管理信息化建设探索 [J]. 中国管理信息化，2017，20（06）：139-140.

[6] 董艳军. 移动互联网环境下的高校后勤服务信息化建设初探 [J]. 教育教学论坛，2017（06）：11-12.

[7] 重庆市教育委员会，重庆教育后勤协会. 重庆高校后勤改革与创新论文集 [M]. 重庆大学出版社，2016.

“三全育人”视域下高校餐饮育人工作研究——以北京大学餐饮中心为例

张念梅，张琪[①]

新时代高校育人工作从单一的课堂形式逐步走向与生产劳动和社会实践的深度融合，立足新时代党对教育事业的领导核心地位，结合“为党育人，为国育才”的教育方针，赋予高校餐饮育人全新内涵与明确要求，不断创新高校餐饮育人的体制机制，以此促进其在高校“大思政”格局构建中发挥越来越重要的育人价值。

一、高校餐饮育人的时代内涵

在高校育人工作总体布局的视域下，育人工作是一个包括教学育人、管理育人、服务育人的系统性工程[1]，而高校餐饮业务属性决定其自身具备着较强的服务育人的属性。有学者对服务育人的主体和路径进行了总结，即“服务育人工作的主体是高校后勤，实现方式主要包括服务意识、服务态度、服务行为、服务环境等，服务育人的对象是广大在校学生，其目的是育德育人”[2]。但伴随着食堂向现代化、综合化、智能化的趋势发展[3]，管理职能的丰富、承载内容的多元、育人模式的创新，高校餐饮育人已成为以服务育人属性为主，兼具教学育人和管理育人的多重属性。因此，高校餐饮育人是指高校餐饮服务部门运用餐饮服务、餐饮文化、餐饮运营、食堂环境、烹饪培训、劳动锻炼等

① 张念梅，北京大学后勤党委
张琪，北京大学房地产管理部

与高校餐饮相关的领域来教育、影响、提高受教育者思想政治素质、人文素养和劳动技能的全环境育人实践。高校餐饮育人与学生生活紧密相连，通过日积月累、潜移默化的影响，实现对学生的价值塑造和积极影响。因此，高校餐饮育人是“大思政”背景下高校全方位育人的时代要求，更是高校思想政治教育的有机组成部分。

二、高校餐饮育人的时代价值

习近平总书记关于教育的重要论述深刻论述了新时代我国教育改革和发展的重大理论和实践问题，提出了一系列富有创见的新理念、新思想、新观点，标志着党对教育发展规律的认识达到了新高度[4]。高校餐饮育人的最终目的就是通过为师生生活服务，实现与学生共同成长，与师生共同服务于国家战略和学校的建设发展，致力于构建和谐校园。

（一）高校餐饮育人是落实立德树人的必然要求

新时代党的教育理论突出德育的首要位置，聚焦道德发展与人的全面发展的辩证统一。习近平总书记在北京大学师生座谈会上强调：“要把立德树人内化到大学建设和管理各领域、各方面、各环节，做到以树人为核心，以立德为根本。”[5]高校餐饮作为高校后勤保障领域的重要环节，具有集实践育人、文化育人、服务育人等多个育人体系内在元素的复合属性。真诚热忱服务蕴含着积极向上的价值取向，高校餐饮发展历程是“四史”教育的鲜活素材，健康可口的餐食体现着源远流长的中国传统文化，这些都与“立德树人”所强调的人才培养着力点不谋而合。高校餐饮育人以其特有亲和力、包容性与实效性将无形的思想政治教育要素有机融入高校餐饮的日常服务工作，使宏观、抽象的思想政治教育内容变得微观、具象，以此提升学生的思想水平、道德品质和文化素养。

（二）高校餐饮育人是拓展“三全育人”的实践载体

“三全育人”是高校加强思想政治工作的基本原则之一。新时代高校餐饮育人与“三全育人”的内在要求高度契合。首先是主体类型广。高校餐饮育人主体组成多元，如负责食堂管理的食堂经理、负责投诉调解的质量监督管理人员、负责餐饮融媒体平台运营的文化宣传人员、技艺精湛的厨师、被同学们亲切称呼为“售饭阿姨”的前厅服务员以及负责前厅保洁的保洁员都被纳入高校餐饮育人体系之中。其次是过程全覆盖，由于校园餐饮服务的业务特点，高校餐饮育人具有贯穿整个大学生涯，能够根据学生不同的学习阶段结合“五育并举”的教育目标，开展针对性培育的独特优势。最后是场景多元化，紧跟“双一流”高校的建设步伐，现代化、综合性、智能化的高校食堂如雨后春笋般出现。食堂功能的多样为学生活动的拓展提供了客观条件，食堂装饰的多元为思政教育的开展提供了广阔空间，食堂设施兼具审美性与功能性，为培养学生审美和人文素养提供了丰富资源。

（三）高校餐饮育人是弘扬伟大民族精神的有效途径

与教学部门一样，高校餐饮服务部门也承担着以文化人的重任。校园文化属于社会主义先进文化，而高校餐饮文化则是校园文化中最为贴近生活和触动内心的元素之一。高校餐饮文化的形成源于日常工作的积累沉淀，蕴含着伟大的精神力量。挥洒汗水、辛勤工作源于默默奉献的爱岗敬业精神，坚守一线、抗击疫情源于不屈不挠的担当拼搏精神。从一穷二白的低矮平房到数万平方米的校园餐饮综合体，美好校园生活的实现离不开真抓实干的团结奋斗精神；社会化改革先试先行、菜肴风味日新月异，服务品质的稳步提升离不开敢为人先的开拓创新精神。感知食堂三餐的动人瞬间，凝聚催人奋进的不竭力量，以餐饮文化强化思想政治引领，增强学生文化自信，将社会主义核心价值观学深、悟透、笃行。

（四）高校餐饮育人是深化劳动教育的重要工作

《大中小学劳动教育指导纲要（试行）》（以下简称《指导纲要》）明确了劳动教育应采取课堂内外兼顾并进的实践途径，其中生产劳动教育、服务性劳动教育都与高校餐饮育人有着密切联系。2021年7月，北京大学制订《北京大学关于全面加强新时代劳动教育的实施方案（试行）》（以下简称《实施方案》），要求突出北京大学特色，将劳动教育贯穿学校人才培育始终。《实施方案》提及的劳动教育融入校园文化建设、强化服务性劳动、建设劳动教育实践基地等环节都离不开校园餐饮的深度参与和有力配合。学生对于北京大学食堂有着高频率的接触，一道食堂的经典美食、一位食堂师傅的真诚关爱抑或是感人举动都有可能对学生价值观的形成产生深远影响。俗话说，做好厨师就是要做到“三勤”，即眼勤、手勤、腿勤，这恰恰反映出北京大学餐饮中心（以下简称北大餐饮或餐饮中心）在开展“以体力劳动为主，注意手脑并用”的育人活动中的独特优势。餐饮中心充分利用自身的场地便利和资源优势，引导学生投身校园餐饮一线服务，为学生在校园内亲身参与服务性劳动和生产劳动创造条件，通过食堂的动手实操体会艰辛，进而培养爱惜粮食、尊重付出的价值观念。因此，高校餐饮育人将为高校劳动教育途径的丰富、拓展提供重要保障。

三、高校餐饮育人的现状分析

坚持社会性、公益性原则，高校餐饮经历30余年社会化改革发展，从基本温饱保障型向满足师生多元化需求方向迈进；运营理念从规模扩张到提质增效，更加侧重精细化管理；食堂空间由就餐场所的单一功能变为囊括用餐、学习、交流、研讨、娱乐的复合功能。高校餐饮育人受到了政府、社会、高校和师生的高度重视，国家出台的关于思想政治教育工作的一系列政策和文件中也对高校餐饮育人意义、维度、方式进行了明确。全面贯彻党和国家的教育方针，继往为新，积极吸纳学生参与校园餐饮建设，高校餐饮育人的模式内容日趋制度化、规范化、协同化。

（一）高校餐饮育人的政策支撑因势而进

新中国成立以来，我国先后提出并确立了“教书育人、管理育人、服务育人”的“三育人”口号，“教育要面向现代化，面向世界、面向未来”和培养“有理想、有道德、有文化、有纪律的社会主义四有新人”的目标[6]。1987年，在《关于改进和加强高等学校思想政治工作的决定》的文件中首次提出“服务育人”。此后，高校后勤社会化改革不断推进，高校总务后勤系统提出“三服务两育人”的理念，明确了高校餐饮工作具有服务和育人的双重性。在充分认识大学生思想政治教育面临的新形势、新挑战的基础上，2005年，全国加强和改进大学生思想政治教育工作会议提出全员育人、全方位育人、全过程育人的“三全育人”理念。2017年，中共中央、国务院印发《关于加强和改进新形势下高校思想政治工作的意见》，要求坚持全员全过程全方位育人，把思想价值引领贯穿教育教学全过程和各环节。上述会议和文件进一步确定了高校餐饮的育人主体责任，育人环节覆盖高校餐饮的每个服务细节，育人过程贯穿大学生涯与校园餐饮相关的各个方面，高校餐饮育人在高校人才培养体系中的地位不断提高。

（二）高校餐饮育人的指导思想因时而变

在国家立法的引导、社会经济的发展以及教育部门的推动下，国内高校院系主动搭建综合能力提升平台，积极拓展社会实践机会，完善学生社会实践的评价体系，学生参与志愿服务、社会实践的意识逐步增强。面对着日趋多元的社会实践岗位，学生也更有意愿去发挥自身的专业特长，把握时代发展脉搏，实现个人锻炼提升，将文章写在祖国大地上。与此同时，互联网时代打破了传统育人领域教育者与被教育者的主客二元格局，新媒体的兴起让学习突破了固定封闭的时空，出现了青年文化对成年文化产生积极影响的“文化反哺”现象。在“三全育人”理念的指引下，高校餐饮服务部门逐步形成以学生为中心的校园服务与思想政治教育理念：一是发挥学生的主体性，让学生设身处地参与到高校餐饮运营的过程之中，通过实践体会使学生得到更多的自我教育、自我激励；二是顺应学生的发展性，关注学生的素质发展和能力提升，设置符合学生自我发展的育人内容，让学生在建设高校餐饮过程中，发挥个人专业，施展兴趣爱好，真正做到学有所思、学有所悟、学有所得；三是尊重学生的创造性，拓展学生表达自我诉求、实现自我期盼、展示自我才能的有效渠道，合理配置资源，满足学生对校园餐饮的需求以及为学生提供良好的创新环境，以精神激励或物质奖励方式引导学生树立明确导向，在膳食营养、菜肴上新、文化宣传、设备革新等校园餐饮的各个方面发挥学生的创新创造才能，倡导和培养学生增强创新素养，完善自我，从而促进个人未来的发展。

（三）高校餐饮育人的内在维度因事而新

紧紧围绕价值观念塑造和劳动技能提升的工作目标，在全方位育人体系下，高校餐饮育人的内在维度也日趋丰富、多元。高校餐饮育人从单纯的服务维度，发展为经济、社会、技术、管理、文化复合维度。2018年5月，教育部办公厅发布《关于开展“三全育人”综合改革试点工作的通知》（以下简称《试点通知》），提出“十大育人”体系，以此全面汇集育人资源与育人力量，高校餐饮育人的维度进一步丰富，融合网络、环境、科研等新时代育人元素，高校餐饮育人逐渐向知识教育、能力培养和价值塑造的综合育人载体发展。同时，《指导纲要》明确了劳动教育是党对教育的新要求，属于高校必须开展的教育活动。高校餐饮的价值定位、业务特点和自有资源决定了其开展生产劳动教育和服务性劳动教育的独特优势，高校餐饮育人也被列入众多高等学校劳动教育实施清单。例如，《实施方案》规定以增强学生的劳动意识和培养劳动习惯为导向，强化服务性劳动，拓展社会实践，将劳动素养纳入学生素质综合测评体系。

四、高校餐饮育人存在的问题

（一）高校餐饮全员育人的主动性和专业性亟待提升

全员育人作为全过程育人和全方位育人的重要前提，高校餐饮全体员工是“不上讲台的教师”的身份认知已逐步形成，肩负育人使命的观念也获得了广泛共识。但高校餐饮不同于一般社会餐饮，属于非营利性组织，面对近年来人力成本承压明显、社会物价持续上涨、新冠疫情导致校园封闭等因素叠加给高校餐饮经营带来的巨大冲击，高校餐饮的自身运行面临较大压力。当前保供稳价任务牵扯着食堂管理者和员工绝大部分工作精力，高校餐饮主体育人自觉性不够，育人自信心不强，普遍存在保障好安全稳定、保障好伙食供应，就是履行好高校餐饮职能的观念。在高校餐饮育人评价体系与薪酬绩效激励体系尚未建立直接关联性的情况下，履行育人职责的主动性有所欠缺。同时，高校餐饮属于劳动密集型行业，劳动强度高，人员流动性较大，入行门槛低，待遇也相对偏低，员工的职业认同感、职业自豪感和工作归属感不强，对高校餐饮育人的全员参与和专业性提升造成了不利影响。

（二）高校餐饮育人过程的全局性和贯穿性亟待加强

全过程育人是全员育人和全方位育人的实践载体，强调了育人工作无处不在，自始至终贯穿学生校园生活之中。但高校餐饮部门并非高校育人体系的牵头单位，仅作为共同参与部门，在保障供餐基础上，额外增加了人力、物力和时间、精力来做育人工作，内生动力不足，加之与学校整体育人体系衔接不够顺畅，缺乏统筹规划，稳定的育人思路还有待进一步总结凝练，成熟的教育载体还需要不断培育，对于高校餐饮日常服务各环节、各岗位的育人元素更需要深入挖掘。按照教育部“三全育人”试点工作的文件要求，各高校餐饮服务部门也探索着开展了丰富多样的育人实践，但以校园餐饮单一主题的活动居多，把专项育人活动视为全过程育人的主要形式，容易造成餐饮工作与育人工作“两张皮”的问题，阻碍全过程育人理念的贯彻落实。

（三）高校餐饮全方位育人的协调性和融合性亟待深入

全方位育人是全员育人和全过程育人的延伸拓展，涉及线上与线下、课内与课外以及家庭、社会、学校多个领域[7]。近年来，餐饮中心不断探索构建全方位协同育人机制，做大总量、盘活存量、理顺逻辑，优化完善资源配置向人才培育聚焦。如2020年新冠疫情突发，餐饮中心面向居家线上学习的学生推出“燕园味道云上美食季”和“燕园味道云课堂”，汇集食堂技术骨干与院系职能部门的老师、辅导员、学生等多元群体，以线上形式共同展示校园经典美食，传授基础烹饪技艺，并引导学生积极反馈劳动成果，鼓舞抗疫斗志，以此推进餐饮育人突破原有空间和时间限制，更多向线上、课外、校外、家庭等薄弱环节覆盖。然而，虽然从教育资源而言，餐饮中心除自有资源外，有着北京大学综合科研实力的支撑，又是中国烹饪协会、高校伙食相关协会的重要成员，在学校、行业、社会都有着大量可利用的育人资源，但因缺乏有效整合，导致资源综合效益不高，阻碍了育人资源的有效联动。

五、新时代高校餐饮育人的实践路径

（一）找准政治站位，以餐饮育人贯彻教育方针

新时代我国社会主要矛盾发生了转变，师生迫切期盼着更加现代、多元、健康、优质的校园餐饮服务。加强党的领导是做好教育工作的根本保证。实现高校餐饮育人高质量发展应充分发挥高校餐饮基层党组织的领导核心作用，夯实铸魂育人根基，建设纵深传导机制，为构筑高校餐饮育人共同体形成坚强组织保证。此外，高校餐饮整体工作要紧紧围绕立德树人根本使命，健全高校餐饮育人体系机制的顶层设计，全体员工积极践行社会主义核心价值观，树牢“四个意识”、坚定“四个自信”、做到“两个维护”，校园餐饮运营、餐饮文化营造、精细化管理、个性化服务等各个领域均服务于“为党育人，为国育才”核心使命。科学制定人才培养目标，明确学生培育方向，增强建设好新时代高校餐饮育人体制机制的思想自觉和行动自觉，把党的教育方针全面贯彻到高校餐饮服务、发展和育人各个领域。

（二）构建现代体系，以育促改推动转型提质

育人者先育己，立德者先立人。服务社会主义办学方向，保障师生就餐与履行育人职责是高校餐饮服务部门的两大核心任务，彼此相辅相成，互为促进。落实“三全育人”理念，实现立德树人根本目标都离不开高质量的高校餐饮服务体系。首先，要确保队伍支撑。为了提升餐饮育人主体的专业素质和综合素养，通过邀请行业资深专家开设厨艺大师工作室、选拔优秀员工组织中青年技术骨干培训班、定期开展全员技能考核等方式，培养一批有信念、有厨德、有本领、会育人的高校餐饮服务人员。深入挖掘食堂各岗位蕴含的育人元素，并将育人职责写入制度规定，体现在晋升、绩效、培训等方面，在餐饮服务队伍中持续深化“经营与育人”兼顾并重的工作理念。其次，要秉承全心全意服务师生的宗旨，深化服务意识、提高服务质量、丰富服务项目、优化服务环境和提升服务专业化程度[8]，形成如慈母挚友般的良性互动关系，以办好师生满意的餐饮服务促进餐饮育人效果的提升。最后，要以新发展理念指引校园

餐饮可持续发展。将采购绿色新鲜农产品、供应菜肴少油少盐、膳食营养科学合理、节能设备更新换代、降低餐饮浪费与餐厨垃圾减量并重等等领域作为校园餐饮的集中发力点。以服务队伍的高素质专业化、食堂环境的优美典雅，餐饮服务中一言一行、内部管理的精细严密，发展模式的绿色低碳使学生不出校园也能感受科技创新、绿色发展的社会发展特征，引导学生养成优良品质和健康心智，努力学习专业本领，不断拓展个人能力，实现全面成长成才。

（三）关注青年文化，打造全环境育人融合创新要素

《试点通知》指出应以“十大育人”体系为基础开展“三全育人”综合改革，这使得高校餐饮育人的维度得到了进一步拓展，进而盘活存量，做大增量。在“互联网 +”时代产生的圈层效应使学生的知识学习、思维养成、价值塑造大量源于自我习得。这就要求高校餐饮服务部门应深挖整体工作过程中蕴含的育人元素，适应青年强调自我认知，自我教育、思想独立的新特征，将校园餐饮资源与学生个人成长实际需求有效对接，采用融入式、嵌入式、渗透式的育人工作模式，从而为思想政治课内容创新、试验科研成果测试、调查研究方法实施等等领域提供内容素材与应用场景。近年来，餐饮中心以全环境育人理念构建个性化作用的彼此独立、又相互联系的育人场景，使学生经历“理性认知、感情认同、实践深化、心理积淀”[9]的多个环节，注重于餐饮育人内容的时代性、方式的多样性和环节的衔接性。一是餐饮与科研育人相结合，拓展科技成果应用场景，打造科研创新突破口。如在生物化学领域与学校科研团队合作探索以生物有机方式促进餐厨垃圾减量，引导学生在绿色发展领域开展科研攻关，推动“双碳”目标落实，让学生在校园内便切身感受到新发展阶段的突出特点，贯彻新发展理念的路径方式，并立志投身新发展格局构建的正确方向。二是餐饮与文化育人相结合，鼓励知行合一，营造温馨美好的校园氛围。餐饮中心秉承“与师生共同成长”的工作理念，紧扣抚慰味蕾、传播新知两个核心要素。在传统的学生厨艺大赛、设立实习岗位、吸纳志愿服务等领域开展育人实践外，围绕新时代网络媒体发展趋势，充分发挥电视、新闻网、微信、BBS等平台的传播效应，组建学生自主管理、自主创意、自主运营的餐饮宣传

和服务团队，把握育人和舆论的正确导向，使学生参与到餐饮信息宣传、餐饮形象塑造、餐饮品牌打造、就餐矛盾调解、沟通交流建议等各个环节中，接受实践锻炼。与此同时，学生所采取的沟通形式、所创作的新颖作品、所传达的向上精神，都更符合当代学生的思考习惯与行为模式，进一步促进了校园文化的繁荣，提升了北大餐饮文化育人的良好效果，真正把思想政治教育话语渗透到现实世界的交流活动中[10]。三是餐饮与环境育人相结合，融时代主题于食堂环境之中，耳濡目染间做到润物无声。餐饮中心以家园食堂、馨园食堂等新时代食堂的建设改造为契机，将习近平总书记对当代青年的勉励、社会主义核心价值观、北大历史人文风貌等多重要素以艺术形式融合于功能设置中，着力构建餐饮历史探析、烹饪技能传授、艺术审美培养、红色基因赓续的“四位一体”环境育人范式。

（四）融入思政大局，以协同配合形成育人合力

育人是一项系统工程。育人作为实践活动，涉及高校内部各要素、各环节等之间的分工协作[11]，全过程育人强调了高校各个部门之间的有效衔接，全方位育人则强调了高校各个资源之间的有效整合。

密切内外联系，实现良性互动。统筹餐饮中心与学校教学系统、职能系统和后勤系统，以及与行政主管部门、社会企业的关系，畅通沟通，强化协作，共享资源，举全餐饮中心、全校、全社会之力推动一体化育人体系的有效构建。一方面，深化餐饮中心与学校内部各部门的广泛合作，深度参与。以校园食堂的疫情防控为例，餐饮中心与学校共青团委员会、学生工作部门、保卫部门共享资源、制定方案、合力组织，形成了由学生志愿者、保安和食堂工作人员为核心的食堂秩序维护力量，扫码查验、入门测温、做好防护，为做好校园疫情防控发挥了重要作用。在北京大学的2022年冬季奥运会闭环保障餐厅，学生志愿者与工作人员共同承担起餐厅环境清洁与消杀任务，实现自我体验、自我认知、自我教育的实在育人成效。另一方面，餐饮中心与疾病预防控制部门、市场监督管理部门等行政主管部门建立督导检查机制，与学校校医院建立联防联控机制，在有效保障学生就餐安全的同时，更在学生中广泛传播了疫情

防控和食品安全的专业知识。

聚焦核心素养，拓展思政课堂。深刻理解把握学校党委关于学校思想政治教育的顶层设计和实施方案，发挥餐饮育人与思政教育的同向性，将餐饮育人作为课堂教学的补充和延伸，讲好北大餐饮育人的“显性教育课”。打造“思政+燕园味道”思想政治教育品牌，发掘北大餐饮工作和一线员工先进事迹与社会主义核心价值观的契合之处，通过事迹体现的丰富精神内涵，起到良好的教育效果。比如原农园食堂“阳光大厨”李建华师傅生前真诚用心服务，时刻给学生以愉悦和温暖之感，于平凡中铸就伟大。同学们对他的离世深感惋惜，也纷纷自发在网络上纪念这位“阳光大厨”，并组织了募捐活动。李建华师傅是千余名北京大学食堂员工的一个缩影，他们的服务态度、工作作风、职业素养于日常接触的细微之间感染着学生，将餐饮员工脚踏实地、朴实无华、甘于奉献等优良品德无形中传递给了学生。同时，开设燕园味道劳动课，将学校超人气美食以烹饪课题形式传授给学生，繁荣校园餐饮文化，使学生在课题学习和动手实践中感知源远流长、底蕴深厚的中国传统烹饪文化，增强文化自觉，坚定文化自信。

致广大而尽精微。高校餐饮育人源于师生就餐的一茶一饭，食堂师傅的一言一行，但却恰恰是微小与亲和凸显其在 “三全育人”理念下的重要作用，是成为一体化思想政治工作体系中不可或缺的一个环节。新时代高校餐饮应全面贯彻党的教育方针，落实高校餐饮育人主体责任，形成高质量发展与育人实效之间相互促进的良性循环。发挥高校餐饮育人的实践载体和多元平台作用，让有意义的内容有意思，让有深度的理论有温度，构建起现实逻辑与青年诉求之间的桥梁纽带，实现高校餐饮育人人人有责、润物无声，立德树人人人尽责、有的放矢，不断为师生创造美好生活，更有获得感、幸福感和安全感。

参考文献

[1] 雷虹. 新时代高校后勤系统“三全育人”机制构建研究 [J]. 学校党建与思想教育，2019 (12)：74-76.

［2］王胜本，李鹤飞，刘旭东. 试论服务育人的新时代内涵［J］. 中国高等教育，2020（11）：47-49.

［3］张念梅，张琪. 高校食堂多元空间设计——以北京大学家园食堂为例［J］. 中国机关后勤，2022（02）：62-64.

［4］翟博. 深刻理解习近平总书记关于教育的重要论述核心思想和精髓要义［J］. 中国高等教育，2021（01）：20-28.

［5］习近平. 在北京大学师生座谈会上的讲话［J］. 中国高等教育，2018（09）：4-6.

［6］蒋广学，等. 网络新青年培育与创新人才培养：北京大学网络思想政治教育的探索实践［M］. 北京：北京大学出版社，2018.

［7］杨晓慧. 高等教育“三全育人”：理论意蕴、现实难题与实践路径［J］. 中国高等教育，2018 （18）：4-8.

［8］王胜本，刘旭东，李鹤飞. 新时代高校服务育人：重要价值、优化图景、推进路向［J］. 国家教育行政学院学报，2021（11）：53-59.

［9］叶静漪. 大学生社会主义核心价值观的培育路径探析［J］. 北京教育（德育），2015（Z1）：73-75.

［10］漆勇政. 新时代高校微文化育人探讨［J］. 学校党建与思想教育，2021（21）：89-91.

［11］高国希，叶方兴. 高校课程体系合力育人的理论逻辑［J］. 中国高等教育，2017（23）：10-13.

设备设施的系统化和数字化管理——基于北京大学中关新园工程运维管理的数字化升级

祁宏，及五限，李拥军，刘彦峰，丁轶，董理，刘振义①

一、引　　言

（一）设备设施管理概况

北京大学中关新园占地面积5.6万平方米，拥有9栋建筑，总建筑面积17.2万平方米，设备体系由供配电系统、动力系统、照明系统、电梯系统、旋转门系统、中央空调系统、给排水系统、采暖系统、中水系统、消防报警及联动系统、安防监控系统、电话系统、电视系统、会议音响设备、手机信号放大系统、网络系统等组成。设备设施的运行和维护，由北京大学会议中心中关新园管理部自行承担，具体由工程部负责，经过十二年的运行，随着设备设施的不断使用，工程部从一开始的以日常维修为主，逐渐过渡到日常维修和计划保养并行，同时根据运行和经营需要，进行设备设施的维修和改造。多年来，工程部在设备管理中不断探索，积极改进。

①　祁宏，北京大学会议中心
及五限，北京大学会议中心
李拥军，北京大学会议中心
刘彦峰，北京大学会议中心
丁轶，北京大学会议中心
董理，北京大学会议中心
刘振义，北京大学会议中心

近年来，随着科技进步，越来越多的数字化、智能化工具在管理中得到应用，管理也逐渐由传统运维模式向智能化方向发展[1-6]。然而，在设备设施的系统化管理工作方面，国内外研究较少[6-9]。根据调研，一些高校由于人力不足，设备设施管理主要是以日常维修为主、检修保养为辅，设备设施老化、陈旧后就更新改造。而对于社会其他住宅、商业、办公等资产的运维管理，大部分是聘请物业公司进行运营管理，物业公司与资产持有者较多是合同合作制[10]。针对设备设施的日常管理，多是以维修为主，缺乏巡检保养环节，“有坏即修，大坏即换”。中关新园的设备设施管理，既不同于学校后勤的管理又不同于社会第三方管理：工程部是园区自有设备设施的保障团队，在高效率、高质量完成日常故障维修、服务各部门及宾客、保障园区正常运转的同时，更兼具承担保障设备设施“常用常新”的维保任务，因此巡检保养工作也是工程部一项非常重要且工作量占比较大的工作。只有做好设备设施的针对性、计划性的巡检保养工作，才能维持设备设施一直处于良好运转的状态，保障园区硬件设施的常用常新，延长设备寿命，降低运营成本。

（二）课题研究目的及意义

随着中关新园运行年限的增加，一方面设备设施逐渐老旧，步入高维修阶段；另一方面园区的精细化和品牌化运营，要求设备设施时刻保持精良状态，以满足对客服务需求。与此同时，减员增效更是园区对工程部未来管理的要求。面临上述形势，中关新园的设备设施管理需要在系统化梳理的基础上进行数字化转型，以期将日常性、周期性的管理数字化，释放管理人员精力。

设备设施的系统化和数字化管理的主要研究方式，是在系统化梳理、总结现有硬件设施、工作流程的基础上，结合园区运行需求，分析现有管理方式和实际问题，利用数字化管理手段，精进管理，降本增效。

本文旨在通过深化梳理十二年来的管理积淀，总结管理成果，建立符合中关新园实际需求的管理框架，建立高效、精准、全面的管理模式，初步搭建能够支持管理行为的数字化管理平台，探索并实践中关新园设备设施管理的数字化转型，以期用高质高效的维修维护支撑中关新园的品牌化运营，为学校提供高品质的会议、餐饮及住宿服务。同时依靠有计划的巡检、保养，有效保证设备设施的常用常新并减少日常维修量，达到提效降耗的目的。

二、工程设备设施的系统化管理分析

中关新园设备设施管理工作的系统化构成主要分为三部分：日常维修、计划巡检保养、设备设施改造升级。

（一）日常维修工作

日常维修工作是工程部面客的窗口工作。报修的宾客是我们的外部服务对象，报修部室是我们的内部服务对象。一项维修任务产生后，需快速地完成维修工作，同时，维修人员须礼貌面客、规范服务。因此，日常维修具有时效性和可追溯性两个特点。

1. 日常维修现状

工程部日常维修主要来源于中关新园管理部各部室及宾客的报修，以及工程部内部的巡检报修，由各专业班组承担，具体维修工作流程见工程部维修工作流程图（图1）。

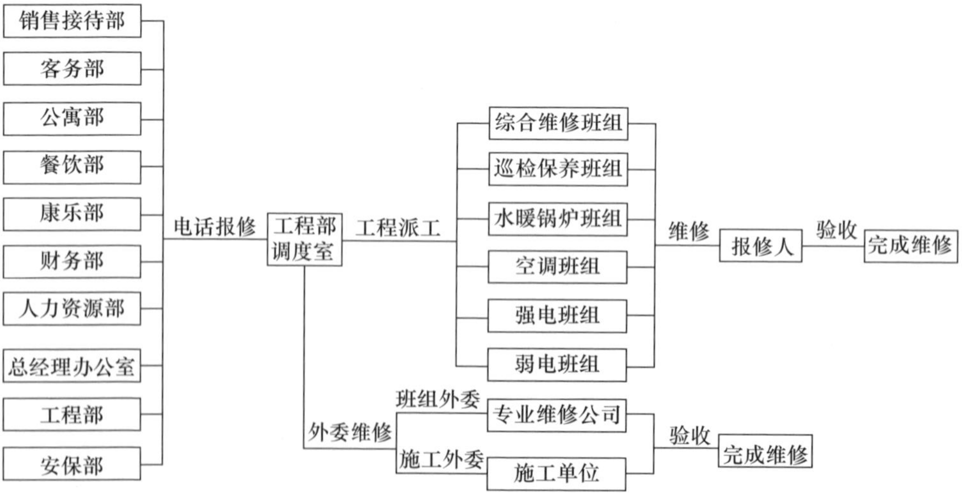

图1　工程部维修工作流程

工程部维修工作流程中，由于采用电话报修方式，且因为报修环节多等因素，容易导致报修信息丢失或者信息传递偏差进而导致二次出单派工，或因员工挑单导致复杂的维修工单滞留。同时也会出现因无过程跟踪导致员工工作效率低而影响维修时效性的问题。遇到客户投诉时，调查维修过程追溯耗费时间，且时间点还原性差，增加管理难度和服务效果。

2. 日常维修的系统化梳理和精细化分析

目前，日常报修主要采用电话接修方式。为了方便提高效率、加强管理，2018年工程部引入了派工平台，电话接修后专职调度员利用派工平台派单，员工在工单机上顺序接单，接单销单均有系统记录，解决了员工挑单和维修时间的可追溯性问题。引入派工平台之初，工程部建立了设备设施维修基础数据库，将维修对象的地点及故障现象进行了全面、细致的梳理和统计，主要包含设备、设施、故障现象等几个方面。接单后，调度员利用软件的检索功能，以地点为索引，便能快速检索到故障的设备和故障现象，以达到报修快速、位置准确、故障描述精准统一的目的。

基础数据库中，统计对象有位置、设备设施、故障现象三个类别。数据库内将中关新园分为10个位置区域，即中关新园1～9号楼及中关新园室外区域，每个区域的统计都采用三层结构：① 位置的统计，采用四层递进结构，即楼栋、楼层、房间（公共区域）、房间内区域；② 设备统计，每个最小位置范围内进行设备、设施的全数统计；③ 故障现象统计，每个设备、设施所有故障现象的统计。

为防止返工，三类统计均采用搭建初级框架→核对→填充下一层框架→再核对的递进审核式统计，从大面到局部再到细节，保证已完成工作能一次固化，尽量减少返工。如位置统计中，楼号、楼层、房号等较容易一次到位，房间内区域在最初的统计中未进行区分，但在实际工作中发现，仅单一房间区域仍会造成设备设施的重复问题，如卫生间和室内均有吸顶灯。因此，进一步将房间内区域进行二次分类划分，其目的是最大限度地准确描述故障设备的位置。以中关新园9号楼为例做统计架构描述，如图2。

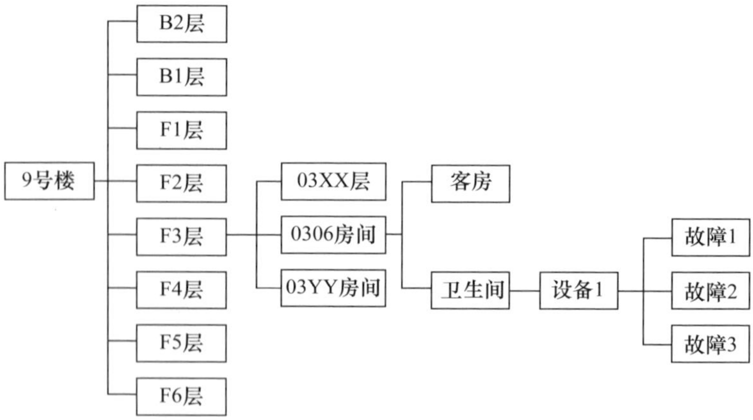

图2　中关新园9号楼设备故障统计架构

（二）巡检和保养工作

若日常维修是工程部服务的窗口服务工作，那么保证设备的正常运行就是工程部服务的后台工作。各专业设备按运行方式的不同分为机房设备、各类管线、末端设备，设施分为基础设施和客用设施。日常巡检、定期保养是保证机房设备、各类管线和基础设施正常运行和完好使用必不可少的手段；末端设备和客用设施的巡检和保养，能有效减少日常报修量。

1. 巡检保养现状

计划巡检保养，分为巡检、保养两部分，分别由专业班组和巡检保养班组承担，对专业性强的设备和特种设备，由专业维保单位承担巡检和保养工作。

巡检保养到位，不仅能保证系统正常运行，还能通过提前发现隐患，做到主动维修，有效延长设备使用寿命，所谓小药治大病。巡检保养管理的缺失，短时间内不一定能显现后果和影响，一旦出现问题则是影响系统正常运行的故障，危害很大。因此巡检保养工作是设备运行管理的重头戏，只有做好巡检保养工作，才能发挥设备设施的最大价值，提高管理和服务水平，从而提高宾客满意度。

2. 巡检保养的系统化梳理和精细化分析

根据巡检保养工作特点，管理目标为覆盖全部设备（设施）、覆盖主要导致故障的检查内容，做到定时定点检查和保养。为达到上述目标，总结既往管理成果，我们将设备、人员、内容分三个层面划分网格，如图3，网格内容对应，以期达到全面覆盖。

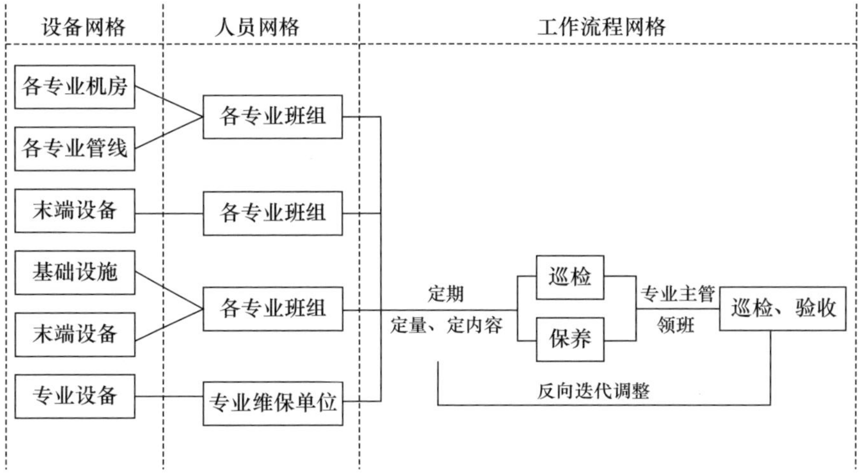

图3　巡检保养网格。图中一个末端设备指各专业班组进行日常维修，另一个末端设备指各专业班组进行计划保养

（1）设备设施网格化

对于设备系统和各系统设备而言，定期巡检和保养，既是设备正常运行的必需，也是发现问题于故障之前的重要手段，对设备正常运行、延长使用寿命和降低日常维修量起到非常重要的作用。巡检保养的管理目标是：全面、定时、定点、定量。梳理设备设施巡检保养台账是巡检保养管理的基础工作。

结合巡检保养工作，分别盘点家底，地毯式、全覆盖、无死角地统计、汇总、梳理设备设施，然后按不同工作对象进行网格化分解，落实对应的各项管理措施。

巡检保养的专业性较强，中关新园所有设备设施的统计均按照先专业后种类进行两级分类。也就是按专业系统分为供配电系统、动力系统、照明系统、电梯系统、旋转门系统、中央空调系统、给排水系统、采暖系统、中水系统、消防报警及联动系统、安防监控系统、电话系统、电视系统、会议音响设备、手机信号放大系统、网络空调系统；各类设施分为室外设施、屋面设施、厨房设施。各专业分类下再分为机房类、末端类。

经过全面梳理统计，共16个专业系统，包含机房类、末端类等设备设施。统计设备的同时，根据设备性质和运行需求明确巡检和保养的周期以及巡检和保养的工作内容。

（2）人员分工网格化

工程部作为保障园区正常运营的运维服务团队，由强电、弱电、水暖锅炉、空调、综合维修、巡检保养等6个不同专业班组构成。专业班组人员分为维修班和运行班两部分，分别承担着日常维修和设备运行两大部分工作。机房巡检和保养工作由运行班人员承担，末端设备和设施的相应工作由维修班人员承担，每一最小设备网格单位均指定具体责任人。

（3）工作流程网格化

目前，工程部现有巡检保养工作是在总结多年运维经验基础上，逐步形成具有园区特点的巡检保养工作计划，且已经固化为标准工作内容和工作流程，实际实施过程中会根据具体情况进行微调。

然而，在实际运行中，人员网格、内容网格的落实和对应，都需要管理人员进行前期布置、过程跟踪管理。同时，由于员工的流动性，保养内容需进行周期性培训，大量的重复性工作不仅占用管理成本，而且效果很难保证。

（三）设备设施的改造更新

根据设备老旧程度、政府管理部门的相关要求及各部室的需求，委托专业厂家或施工企业完成。

三、数字化运维管理模式探索

（一）数字化管理的必要性

中关新园在建园之初，便前瞻性地投资建设了包括OA（办公智能化）、BA（楼宇自动化）、CA（通信传输智能化）、FA（消防智能化）、SA（安保智能化）的5A智能管控系统。由于后期控制模块逐渐老化，且涉及软硬件的兼容性问题，故障较多，运维成本较大，导致系统完好性较差，后期运维过程中出现了难以支撑设备设施的智能控制和管理的情况。近几年，随着智能化技术的进步，为更好地做好服务师生和客户工作，打造服务升级，同时也为了精益管理，提高工作效率，近年来园区陆续在设备设施管理方面投入资金，用于建设部分智能化、数字化系统平台。目前，现有设备设施的控制管理系统梳理见表1。

表1　设备设施管理系统

序号	系统名称	控制范围及内容	系统状态	备注
1	168地热井信号远程监控系统	地热井水箱自动补水，压力及水位远传，监控地热机房设备运行情况，实现无人值守，定时巡检。	在用	系统完好，地热水暂停使用
2	智能空调管控系统	2、7号楼机组、冷却塔运维监控，运维数据记录，异常报警。	试用	
3	电力监控系统	实现1、5、7、9号楼配电室高低压开关分合闸位置遥信	在用	
4	楼宇自控系统	在用设备：空调系统，新风系统，送排风系统的远程控制和监测。 停用设备：照明，冷塔，集水坑，电梯，水系统等	大部分停用	设备损坏比例严重
5	程控交换机系统	园区分机电话	在用	
6	消防系统	园区消防设备监测报警	在用	
7	节水控制系统	3、3—5连廊、4、7、8号楼员工浴室数据记录	在用	
8	人脸识别系统	学生公寓人员出入信息记录	在用	
9	油烟净化在线监控	实现2、5、6号楼厨房油烟颗粒物、非甲烷总烃在线数据实时分析	在用	
10	公寓楼水电智慧管理系统平台	4号楼公寓水、电能源充值，余量查询	在用	

工程部作为保障园区稳定运营的服务部门，始终把进一步提升园区的服务品质、提高运行效率、降低运营成本作为首要任务。现阶段，部门现有人员编制与园区设备设施的维修保养工作量基本匹配，部门及班组整体技术水平也可以基本保障园区的正常运行要求。随着园区运营时间的不断增长，设备设施的老化程度加剧，其出现问题的概率越来越大，出现问题的难度也在逐渐加深。不远的将来，现有人员编制将越来越难满足日益增长的工作任务。在现有基础

上，提高工作效率和团队技术水平，保证设备设施的常用常新，将是部门下一步发展所面临的最大问题。

要解决上述问题，不仅需要设备运行数字化和智能化，还需要管理的数字化和智能化。梳理设备设施的基础数据库，结合现有网格化的管理模式，总结现有管理组织流程，将基础性、重复性、流程化工作进行标准化，利用智能化、数字化工具来代替人工操作和管理，进而全面实现数字化管理，达到节省成本、提高效率的管理效用。

（二）接报修平台数字化探索与分析

下面以搭建数字化接报修平台为例，分析并总结数字化系统的搭建过程和可行性。

工程部维修设备种类多，分布广，工作量大。接报修工作作为服务在住师生和客户正常生活、保障园区正常运行的一项重要工作，在设备设施的运维管理工作中占比非常大。因此，维修工作管理实现智能化、数字化的升级工作是首要任务。随着大数据、网络化、智能化的发展，在派工平台管理的有效经验基础上，借助云平台，搭建维修版块的运维流程，实现自动派单，提高工作效率，降低运营成本，在减少调度员工作量的同时，又能进行快速、便捷的数据化分析，有效解决问题。

1. 接报修工作特点及数字化平台建立

接报修是一项服务保障工作，最基本的要求是能够提供24小时无间断的接修、维修服务，同时要做到快速响应、迅速修复和服务到位、维修质量高。

针对上述三个基本要求，传统接报修流程主要通过如下途径实现：① 设置报修电话，设置24小时值班岗，保证不间断服务；② 通过设置专职的工单调度岗位进行工单调派保证维修单的快速处理和响应；③ 通过报修人验收环节保证维修质量。同样，在接报修工作的数字化过程中也要实现上述三个基本要求。

为此，在系统搭建过程中，结合智能化平台的优势，改变了传统维修流程，将电话报修调整为平台多端口报修，人工派单改为系统自动派单和自助抢单模式，线下流程也改为无纸化线上操作流程，具体接报修流程见数字化维修平台接报修工作流程（图4）。

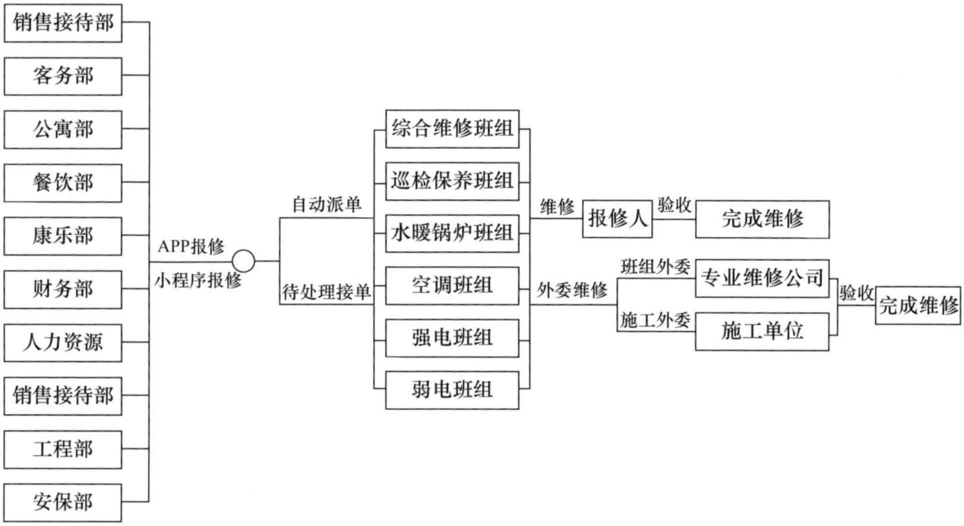

图4　数字化维修平台接报修工作流程

2. 数字化报修与原有报修流程对比分析

（1）报修方式

以往，设备设施出现故障时，由客户、师生、楼层服务员将报修内容反馈到前台，前台服务员通过电话进行报修，调度员接到报修通知后将报修信息录入工单机系统并进行班组派单，然后维修师傅接到工单去完成维修任务。在使用了数字化智能平台之后，采用手机APP及微信小程序报修方式，能够让使用者随时随地报修，避免信息多次传递失真。

数字化平台以电子工单的形式代替以往的纸质单，让报修故障的表述更加规范和准确。一些无法描述的问题通过拍照或录视频的形式并加以说明便能轻松解决，让维修师傅能清楚了解具体的故障情况，并根据提供的信息制订对应的维修方案，快速进入维修流程，无须电话反复沟通确认。

（2）自动派单与待处理工单

为了使平台功能与工程部运维管理流程模式相匹配，更好地满足工程部的运行方式，在结合实际应用场景后，平台搭建初期采用分时段按不同接单方式进行工单传递，即白天采取系统自动派单模式、晚上或节假日执行自主抢单的方式提供维修服务，做到每张维修单都能及时响应、及时处理。

自动派单的实现，需要解决工单从报修到接修整个工作流的匹配和对接问题，为此需要通过系统分析工单要素并进行要素对应。一张工单从报修到接修所涉及的信息要素至少应包含报修人、报修位置、报修产品和维修人四个基本信息。而工单的自动传送需要将接报修所涉及的位置和报修产品两个信息要素进行后台匹配。因此，平台的后台系统为报修人设定了维修位置、维修产品类别。同时，系统后台建立接修人的接修位置和接修工种的数据库，设置工种与报修产品的对应关系后，当报修人指定报修位置，报修产品后，在接修时间内的维修人员便会被自动派单。当该时段无接修人员时，系统便将工单显示在待处理工单，等待值班人员进行派单，或维修人进行主动接单。

（3）数字化接报修平台特点

数字化接报修平台除了上述移动端报修、自动派单、无纸化便捷操作的功能特点外，同时还结合工程部的运行特点和工作中遇到的场景进行了系统梳理，开发了较多针对性的功能。如为保证工单的及时响应，具有超时提醒功能；针对突发、紧急维修项目，可选择紧急单功能，紧急单具有工单制定、优先显示的特点；当出现问题工单无法及时维修的情况时，具有申请上级审批功能；对于疑难、复杂、工程量较大的工单，开发了申请协助、多人互助申请的功能；为保证工单的可追溯性，具有工单订单跟踪记录功能；还有工单数据分析，智能统计的功能等。

3. 数字化接报修平台的规划

数字化接报修平台基本实现了从传统电话报修到智能化、数字化维修的升级，通过线上接报修，自动派单，大大提高了接报修的工作效率，减少了调度工作量，也避免了维修师傅拿着工单往返维修和办公室再接单的尴尬局面，更实现了精准报修、实施跟踪、高效管理的目的。同时，通过对平台维修大数据的有效分析，找出风险项，主动出击，不断优化迭代管理流程，以期在维修管理方面做到更快、更准、更有效。后期，工程部还希望利用平台，在数字化维修管理的基础上，关联维修配件、整合巡检保养、能耗管理，集成工程部相关业务于一个平台，将运维管理智能化升级，真正实现数字化系统性的管理。

（三）数字化运维系统搭建方法

综合分析数字化接报修平台的搭建过程，对于数字化运维系统搭建过程和方法，需要主要注意以下几个方面：

1. 梳理、汇总现有设备设施基础数据库；

2. 系统分析、梳理现有管理流程及制度；

3. 根据现有设备设施的运行状况及管理流程现状，分析现有运行的问题，找出提高效率、精准运行、保证质量的发力点。

4. 结合现状，利用数字化和智能化的优势， 将现有设备设施的管理要求与目标需求和数字化平台相结合。

（四）其他数字化运维系统探索及规划

在设备设施的数字化管理转型探索中，除了接报修平台的尝试，近年来，工程部也在多方发力，积极探索其他设备设施系统的数字化管理，以期在不远的将来能够全面实现园区所有设备设施的系统化、数字化管理。如正在试用的冷热站的智能控管系统，具有电脑终端自动化运行值守，手机终端实施监控、智能化能力调节功能，采用以预警为核心的管理方式，采取了故障诊断、屏蔽保护等多种措施。该系统能够在线实时监测各楼宇耗能、运行情况及数据记录，根据运行现状，为多个耗能系统自动提供最科学的运行操作模式（舒适型、节能型、节费型、经济型等），高度智能化，操作简单，管理便捷，大大降低运维人工成本。

同时，园区在某公寓楼建成了水电智慧管理系统平台，基本实现了园区公寓住户自助线上充值缴费、余量查询。该系统对接了园区现有公寓水系统、电控系统，实现了免费水电量自动充值、用量统计、收费统计、远程费控、退费等功能。同时，还预留了智能能源系统对接接口及拓展功能，为最终实现园区整体智慧能源系统建设做准备。

此外，园区还在逐步推进智慧锅炉管控系统搭建、节水控制系统的升级等工作，为全面实现设备设施的系统化、数字化管理打下坚实基础。

四、结论及展望

（一）结论

1. 工程运维工作中，巡检保养工作具有提前将故障消除在萌芽状态、延长设备设施的使用寿命、保障设备设施的常用常新的作用，意义重。

2. 设备设施的系统化管理总结是数字化升级的基础，包括运行维修、巡检保养、更新改造。

3. 在现有设备设施的管理工作内容和流程的基础上梳理系统化管理的数据库，是数字化管理升级的重要内容和必要手段。

4. 通过分析接报修流程及存在问题，借助数字化平台，优化接报修流程，能够很好地降低工作量，节省人工，实现便捷、精准报修、高效管理的目的。

5. 通过分析数字化接报修平台，抽象出数字化升级的工作要点，为后续搭建系统化的数字化管理平台起到指导作用。

（二）展望及规划

1. 在未来的数字化管理进程中，需要将工程部的巡检保养工作流程转变为数字化管理流程，实现用软件管理重复性工作，进而释放出现有管理人员的工作精力，投入检查质量、深化管理上。

2. 以系统性的数字化管理工具为辅助，以智慧平台为基础，充分发挥平台的数字化、智能化作用，打造运维管理的转型升级，实现园区运维管理的平台化、计量的数字化、用能的集约化、用户的便利化。在不远的将来，将各种设备系统的控制管理集成一个管理界面，从而实现集中管理、分散控制、系统联动、移动自助，打造智慧后勤和人工智能的数字化设备管理中心，对园区各系统高效集成、精益管理，减少园区运营成本，降本增效，提升住户用能体验，进而保障园区智能运营的管理需求。

参考文献

［1］王武海. 论数字化革命背景下中国高校后勤管理方式的变革［J］. 陕西师范大学学报（哲学社会科学版），2013，42（2）：171-176.

［2］刘丽娜. 基于BIM的机电设备智能管理系统分析［J］. 设备管理与维修，2021（23）：18-19.

［3］曹磊. NB—IoT推动"万物互联"［J］. 中国无线电，2019（12）：22-23.

［4］杨昕红，徐学禹. 智能建筑的自动化控制系统管理方法研究［J］. 机械设计与制造，2008（03）：38-40.

［5］沈峰. 探析大型园区智慧运维平台研究与设计［J］. 中国安防，2020（09）：105-108.

［6］本刊编辑部，王日武，杨萌. 高校智慧物业管理发展报告［J］. 城市开发，2019（09）：24-39.

［7］李剑. 节能型校园的实施方案［J］. 科技展望，2015，25（19）：284.

［8］张德. 设备设施的完整性及其安全管理［J］. 设备管理与维修，2018（17）：7-8.

［9］宫玲. 物业设备设施管理中的风险管理分析［J］. 中国住宅设施，2021（07）：33-34，98.

［10］张仕廉，邓小庆. 基于物业管理的商业建筑节能管理模式［J］. 深圳大学学报（理工版），2016，33（6）：627-638.

新时期高校后勤人力资源管理改革发展思考
——以北京大学后勤系统为例

任嘉庆，朱滨丹，解芳，钱群[①]

面对国内外的复杂环境，党中央、国务院做出建设“双一流”大学的重大战略决策，全力提升我国高等教育综合实力。新时期高校之间的竞争发展，人才是根本、管理是关键、服务是保障，后勤保障系统作为校园组织运行的服务支撑系统对学校发展建设具有重要作用。在“双一流”建设的大背景下，高校后勤系统建设迎来新机遇、新发展，社会化、市场化改革在高校后勤系统逐步深化，人力资源管理状况直接影响后勤系统改革发展质量，影响治理体系和治理能力现代化水平提升速度、程度、广度，成为目前高校后勤系统改革工作的关键领域。本文以北京大学后勤系统人力资源管理改革发展状况为例，探讨目前高校后勤人力资源管理的优缺点、利弊点，为下一步人力资源体系发展建设提供参考资料，努力做到人尽其才、才尽其用、人事相宜，整合人力资源集中发力。通过各项改革举措，努力建设一支服务人才培养、服务学科建设的高素质、高水平后勤人才队伍，让每一位后勤职工与学校一起奋斗、一起成长、一起收获，提高工作生活幸福感、获得感。

① 任嘉庆，北京大学总务部
朱滨丹，北京大学校园服务中心
解芳，北京大学动力中心
钱群，北京大学总务部

一、研究综述

伴随我国高等教育的改革发展，作为高校组织运行体系组成部分的后勤系统也经历了多轮创新改革。我国高校后勤体制自改革开放以来主要经历了三个阶段：第一个阶段是承包责任制阶段（1979—1984年），主要是市场经济探索初期对于高校后勤管理做出的初步摸索；第二个阶段是社会化改革初探阶段（1985—1999年），《中共中央关于教育体制改革的决定》于1985年5月27日发布，标志着高校后勤社会化进程的启动，将高校后勤服务职能逐步向市场化方向推进；第三个阶段是社会化改革快速发展阶段（2000年至今），1999年末，国务院办公厅转发教育部等多部门《关于进一步加快高等学校后勤社会化改革的意见》，助推高等学校后勤社会化改革加速发展。随着高校后勤社会化进程加快，高校人力资源管理服务的改革任务日益迫切，工作创新所需要的人才质量也逐步提高，很多关心高校后勤改革的研究人员开展了众多研究。

孟凡婷等在研究中指出，高校后勤社会化改革不断发展，为适应社会发展的脚步，精细化管理模式应运而生；当前高校在人力资源精细化管理方面存在一些问题：结构不合理、管理模式相对粗放、信息化程度较低，建议在规划、制度建设、岗位设置、流程管理、评价管理等方面加强精细化管理，全面提高人力资源管理信息化程度，提高工作效率[1]。李杨以高校后勤企业的人力资源管理问题为研究对象，分析当前管理过程中存在的问题和不足，运用人力资源动态管理模式的思想，从管理体制、人才配置、提高绩效等方面着手研究，并给出了相应的改进措施[2]。他认为后勤职工队伍的潜力未能得到充分开发，监督管理制度和资源配置效率有待改善，工作环境较差等原因导致高素质人才流失。建议加强人力资源培训、建立健全激励机制、完善监督机制等，构建现代化的管理体系，充分激发员工的内在创造性，增强其在工作中得到的满意度和幸福感，提升忠诚度，同时实现经济效益和社会效益的增长。李文辉认为加强高校后勤人力资源管理，需要在干部选拔、人岗匹配、激励奖惩、监督管理等方面建立科学体制机制[3]。王祥国认为高等学校是提供“准公共产品”的机构，后勤是为其教书育人、科学研究和校园生活提供保障、服务的组织团体，同样具有“准公共产品”的特性，考虑将其纳入第三产业，建立“服务由市场提供、学校根据需要选择、管理机构调控监管”的新型后勤保障体系，加深了我们对高校后勤社会化改革的新认识新理解[4]。周丽平、唐劲松的研究认为推动高校后勤市场化改革，必须确立以人为本的管理理念，高度重视人才的招聘、培养和开发，注重激励机制建设和工作绩效考核评价，有效调动人力资源中的可以调动的所有积极因素，全面推进高校后勤改革的不断深化[5]。梁燕平等人的研究认为人力资源是高校后勤工作发展的重要宝贵资源，需要科学制定人力资源发展规划，加强绩效考核等制度建设，完善“以人为本”的管理理念，完善激励为主的评价机制，提供不同层次员工发展的平台，激发员工潜力、积极性和能动性，进而创造良好的经济效益[6]。孙国权认为高校后勤系统更需要做好人力资源开发工作，大量引进人才，做好人力资源培训开发工作，合理运用激励政策激发人力资本力量[7]。

在信息化管理方面，涉及信息获取、利用和转化应用等方面。有研究人员研究分析了目前高校后勤管理信息化建设领域存在的一些问题，提出后勤管理需要逐步推行“数字后勤”，梳理业务流程进行综合处理和分析，建立后勤数据管理的信息平台，将信息化系统融入后勤建设管理的过程中，服务于后勤人力资源管理、业务管理等管理工作，提高工作效率和精细程度[8]。颜妍、罗华通过对EHR（电子人力资源系统）系统在高校后勤领域的应用，尝试通过网络智能化管理人力资源成本、员工绩效等，运用信息化系统开展薪资福利明细、考勤休假记录、人事政策宣传等工作，提高人力资源管理的开放程度、透明程度[9]。在信息采集和更新方面，方豪彪的《数据挖掘在高校后勤信息系统中的应用》一文，高校后勤信息系统的广泛应用产生了大量的师生消费、客户关系和员工管理等数据库。该论文介绍了数据挖掘的流程和功能，对高校后勤信息系统导入数据挖掘系统的设计目标、功能要求、开发模式和系统结构进行分析与设计，探讨了数据挖掘在餐饮管理、人力资源管理领域的应用，基于数据挖掘的信息系统具有较强的信息处理能力和分析功能，并获得有效的决策支持信息，提高后勤服务质量和保障能力。[10]

总的来说，近年来高校后勤人力资源开发与管理研究取得长足进展，也存在一些问题。例如，研究方向和内容的趋同性问题，很多文章存在老问题新说法的情况，可能存在重复研究缺乏突破性的紧张；创新性有待于提高，研究方法、研究成果缺乏新观点、新思路；将研究成果融入日常工作中的转化率有待于提高，有些研究实践性不强，难以转化成日常的工作管理方案，有待于持续创新改革。

二、后勤系统人力资源改革回顾

近些年，北京大学后勤服务保障系统主要经历了两次社会化创新性改革，改革的基本情况、侧重点等均有所不同，下面重点介绍一下两次人事改革、队伍建设的相关情况。

早在20世纪80年代，北京大学就开始探索和尝试后勤的社会化改革。当时，根据国务院公布的《中国教育改革和发展纲要》的精神，后勤社会化的改革主要体现在学校内部服务实体的管理模式和运行机制的转换，按照小机关、多实体、大服务的模式运行，学校总务长逐步加强对学校后勤服务相关机构的领导，一些后勤部门模拟企业化管理，可以说这一阶段的改革工作为后勤社会化改革奠定了一个良好的基础。

根据1999年底在上海召开的全国高校后勤社会化改革工作会议精神，北京大学按照相关通知文件的部署和要求，结合北京大学机关机构改革工作加快了后勤社会化改革的步伐，成立改革工作领导小组，多部门协同，共同开展了一系列工作，推进学校后勤社会化改革。改革认真贯彻落实各级召开的后勤社会化改革相关工作会议精神，根据北京市提出的工作指导方针，充分利用政府提供的政策支持和改革措施，结合学校发展的实际情况和后勤改革的历史经验，按照“三个有利于”的要求，努力使全校师生满意、后勤实体干部和职工满意，解放思想、转变观念、实事求是、大胆实践，逐步建立起适应社会主义市场经济体制、满足创建世界一流大学所需要的后勤保障体系。

按照改革方案，着重实施了一系列改革，成立后勤系统学校管理机构并按照服务工作行业组建后勤服务实体（会议中心、餐饮中心、水电中心等），服务实体从行政管理体系中分离出来，实现相对独立的管理运行，财务体系相对独立核算、自主经营；人事管理改革总体实行“老人老办法、新人新办法”的政策，财务管理方面从行政拨款制向服务收费制、全额包干制、项目招标制等各种方式转变；后勤系统按照“小机关、多实体、大服务”的管理模式运行，不断探索后勤系统运行模式与协调机制，深化社会化改革。人事改革是后勤社会化改革成功与否的关键，后勤社会化的改革必须在保证学校各项工作正常进行，保证干部队伍和职工队伍基本稳定的基础上进行。北京大学在进行学校后勤社会化改革过程中，通过加强党的领导，理顺管理体制和转换运行机制，使后勤的干部队伍和职工队伍在改革中经受考验和锻炼。在学校党委的统一领导下，充分发挥党组织、党员的作用，教育引导职工既要充分认识到后勤社会化改革的重要性和必要性，又要考虑到其过程中可能存在的困难和问题的复杂，积极处理改革中出现的各种问题，做好深入细致的思想工作，使大家都能积极投入改革的行列之中。人事改革后的几年间，通过加强人才队伍梯队建设、招聘优秀的大学生锻炼培养等方式，培养一批有责任心、踏实肯干、有奉献精神的人员到管理、专业技术岗位上，不断理顺人事改革的体制机制，持续构建一支精干、高效、可靠的后勤干部职工队伍。但是，在运行过程中也发现一些问题：从后勤系统人员年龄和文化结构等分布情况看，年龄偏大、文化层次偏低、知识结构不尽合理的现象仍比较突出，逐渐成为制约本单位发展与后勤工作进步的主要原因。

伴随社会层面市场经济的改革发展，高校后勤系统在发展过程中也发现一些比较突出的问题，需要进一步深化改革，2010年前后，国内很多高校开启了新一轮后勤社会化改革进程。北京大学于2010年底启动新一轮社会化改革，改革的指导思想是：优质高效、安全可靠的后勤保障服务是学校建设和发展的基本条件，后勤队伍建设也是学校建设发展的主要内容之一，学校要牢牢掌握后勤发展的大方向，掌握对后勤工作开展的主导性、可控性。根据学校未来发展需要，学校必须建立新型后勤保障服务体系，建设精干、高效、可靠的后勤职工队伍，满足学校未来发展和创建世界一流大学的需要。

本轮社会化改革将后勤的机构进行重新规划和设置，成立5个中心，即会议中心、餐饮中心、动力中心、公寓服务中心（含特殊用房管理中心）、校园服务中心，对中心的工作职责、目标任务、干部职数等进一步明晰和规定。加强骨干岗位和骨干队伍管理，一般岗位队伍管理，在后勤内部进行聘岗，量化考核，优胜劣汰，实现动态平衡。进一步完善运行机制，新中心组建以后，继续实行“小机关、多实体、大服务”的管理运行模式，总务部继续做好管理协调监督服务各个中心工作，中心仍然是学校的服务实体，是学校保障运行和支撑日常各项工作正常运转的重要组成部分。加强党的建设，充分重视和积极发挥基层党组织在后勤工作中的政治核心、战斗堡垒和配合行政保障监督、思想政治与精神文明建设、廉政建设的重要作用；在后勤建设强有力的基层党组织，领导后勤工作、后勤干部职工思想与党和国家保持高度一致，带领干部职工做好本职工作，确保学校后勤保障服务各项工作顺利有效运转。加强共青团和工会的发展，积极发挥工会、群团组织的重要支撑作用。

2012年后勤社会化改革至今，不断探索骨干队伍建设管理运行模式，探索采用多种用工方式，持续构建一支科学发展安全的后勤干部职工队伍。通过干部聘任、轮岗交流等方式，充分激发广大干部的内在积极性，发挥好带头作用。新上岗干部的年龄、学历、知识结构等更加合理，干部更加专业化、知识化、年轻化，形成梯队建设。建立可持续发展的进人机制，引进校内外专业技术人员和管理骨干，不断补充新鲜血液，进一步提升后勤队伍专业技术水平和管理能力。未来，还将进一步探索多种用工方式，促进技能人才队伍建设，更好地助力学校“双一流”建设的高质量推进。

三、后勤系统人力资源现状及发展思考

伴随中国特色世界一流大学建设进程的推进，对于高校后勤系统服务质量和水平的要求逐步提高，这就带来了对高校后勤管理服务人才的大量需求。北京大学后勤系统经过深化改革，人事管理服务也做出了相应的调整，但面对日新月异的变化，后勤系统人力资源管理开发也遇到一些问题。本节结合北京大学后勤人事工作改革情况和人力资源现状，阐释在人力资源发展过程中遇到的问题，并结合相关问题提出发展建议。

（一）后勤系统人力资源现状

后勤系统各项工作多属于人员密集型，需要大量的人力资源，伴随社会用工形式的多样化，逐步呈现出多样化的趋势。总体来说，后勤系统建立了以事业编制和劳动合同制为主的多种用工形式的人力资源库，不断优化整体的年龄结构、学历结构、岗位类别结构等，更好地适应后勤服务保障工作的发展变化，更好地服务于学校建设发展。

在控制事业编制和劳动合同制整体规模的基础上，为更好地提高后勤系统服务质量，更好地满足校园师生日益增长的美好生活需要，后勤系统特别是会议中心、餐饮中心、动力中心、公寓服务中心、校园服务中心尝试劳务派遣、劳务外包等灵活用工方式来补充劳动力。但是，由于务工人员返乡就业、受疫情影响等各种原因，后勤系统各类人员总数近些年有些缩减。

近年来，在做好人员招聘工作基础上，后勤系统各单位加强合作统筹，加强职工队伍的培训工作、完善职工奖惩制度体系、改善职工特别是一线职工的基本福利待遇等一系列工作稳步推进。多部门协同努力为员工办实事，多次调研、持续跟进、统筹协调，努力改善一线职工的住宿条件。加强作风建设，开展后勤系统创先争优评比活动，“创先争优骏马奖”颁发红旗以资鼓励，“创先争优蜗牛奖”颁发黄旗予以警示，营造后勤系统努力创先争优、不断进取的工作氛围。通过多种多样的制度建设、举措推行，后勤干部职工的工作积极性不断提高、工作能力不断提升、服务水准不断提高，为学校发展建设贡献自身力量。

此外，后勤系统职工薪酬与招聘、考核、晋升等管理环节，同样是后勤人力资源管理的重要组成部分。参照学校的相关规章制度落实，如薪酬的分类、标准和提升等，以比较合理的薪酬机制激励职工为学校发展作出积极贡献，并为其提供进一步的可预期的发展目标。社会保障及福利制度是薪酬制度的有效补充，也是人才资源开发增值的必要投入形式，各单位严格落实国家社会保障制度的规定，根据国家及学校规定、结合实际情况为职工提供相应的福利，组织职工参加丰富多彩的活动。

（二）后勤系统人力资源发展思考

1. 用工形式和招聘渠道多元化程度有待提高

当前后勤系统员工有事业编制、劳动合同制、劳务派遣、劳务外包等多种用工形式。劳动合同制岗位职工占比超过三分之一，劳动合同制岗位多数为专业技术岗位或者管理岗位，岗位要求相对较高，用工成本较大。受到疫情等因素的影响，后勤系统特别是独立核算的中心经费相对越来越紧张，在招聘职工时提供的薪酬和福利待遇较社会相关岗位存在一定的差距，加上务工人员返乡等因素，劳动合同制、劳务派遣等岗位的职工招聘存在较大难度，存在多次发布招聘公告无人投递简历的情况。建议学校加强统筹规划，学校相关部门、用人单位、校外招聘合作单位等协同拓展招聘渠道，适度提升招聘职工的福利待遇，吸引更多人员应聘补充劳动力的不足。

2. 人力资源开发激励机制尚需进一步完善

后勤系统各单位建立了以绩效奖励为主的奖励激励机制，但是如何更好地完善奖励激励各项措施，如何更好地开发后勤各类人力资源还需要进一步思考和创新。激励机制是对后勤职工工作成果和整个工作过程中行为的考核，是高效完成工作的保证。有效实施的激励机制能全方位促进后勤工作效率，激发职工自主工作的热情。在管理过程中发挥激励政策带来的优势，通过对其工作情况的评估评测，对工作服务好、能有效解决后勤问题的优秀人员予以奖励，可以鼓励后勤职工发挥主人翁精神，以先进为榜样，向优秀者学习，踏踏实实地做好本职工作，创新改革后勤的服务工作活力。建议完善、丰富后勤管理工作中的激励办法，建立多元激励模式，建立健全单位管理制度和规范的奖惩机制。

3. 人力资源管理创新力度需要进一步提升

后勤系统人力资源管理是高校后勤工作发展的关键一环，加强后勤人才开发的创新力度，完善薪酬、激励、培训、福利等方面的制度建设，将人性化和制度化进行有效融合，优化资源配置，努力实现资源整合效益最大化。树立同工同酬的工作理念，加强职工岗位的轮换机制建设，努力为每一位职工寻求发展空间的路径，让其感受到集体的关心和关怀，加强不同岗位之间的协作协同，创造职工和组织机构共同发展的良好局面。

参考文献

[1] 孟凡婷，李毅. 高校后勤人力资源精细化管理 [J]. 人才资源开发，2016（08）：32-33.

[2] 李杨. 高校后勤社会化后人力资源管理问题探析及对策研究 [J]. 生产力研究，2009（18）：117-118，111.

[3] 李文辉. 高校后勤社会化进程中人力资源管理存在的问题及对策分析 [J]. 陕西师范大学学报（哲学社会科学版），2006（S1）：113-115.

[4] 王祥国. 基于新公共管理理论的高校后勤社会化改革 [D]. 中南大学，2014.

[5] 周丽平，唐劲松. 浅议高校后勤人力资源的开发与管理 [J]. 商场现代化，2005（04）：74-75.

[6] 梁燕平，冯晶磊，施宙. 高校后勤企业人力资源的管理与开发 [J].科技创业月刊，2010，23（02）：100-101.

[7] 孙国权. 关于高校后勤人力资源开发的思考 [J]. 内蒙古农业大学学报（社会科学版），2003（04）：62-63，75.

[8] 金文东，张国强. 关于深化高校后勤信息化建设的思考 [J]. 中国现代教育装备，2007（03）：121-123.

[9] 颜妍，罗华，梁克兵. 论基于WEB的EHR系统在高校后勤管理中的应用 [J]. 中国城市经济，2011（09）：300.

[10] 方豪彪. 数据挖掘在高校后勤信息系统中的应用 [J]. 中国教育信息化，2009，4（11）：75-77.

政策执行视角下高校周转房管理

唐晓雪，匡国鑫①

一、引　　言

住房问题是个人生存的基本问题，是人的基本需要之一。房子是家庭日常生活的场所，是实现家庭功能的载体，居住状况会直接对个人及其家庭的生活质量产生重要的影响，也会间接影响到人才培养和成果产出。在如今一、二线城市房价居高不下的形势下，高校人才的住房问题也变得越来越尖锐。高校周转房是吸引人才和稳定人才队伍的重要手段，是当前高校人才战略的重要一环。

自1998年国家开始住房改革之后，高校也开始通过多种途径来解决教职工的住房问题，如学校自建房，联系政府经济适用房、政府人才房，提供学校产权的周转房，发放住房补贴等方式。但是随着房价一路推高，地方政府提供给高校的住房用地越来越少，学校为产权所有人的周转房成为高校解决住房问题最直接最可操作的途径。

高校人才，特别是青年教师常常因为求学或在国外任职而错过国内房价相对较低的时期，他们年龄一般在30～40岁之间，正处于组建家庭、抚育下一代、照料生病老人的阶段，是上有老下有小的夹心层。同时，个人家庭财富积累有限，加之房价高，通过购买商品房解决住房问题的经济能力有限。在预聘制的人事聘用制度下，他们同时面临着教学、科研、家庭、社会的多重压力，住房压力尤为突出。2015年对北京市6所高校的海归青年教师的思想状况调查发

① 唐晓雪，北京大学公寓服务中心
匡国鑫，北京大学国际合作部

现，在大部分被调查者购买了商品房或者集资建房等政策性住房的情况下，住房问题仍是他们最困难的问题[1]。

住房问题也是高校人才流动意愿的影响因素之一。对19所高校科技人才流动意愿的调查结果显示，无住房者的流动意愿是有住房者的2.4倍[2]。优惠的住房条件，对吸引优秀人才、稳定现有人才发挥着重要作用。

为解决青年教师的实际困难，缓解其生活压力，吸引更多更优质的人才，如何制定公平与效率兼顾的运行机制，平衡供需关系，满足服务需求，实现周转住房管理体系的高效、可持续发展是现在也是未来学校人才发展中的一项重要课题。

二、高校周转房的概念

（一）高校周转房历史

高校周转房是在国家进行住房改革之后，随之产生的一种住房。1998年，《国务院关于进一步深化城镇住房制度改革加快住房建设的通知》（国发［1998］23号）、《教育部、建设部关于进一步深化学校住房制度改革，加快解决教职工住房问题的若干意见》（教发［1998］23号，以下简称《意见》），各地方也先后发布了一系列住房制度改革文件，要求停止分配福利住房，加快住房市场化进程，实行住房分配货币化，明确提出建立周转住房制度，供新增年轻教师、新聘人员和引进人员租用。

随着住房改革不断深入，教育部、国家机关事务管理局等部门发布指导意见和颁布办法，建立健全周转住房制度。根据《中共中央办公厅 国务院办公厅转发建设部等单位〈关于完善在京中央和国家机关住房制度的若干意见〉的通知》《在京中央和国家机关新录用公务员周转住房管理办法》《在京中央和国家机关新录用公务员周转住房租金管理办法》，要求逐步实行统一管理、定向供应、只租不售、周转使用的原则，并对周转房的管理、使用、租金等进行了指导。

据此，高校开始住房市场化改革，发放住房补贴，发展周转房。

（二）高校周转房定义

从周转房的发展历程来看，高校周转房是住房市场化改革之后，在教职工买房之前的过渡时期，为其提供的临时租住用房，是解决高校人才住房的补充途径。

根据相关政策和高校周转房中的实际情况，本研究认为，高校周转房是指高校以优惠房租提供给无房新进教职工租住的短期周转性住房，房屋产权属于高校，只租不售。这个定义包含四个内容：第一，覆盖范围，对“无房”的定义在不同高校各有不同，比如部分高校是指没有政策性住房及商品房，部分高校是单指没有政策性住房，部分高校还与现住房与学校距离远近有关；第二，有限租赁使用时间，该住房为短期周转性住房，那就意味着不是无限期使用下去，租赁要设定期限；第三，房屋性质为高校产权公有住房，教职工只有使用权，不能购买，学校为产权单位；第四，房租是低于市场价的优惠房租，是一种隐性补贴。

高校周转房的主要来源，有未出售的公有住房、原有的周转房、改造的筒子楼、回购的公有住房[3]、新建教师公寓，以及租赁社会房源等。

各高校根据自己的房源情况又衍生出多种周转房的形式，如高端公寓、教师公寓、集体宿舍等。高端公寓，入住人为学校的高端人才，房屋位置和户型比普通教师公寓更优，房屋为精装修，配备基本家具，房租也相对较贵，即高租金、高配置。普通教师公寓，入住人为学校的其他人才，位置、户型有好有坏，房屋为简单装修，不配备家具，房租比较优惠，即低租金、低配置。集体宿舍，一般指零居，无客厅，有的配有厨卫，有的没有厨房或公共卫生间，类似宿舍。

三、高校周转房管理服务体系问题

高校周转房经过二十年的实践，解决了不少教职工的住房问题。但是在社会变迁中，不断遇到新的问题和挑战。高校通过修订管理办法，逐步规范周转房的管理和使用。然而，实践中还是普遍遇到政策执行困难，产生一些管理服务困局。

一是周转房居住人员只进不出，周转不灵。商品房房价居高不下，适用的政策性住房数量少，周转房出口减少。加之高校周转房地理位置较好，在校园内或周边，通勤时间少、子女就学方便。居住人员不愿意按期腾退。周转不灵还会带来次生问题，没有足够的房源导致居住期间如果提职也无法调换更高标准的住房。

二是存在转租转借情况，居住老师将周转房转租或转借给亲戚朋友，不是本人使用。比如因房源有限，有些老师只能租一居室和集体宿舍，不能满足一家人的使用，出现将周转房出租再从市场上租赁更大房屋的情况。

三是清退困难。行政、经济等手段力度不够，存在违规占房情况。

四是物业服务水平参差不齐。有些高校周转房已经实现社会化物业服务，可以提供更为专业的服务。但是有相当多高校还停留在过去的管理服务模式，只能提供最基础的服务。

本文尝试从政策执行理论的研究视角，采用史密斯政策执行过程模型，对造成困局的原因进行剖析。史密斯认为理想化的政策、执行机关、目标群体、环境因素这四个因素和相互作用决定一个政策执行的结果。

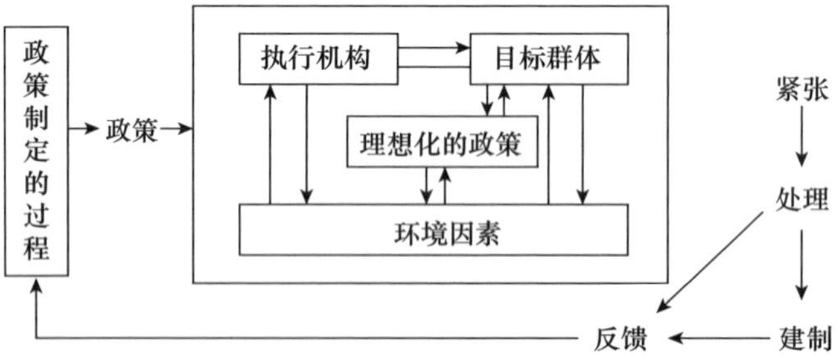

图1　史密斯政策执行过程模型[4]

环境因素：① 学校为“双一流”建设，需要大量的优秀人才，新进人才数量稳步上涨。② 商品房房价飙升，同时面向高校人才的经济适用房、限价房等房价优惠的政府住房项目锐减，新进教职工自购房人数减少，5—6年周转期到期不退房现象普遍。

理想的政策因素：① 租金标准、房屋占用费过于优惠，虽然多数高校是以市场评估价为基准价，但是普通采用的是按照一定折扣的优惠价格且逐渐递增的模式，执行中存在困难。② 合适的周转期限，需要与老师的人事合同期限等相匹配。

执行力度因素：① 教师公寓管理模式在实际运行中存在没有执行周转期和逐渐递增房租的情况。② 转租转借查实困难，行政成本高。住户隐瞒个人购房信息，已购房信息获取难、查处难。③ 清退力度不够。房屋占用费标准低，经济杠杆力度小，不足以清退。涉及老师切身利益，落实困难，校内多部门联动协调的力度不够。

目标群体因素：① 新人职老师主体为80后、90后，绝大部分又是留学归来，对生活居住环境品质要求比以前更高。大部分新体制老师宁愿自己租房住，也不愿意降低标准入住一居或零居，并希望学校可以提供有基础装修的房间配置。② 新体制教职工晋升压力大，没有时间，也不愿意花费时间在租房上面，对学校周转房的需求更为迫切。

四、优化高校周转房管理服务体系的总体思路和对策建议

高校周转性住房大多在校园周边，可以减少大城市的通勤时间，也便于子女就学，具有其他房源不可比拟的优势，是优质的稀缺资源。高校周转房的原则为效率优先兼顾公平，定位于满足学校新进人才的住房需求，为其购房之前的过渡之用。随着生活水平提高，狭义的房子已经不能满足老师的需要，老师们对管理和服务水平提出了更高的要求，比如房屋内部装修、信息化智能化、社区良好环境以及物业服务的需求等等。

为构建可持续发展的高校周转房管理服务体系，首先需要明确两个问题：

一是要明确高校周转房的定位，是为学校最需要的人才解决一段时间的周转住房。如上所述，在现阶段商品房价位高、政策性住房房源少、周转房有限的情况下，高校周转住房无法满足所有无房人才的需求。在过去实践中，有

的高校采取“大锅饭”原则，周转房大部分为合住，虽然大部分无房户得到解决，但是居住环境、居住体验都较差，也因为合住体验不好产生转租转借乱象和各种纠纷。因而，周转房的定位应更为聚焦，真正解决一部分人才在一段时间的住房问题。

二是要明确高校周转房服务的对象。各个高校住房情况不同，所处发展阶段不同，需要根据自身情况，在明确定位的情况下，进一步明确居住的对象。

在明确两个核心问题的基础上，可从以下几个方面来构建可持续发展的高校周转房管理服务体系。

一是多种渠道拓展房源，扩大房源基数。在高校新校区建设时，新建周转房公寓楼；逐步回购学校周边的公有住房；租赁社会房源补充周转房房源。

二是优化管理办法，提高周转房总体效能。根据房源和未来人才规模，科学设计保障人才的范围和租赁期限，优先解决好重要人才的居住问题。

三是加强监管机制和退出机制。将周转房纳入教师诚信系统，对周转房的监管不应只是周转房管理单位的职责，需要纪检、人事、组织等多部门联动，保证政策的公平性，让周转房真正周转起来。

四是加强管理信息化智能化，提升服务体验，减少服务人力成本。如今，从社会到校园，人们已经习惯于信息化手段来处理生活服务类事项，用信息化系统智能化设备代替过去人工的现场咨询、申请、答复等环节是大势所趋。

五是统筹房源规划，逐步升级装修改造，提高房屋居住质量。周转房大多是“老破小”，如果教师自行找人装修，装修人员水平参差不齐，容易对房屋造成破坏。由学校统一完成硬装，有效减少房屋装修损坏，为老师节省时间精力；也能产生规模效应，减低整体装修费用。装修中可增加智能设备，如智能门锁，对监督管理也能发挥重要作用。

六是提供物业服务，提升服务品质，开展社区文化建设。目前普遍做法是将物业服务外包，将散落于家属院区的周转房依托于社区的物业公司，若小区没有物业，则周转房管理单位自行外包或承担物业服务。依托于社区和物业服务，增加专业物业服务，也可根据居住情况开展文化活动，提升居住体验。

参考文献

[1] 李娟. 高校海归青年教师思想状况调查研究——以北京市6所高校为例 [J]. 思想教育研究，2016（2）：124-127.

[2] 何洁，王灏晨，郑晓瑛. 高校科技人才流动意愿现况及相关因素分析 [J]. 人口与发展，2014，20（3）：24-32，42.

[3] 陈变珍，姜晓刚. 高校周转住房的系统化管理和可持续发展探讨 [J]. 高校后勤研究，2015（4）：58-60.

[4] 贾晓. 政策执行视角下流浪乞讨人员社会救助管理研究 [D]. 厦门大学，2014.

[5] 高恒，张璐. 创新型地区人才住房需求特征及对策——以杭州为例 [J]. 城市发展研究，2020，27（11）：102-110.

[6] 郭琰. 上海优秀人才住房政策执行研究 [D]. 东华大学，2017.

[7] 黄帆. 住房货币化改革背景下的高校周转房供应管理研究——基于武汉地区七所高校的调查分析 [D]. 华中师范大学，2012.

[8] 石忆邵，钱世芳. 上海人才住房政策：新定位与新策略 [J]. 同济大学学报（社会科学版），2017，28（3）：59-65.

[9] 张洁，赵翔宇. 高校青年教师群体住房问题的成因、影响与对策分析 [J]. 教育评论，2015（2）：79-81.

后　记

为了更加深入地学习习近平新时代中国特色社会主义思想，贯彻落实学校党委和行政关于后勤服务保障的工作要求，全方位推进后勤系统治理体系和治理能力现代化，北京大学后勤党委、总务部协调后勤系统各单位积极开展理论研究工作，总结经验、探索规律，以推动实践创新。

这一思路得到了学校领导的肯定和大力支持。课题选题紧紧围绕后勤工作展开，力求在后勤工作理念、制度、平台、方法等方面大胆创新，对学校后勤工作有普遍意义，对提升学校后勤治理体系和治理能力现代化有较大的促进作用。课题内容紧密结合工作实际，针对后勤工作中的重点、难点、堵点、薄弱点，以及信息化、制度化、标准化、精细化开展研究，目标明确、内容具体，力求针对性、实效性和开拓性。

历时一年有余，经课题申请和评审、课题调研和开展、课题结题等环节，各课题顺利完成。课题研究参与者多为一线同志，在做好本职服务工作的同时，利用休息时间着手开展研究框架细化、文献梳理、访谈调研、数据整理、报告撰写等，始终保持了饱满热情、昂扬斗志、务实作风。

研究开展过程和本书的编写过程获得了高校管理、后勤服务、工程建设等方面专家学者的悉心指导，他们不仅对课题顺利结题起到重要作用，让课题的成果更加具有实践价值，而且对于高校后勤工作的改革发展提出了宝贵建议，为工作推进提供了理论依据及现实方案，在此表示衷心感谢！

愿北京大学后勤系统在后勤党委党建引领下，更好地发挥服务保障支撑作用，凝聚力量为学校新一轮“双一流”建设护航！本书作为研究成果汇编，尚有不完善或不成熟之处，希望各位同行不吝赐教，期待能够激发有志同仁的独立思考和大胆探索，从而进一步形成更丰富的理论成果，以认识层次的不断深入，实现高校后勤工作水平的持续提升！

本书编委会

2023年10月

北京大学新奥工学大楼（2023年交付工学院使用）

北京大学智华楼（2023年修葺一新，交付数学科学学院使用）

北京大学新燕园校区3号教学楼（2023年交付使用）

北京大学学生公寓

北京大学万柳园区

北京大学对外交流中心

北京大学百周年纪念讲堂

北京大学勺园

北京大学中关新园

北京大学家园食堂2017年3月进行土方开挖，6月开始主体结构施工

北京大学家园食堂2020年11月30日开业

北京大学智能运维中心（2021年建成并投入使用）

北京大学集中供暖锅炉房（1997年建成，2012年完成“煤改气”并投入使用）

北京大学博雅塔亮灯（2019年完成校园夜景灯光系统升级改造）

北京大学未明湖水系与万泉河水系实现连通（2023年万泉河循环水引入校园）

修葺一新的北京大学燕南美食食堂

北京大学怡园草坪

北京大学吕志和楼挡水墙改造

北京大学学五食堂广场改造

北京大学遥感楼周边环境整治

北京大学理教楼西侧道路及农园至地学楼步道维修改造

2023年3月10日，首届北京大学“求实”奖教金颁奖典礼暨北京大学服务保障系统评优表彰大会在百周年纪念讲堂隆重举行。

北京大学服务保障系统首次实现由社会企业捐赠支持开展校级层面的全系统评优表彰，共评选出100个先进集体和780名优秀个人。用“好榜样”激励和教育引导广大干部职工爱岗敬业、服务奉献、争创一流，为学校创新发展凝聚力量、贡献智慧。